U0503887

本书是甘肃省 2024 年高校教师创新基金项目"跨文化视角下的数字教育共同体学分互认机制及实现路径研究"（2024A - 070），兰州财经大学 2024 年校级科研项目"从路径依赖走向突破式创新——振兴西部高等教育的甘肃路径研究"（Lzufe2024B - 001）结项成果，是兰州财经大学学术文库成果。

欧盟
高等教育质量保障体系

李琼 著

Research on
the Quality Assurance System of
Higher Education in the European Union

中国社会科学出版社

图书在版编目（CIP）数据

欧盟高等教育质量保障体系研究／李琼著. -- 北京：
中国社会科学出版社，2025. 1. -- ISBN 978 - 7 - 5227
- 4616 - 6

Ⅰ. G649. 5

中国国家版本馆 CIP 数据核字第 2024Y5X106 号

出 版 人	赵剑英	
责任编辑	喻 苗	
责任校对	胡新芳	
责任印制	李寡寡	

出 版	中国社会科学出版社	
社 址	北京鼓楼西大街甲 158 号	
邮 编	100720	
网 址	http://www.csspw.cn	
发 行 部	010 - 84083685	
门 市 部	010 - 84029450	
经 销	新华书店及其他书店	

印 刷	北京明恒达印务有限公司	
装 订	廊坊市广阳区广增装订厂	
版 次	2025 年 1 月第 1 版	
印 次	2025 年 1 月第 1 次印刷	

开 本	710×1000 1/16	
印 张	18	
字 数	287 千字	
定 价	98.00 元	

凡购买中国社会科学出版社图书，如有质量问题请与本社营销中心联系调换
电话：010 - 84083683

前　言

　　质量保障是高等教育中的重要环节，也是高等教育政策中的重要议题。欧洲高等教育质量保障体系不仅促进了欧洲政治层面的稳定，而且增强了欧洲在全球经济与教育中的竞争力，促进了欧洲社会系统的整合。在共建"一带一路"国家区域内建立高等教育国际化新系统同样面临着与欧盟类似的情况，区域内成员国文化背景相异，高等教育水平差异较大，因此，借鉴欧盟高等教育质量保障体系十分必要。

　　本书在高等教育全面质量管理理论、高等教育协同治理理论和教育共同体理论的基础上，研究欧洲高等教育质量保障体系在欧盟层面、欧洲高等教育区成员国层面以及高等教育机构层面的运行机制，研究它们在推动欧洲高等教育质量保障体系所承担的责任与拥有的权力，分析了欧盟重视高等教育质量保障体系构建的政治、经济、教育等背景动因，厘清了欧盟、成员国高等教育质量保障机制以及高等教育机构在质量保障过程中所起的作用。

　　就欧盟在高等教育质量保障中的作用而言，本书分析了欧盟高等教育质量保障体系构建中的代表性政策以及制定的《欧洲高等教育区质量保障标准与指南》（ESG）。该指南从内部质量保障标准、外部质量保障标准以及外部质量保障机构质量保障标准三方面，宏观指导了欧洲高等教育区成员国如何在现有的国家质量保障标准的基础上对接欧盟标准，同时通过欧洲层面的质量保障机构促进区域内质量保障体系的一体化，并且在推进伊拉斯谟计划等一系列项目之后，有效促进了学生在成员国之间的流动，提升了欧洲高等教育质量，实现了欧盟层面区域内高等教育质量保障体系一体化的构建。

　　就国家层面和高等教育机构而言，本书选取了在欧洲高等教育质量保障中具有代表性的三个国家及其高等教育机构，就成员国高等教育质量保障体系的构建及其政策与 ESG 的兼容性进行比较分析。在高等教育质量保障方面，英国高等教育质量保障体系是欧洲层面高等教育质量体系建立的基础，在欧洲高等教育区建设中发挥了积极的作用，推进了"知识欧洲"共同体发展。在欧洲层面内部、外部质量保障体系的建设中，英国表现出极大程度上的一致性。虽然 2020 年 1 月英国正式脱欧，但是英国在欧洲高等教育市场的地位和作用并没有太大的变化。基于双方在目标和定位上的一致性，英国高等教育在质量保障与质量提升上与欧洲实现了趋同。德国高等教育曾是世界高等教育的中心，其现代大学理念广泛影响世界高等教育进程，但是德国高等教育体系具有独特性与封闭性。德国代表了欧洲高等教育区中绝大多数西欧国家的高等教育质量保障进程，突出了欧洲高等教育质量保障体系既具有一致性，又具有多样性的特点。波兰逐步成为中东欧地区发展较快的国家之一，其高等教育发展进程体现出中东欧国家与 ESG 兼容的模式。通过立法，它在整个高等教育内建立了质量保障体系，为所有类型的高等教育机构和研究领域引入了统一性和强制性的制度，但是其质量保障政策种类较为复杂。虽然波兰国家认证委员于 2009 年获得了 ENQA 正式会员资格，但是机构之间的透明度和可比性仍然较低。

通过分析可以看出，欧盟高等教育质量保障体系在实施过程中产生了较为明显的成效。首先，体系的实施逐渐从浅兼容走向了深融合。成员国将质量保障充分纳入高等教育机构的日常管理，不断演变的国家质量保障法规、国际合作和欧洲层面的政策发展对内部质量保障过程产生了影响，三方面相辅相成，相互影响。其次，利益相关者从弱约束走向强渗透。ESG 强调了利益相关者在内部质量保障中的作用和地位，学生和雇主作为平等的合作伙伴，通过高等教育机构的决策和质量管理过程参与质量管理。再次，欧盟高等教育质量保障制度的实施从有限性走向广泛性。在 ESG 推出后，几乎所有成员国都在努力实施和制定本国高等教育机构与高等教育质量保障机构的政策，同时考虑成员国之间的国际合作与共识，建立彼此认可的质量标准与程序，逐步实现了在欧洲高等教育区层面、成员国层面和高等教育机构层面政策的兼容。最后，高等教育质量保障体系质量文化逐步建立，实现了从质量概念到质量文化的转变。质量文化是在机构层面和个人层面永久提升内部组织文化，同时也是应对外部质量保障需求的工具，欧盟层面实现了质量文化的持续改进。

　　欧盟高等教育质量保障体系研究为"一带一路"区域性高等教育共同体的建造提供了可资借鉴之处。高等教育共同体的构建可以有效解决区域内高等教育发展不平衡的问题，通过强化区域内质量监测和质量保障领域的合作，建立区域性的资格框架制度，有效提升区域高等教育的国际竞争力。同时，在现有区域合作模式的基础上，打破传统的文化、地域、语言的壁垒，以先进数字技术为媒介，尝试培育未来大学合作模式。此外，区域性高等教育共同体可以在共建"一带一路"国家和地区内建立多层次、多类别和多向度的流动模式，推进区域内高等教育共同体的质量文化从共建走向共鸣。借鉴欧盟经验，建设"一带一路"高等教育共同体，构建"多速式"高等教育共同体模式，打造区域内高等教育质量保障体系，聚合共建国家高等教育力量，可以有效推动"一带一路"高等教育共同体的全面建设进程。

目　录

绪　论

一　研究缘起

（一）中国高等教育质量发展的时代诉求

质量是高等教育的生命线，提高高等教育质量是增强国家综合实力和国际竞争力的有效举措，是建设人才强国的必然要求，是高等教育改革与发展的重要任务，是教育强国的战略目标。20 世纪末，中国开始加快高等教育发展。《2020 年全国教育事业发展统计公报》数据显示，高等教育毛入学率从 1978 年的 2.7% 增加至 2020 年的 54.4%，普通高等教育在学总规模人数从 1978 年的 228 万上升至 2020 年的 4183 万人。[①] 高等教育在经历精英化阶段后迈入大众化，目前已经逐步进入普及化阶段。[②] 在高等教育大规模发展的趋势下，教育需求与教育资源之间的矛盾凸显，提升大众化高等教育质量的问题显得尤为重要。

高等教育质量意识从那时起就不断强化，国家出台相应举措，持续提升高等教育质量。2003 年，教育部制定《普通高等学校本科教学工作水平评估方案（试行）》，对高等学校组织开展本科教学水平评估。评估分为：合格评估、优秀评估和随机性水平评估。水平评估方案划分 7 个一级指标、19 个二级指标、35 个主要观测点，对高校的本科教学水平进行评估，并最后将评估结果划分为优秀、良好、合

---

① 中华人民共和国教育部：《2020 年全国教育事业发展统计公报》，2023 年 12 月 1 日，http://www.moe.gov.cn/jyb_ sjzl/sjzl_ fztjgb/202312/t20231201_ 555004. html。

② 李嘉慧：《美国院校认证制度促进高校特色发展机制形成之研究》，硕士学位论文，广州大学，2019 年。

格和不合格。① 2003 年,教育部确定了普通高等学校教学工作水平评估制度,截至 2004 年,共有 116 所普通高校参加了高等学校教学水平评估。② 2004 年 8 月,教育部高等教育教学评估中心正式成立。《2003—2007 年教育振兴行动计划》提出的"五年一轮"的评估制度走向规范化、科学化、制度化和专业化。2011 年,国家教育部颁布了《教育部关于普通高等学校本科教学评估工作的意见》,以学校自我评估为基础,以院校评估、专业认证及评估、国际评估和教学基本状态为主要内容的高等教育教学评估顶层设计。③ 中国高等教育质量保障体系建立了全世界最大的高等教育质量监测国家数据平台,通过院校评估和专业认证两个支柱持续推动高等教育内涵式发展,不断强化质量意识。

经历了高等教育质量意识建立的阶段,中国高等教育逐渐迈入质量革命阶段,实现高等教育内涵式发展。世界格局在发生变化,发展格局在变,中国高等教育也在改变。在第四次工业革命到来之际,中国高等教育面临着新的挑战与机遇。联合国教科文组织于 2015 年发布的《反思教育:向"全球共同利益"的理念转变?》中指出,世界高等教育正在发生改变,新的全球学习格局正在形成,人们必须采用新的视角、新的做法了解教育的作用。④ 在面对前所未有之大变局的今天,中国的高等教育不仅要提升自身的质量,同时也要融入世界高等教育质量体系,展现中国高等教育自信。2016 年,教育部面向全球发布了《中国高等教育质量报告》。这是中国首次发布《中国高等教育质量报告》,也是世界上首次发布高等教育质量的"国家报告",对中国高等教育质量改革和世界高等教育发展都具有里程碑意义。⑤ 这份报告提出社会需求适应度、培养目标

---

① 中华人民共和国教育部:《教育部办公厅关于印发〈普通高等学校本科教学工作水平评估方案(试行)〉的通知》,2004 年 8 月 12 日,http://old. moe. gov. cn//publicfiles/business/htmlfiles/moe/s7168/201303/148778. html。

② 中华人民共和国教育部:《2003—2007 年教育振兴行动计划》,2004 年 2 月 10 日,http://www. moe. gov. cn/jyb_ sjzl/moe_ 177/201003/t20100304_ 2488. html。

③ 汪小会、孙伟、俞洪亮:《法国高校的国家评估及对我国的启示》,《上海教育评估研究》2016 年第 6 期。

④ 联合国教科文组织:《反思教育:向"全球共同利益"的理念转变?》,教育科学出版社2015 年版,第 8 页。

⑤ 泉琳:《大数据解读中国本科教育》,《科学新闻》2018 年第 6 期。

达成度、办学条件支撑度、质量保障有效度、学生和用户满意度五大标准维度。这"五个度"是中国高等教育质量的新标准，具有国际通用性和普适性，全面展现了中国高等教育的整体质量状况。① 在中国高等教育"五位一体"② 监测评估制度（即在高校自我评估的基础上结合专业评估、国际评估等多元模式）、"五个度"质量标准体系，以及"五个新"（即新理念、新标准、新方法、新技术、新文化）评估模式建立后，2015年与俄罗斯国家公共认证中心合作，对俄罗斯四所高校开展联合质量评估。这一合作标志着中国模式与中国质量开始逐步走向世界舞台。

当前，中国高等教育质量保障已经逐渐步入了质量中国的阶段，高等教育质量保障走向了成型成熟。2018 年 6 月，新时代全国高等学校本科教育工作会议发布了"成都宣言"，即"一流本科教育宣言"，从培养堪当民族复兴大任的时代新人、以本为本推进"四个回归"等十个方面推动高等教育质量变革。党的十九大报告明确提出要优先发展教育事业，实现高等教育内涵式发展。培育高等教育质量文化是实现内涵式发展的核心，完善高校内部质量保障体系建设是实现内涵式发展的必由之路。因此，高等教育质量文化概念的提出，是对多样化高等教育质量观的新概括，引导和推动高等教育质量建设走向新常态。2020 年 10 月，十九届五中全会召开，通过了《中共中央关于制定国民经济和社会发展第十四个五年规划和二〇三五年远景目标的建议》，明确提出建设高质量教育体系，到 2035 年将中国建成教育强国。建议明确了"建设高质量教育体系"的政策导向和重点要求：以人民为中心，以构建新发展格局为基础，以锚定 2035 年远景目标为关键，坚持党对教育工作全面领导，健全学校家庭社会协同育人机制，深化改革促进公平，对标服务全民的终身学习体系。在高等教育方面，提出提高高等教育质量，分类建设一流大学和一流学科，加快培养理工农医类专业紧缺人才的目标。

中国高等教育质量保障在经历了质量意识、质量革命和质量中国的

---

① 中华人民共和国教育部：《系列高等教育质量报告首次发布——事实和数据说话，展现中国高等教育质量的自信和自省》，2016 年 4 月 7 日，http：//www. moe. gov. cn/jyb_ xwfb/xw_ fbh/moe_ 2069/xwfbh_ 2016n/xwfb_ 160407/160407_ sfcl/201604/t20160406_ 236891. html。

② 中华人民共和国教育部：《教育部关于普通高等学校本科教学评估工作的意见》，2023 年 12 月 1 日。

发展阶段，目前进入深水区或无人区。如何提升中国高等教育标准的国际认可度和兼容性成为需要解决的问题。因此，研究国际上高等教育质量保障运动十分重要，关注不同高等教育机构实施的质量保障方法十分必需，要在学习借鉴的基础上结合中国高等教育质量保障体系的特色，建立适合共建"一带一路"国家和区域内推行的高等教育质量保障体系。

（二）欧盟高等教育质量保障体系经验有可资借鉴之处

质量保障是高等教育中的重要环节，是高等教育政策中的重要议题。20 世纪以来，随着全球化进程贯穿各国经济和社会发展的全过程，高等教育成为推动经济发展的主要驱动力，欧洲各国意识到在高等教育全球化的过程中，欧洲高等教育的发展逐渐被北美、东亚等地区高校赶超，在全球高等教育吸引力和竞争力方面逐渐处于劣势。作为现代高等教育制度发源地，欧洲国家高等教育秉持高校的办学传统和质量文化，借助一体化发展趋势，重塑欧洲高等教育卓越品牌，提升相应地区高校的竞争能力。

1. 欧洲高等教育质量保障体系的一体化发展促进了欧洲层面社会系统的整合

20 世纪，整个欧洲国家出现经济衰退、政局震荡、社会混乱等问题，欧洲社会为了应对这一局面下的全球化挑战，提出促进欧洲协调的观点。高等教育的"欧洲协调"是指，"一些超国家组织或者政府间组织（如欧盟）建立一些正式的、非正式的规则的制度化过程，它会影响到国家高等教育体系、大学机构和个体行为"①。博洛尼亚进程启动了欧洲高等教育一体化的进程，将欧洲高等教育体系逐步整合，促进了欧洲高等教育的可比性与透明度。② 2003 年柏林会议提出，质量是建立欧洲高等教育区的核心问题。欧洲通过发展高等教育一体化，以高等教育为契机，在欧洲社会形成了更大层面的整合。在高等教育方面，质量保障体系促进了

---

① 刘晖、孟卫青、汤晓蒙：《欧洲高等教育质量保证 25 年（1990—2015）：政策、研究与实践》，《教育研究》2016 年第 7 期。

② Martina Vukasovic, "Change of Higher Education in Response to European Pressures: Conceptualization and Operationalization of Europeanization of Higher Education", *High Education*, No. 3, 2013, pp. 1 – 17.

欧洲高等教育区各成员国学位制度的透明度，促进了超国家层面、国家层面、区域层面和院校层面的合作与认可，逐步建立了一体化的欧洲高等教育服务市场。从欧洲社会层面来看，高等教育并非孤立地存在于社会中，它与社会其他系统协调运行，高等教育质量保障体系促进了高等教育机构与社会其他系统的整合，使高等教育摆脱"象牙塔"自给自足的局面，以质量赢得外界信任，与功能不同的其他社会系统协调互动。因此，欧洲高等教育质量保障体系的一体化发展促进了欧洲层面社会系统的整合。

2. 欧洲高等教育质量保障体系提高了欧洲在全球经济与教育中的竞争力

在全球化的背景下，学生和学术资源跨国流动日益频繁，高等教育机构希望通过认证或其他质量保障形式彰显其地位与声望，在全球性高等教育市场中吸引更多资源，提升在高等教育市场中的竞争力。质量保障体系是国家高等教育质量透明度与可比性的体现。从大学层面来看，在国际化的高等教育环境中，高等教育质量保障体系可以改进高等教育机构内的人才培养质量，并增加大学教学、研究和管理的透明度，使大学的运行处于公众监督之下，增加高等教育利益相关者的信任，并保护其权益。从国家和区域层面来看，欧盟作为超国家的国际性机构，尝试建立统一的欧洲劳动力市场，并认为欧洲高等教育可以为劳动力市场提供人员培训。因此，欧洲高等教育质量保障体系是将以前彼此独立的高等教育子系统进行整合，协同高等教育与经济发展，使欧盟在高等教育及全球经济竞争力中居于领先地位。

3. 欧洲高等教育质量保障体系促进了欧洲政治层面的稳定

在《马斯特里赫特条约》和《里斯本条约》的引领下，欧洲一体化进程稳步推进，一体化的理念和目标也延伸至高等教育领域。从总体上看，虽然欧洲文化具有同根同源的特点，但是随着欧洲高等教育区的扩大及成员国的增加，异域文化背景的公民不断增多，欧洲文化呈现多元性和复杂性。欧盟委员会通过欧洲高等教育质量保障体系促进了成员国高等教育的兼容性和包容性，推动高校内学生、研究者、高等教育利益相关者在欧洲高校内开放、有序地流动，从根本上实现了欧洲文化多样性的保留与和谐性的促进。同时，在欧洲范围内开展的理解教育为整个欧洲奠定了良好、稳定的政治生态。

在共建"一带一路"国家区域内建立高等教育国际化新系统面临着与欧盟较为相像的情况。区域内成员国高等教育水平差异较大，文化背景相异，因此，借鉴欧盟高等教育质量保障体系十分必要。作为"一带一路"区域政治经济一体化的外溢，建立统一的高等教育质量保障体系可以有效促进"一带一路"教育共同体的建立，提升"一带一路"教育共同体在全球高等教育中的竞争力，并有效促进区域内多元文化的融合。

（三）区域性高等教育共同体建造的时代应答

区域性高等教育共同体以满足区域内共建国家经济、文化和社会发展，实现共同利益为最终目的，通过教育项目、教育模式、治理机制创新，推动区域内高等教育的共荣共通、合作共赢。[①] 2016 年，教育部出台了《推进共建"一带一路"教育行动》，对中国新时期教育对外开放进行了顶层设计，明确指出沿线各国聚力构建"一带一路"教育共同体。[②] 该行动是中国教育对外开放工作的行动指南。自此，中国教育对外开放进入"提质增效"并推进区域性高等教育共同体阶段。

区域性高等教育共同体的建设是共建"一带一路"国家当前高等教育合作的丰富与提升。区域性高等教育共同体是共建"一带一路"国家基于共同的目标和责任建立起来的多个国家高等教育联合体。目前，中国高校已经与共建国家高校建立区域化高等教育合作机制。如 2015 年由31 个国家与地区的 128 所院校组成的新丝绸之路大学联盟、由 47 所院校组成的"一带一路"高校联盟、"一带一路"国际教育发展大学教育联盟，以及 2017 年成立的中东欧高校联盟。这些区域化高等教育合作机制的建立，推动了共建国家和地区高等教育的全面交流与合作，为"一带一路"高等教育共同体建设奠定了基础。区域性高等教育共同体的建立

---

① 郄海霞、刘宝存：《"一带一路"教育共同体构建与区域教育治理模式创新》，《湖南师范大学教育科学学报》2018 年第 6 期。

② 中华人民共和国教育部：《教育部关于印发〈推进共建"一带一路"教育行动〉的通知》，2016 年 7 月 13 日，http：//www.gov.cn/gongbao/content/2017/content_ 5181096.html。

是对现有合作机制的丰富与提升，它们通过提升中国高等教育质量标准国际认可度与兼容度，在共建"一带一路"国家形成高等教育质量保障体系，并制定第三方质量保障机构的准入机制和行业规范，保证各国按照统一标准开展质量保障活动，将沿线国家的高等教育发展引入互联互通、共享持续和共同参与的多边合作框架中。

区域性高等教育共同体的建设是共建"一带一路"国家高等教育质量保障的顶层设计，能够有效推进区域内国家教育发展不平衡、机制与平台不完善等问题的解决。从共建"一带一路"国家的高等教育来看，中东欧和南欧国家整体毛入学率都已经达到40%以上，82%的国家进入高等教育普及化阶段。东盟、西亚、南亚及中亚国家高等教育还未进入普及化阶段，南亚国家整体毛入学率均低于30%。从数据分析来看，9个共建国家的高等教育仍然处于精英化阶段，缅甸、老挝、斯里兰卡等国家刚从精英化进入大众化阶段。[1] 新加坡和中国的部分高校在全球高校的排名进入前200，马来西亚、俄罗斯、沙特阿拉伯、土耳其等国上榜高校数量较少，可以看出共建国家高等教育发展不平衡，发展层次、类型、需求有较大差异，在共建"一带一路"教育行动中仍然存在合作不平衡、渠道不畅通及教育政策与标准不一致的问题。区域性高等教育共同体的建设可以实现顶层设计，在体现差异性兼具包容性的基础上，建立"一带一路"高等教育共同体的整体布局及机制；在尊重高校在质量保障中主体地位的基础上，建立区域内质量保障标准体系，开发学历学位认证系统，实现区域内学分互认，鼓励学生跨地区流动，让各国教育质量保障机构协同开展质量评估，实现外部审核与内部质量相互配合，促进区域教育协同发展。

"一带一路"高等教育共同体的建立并非替代现有的合作机制和倡议，而是在已有基础上，在承认教育差异的前提下，推动共建国家在高等教育领域的合作对接。统一并非每一所院校都被迫加入"统一体"，它是指需要共享质量观，共享质量标准，共享相同的质量评估方法，对于每个国家的所有大学，内部和外部质量保障的根基都是一致的，同时，

---

① 朱以财、刘志民：《"一带一路"高等教育共同体建设的理论诠释与环境评估》，《现代教育管理》2019年第1期。

每所大学根据自身的特色为质量保障机制增添新元素，创造新特点。① 建设"一带一路"高等教育共同体，可以立足于相互之间的优势互补，构建"多速式"高等教育共同体模式，打造区域内高等教育质量保障体系，聚合共建国家高等教育力量，推动"一带一路"高等教育共同体的全面建设进程。

二　核心概念界定

（一）欧盟

欧洲联盟总部设在比利时的布鲁塞尔，目前有 27 个成员国，24 种官方语言，创始成员国为德国、法国、意大利、荷兰、比利时和卢森堡。第二次世界大战后，为了与美国和苏联抗衡，确保长久的和平，欧洲国家统一的思想进入高潮。欧洲煤钢共同体开始在经济和政治上联合欧洲国家，创始国是比利时、法国、德国、意大利、卢森堡和荷兰，并建议将欧洲煤钢共同体推广到经济等其他领域。1957 年，《罗马条约》创立了欧洲经济共同体（EEC），也称"共同市场"。会员国间取消关税，劳动力、商品、资本、服务能够自由流通。这一时期，欧盟国家经济得到了较好的发展。1973 年，欧洲联盟成员国首次扩大，丹麦、爱尔兰和英国加入欧洲联盟，成员国数目增至 9 个。之后，希腊、西班牙、葡萄牙相继加入欧洲联盟。1986 年，欧洲单一法案签署，在单一市场内完成了货物、服务、人员和货币的自由流动。1992 年，《马斯特里赫特条约》签订，设立欧盟理事会、欧盟委员会和欧洲议会，欧洲联盟逐步由经济一体化转变为政治经济结合发展。1993 年 11 月 1 日，《马斯特里赫特条约》颁布，标志着欧洲联盟正式成立，欧洲三大共同体纳入欧洲联盟。这标志着欧共体作为经济政治实体的同时，也发展共同外交及安全政策，并加强司法及内政事务上的合作。1995 年，《申根公约》正式生效。该协议允许人们在边境检查护照的情况下旅行。数以百万计的年轻人在欧盟的支持下到其他国家学习。进入 20 世纪，欧元成为欧盟成员国的流通货

---

① 东盟大学联盟：《东盟大学联盟质量标准指导方针实施手册》，张建新译，云南人民出版社 2009 年版。

币，越来越多的国家采用欧元。2007 年，保加利亚和罗马尼亚加入欧盟，东欧和西欧之间的政治分歧宣告弥合。2009 年，《里斯本条约》签订，为欧盟提供了现代化的机构和更有效的工作方法。近十年来，全球经济危机重创欧洲各国，欧盟帮助一些国家应对困难，建立"银行联盟"。2013 年，克罗地亚成为欧盟第 28 个成员国。2020 年 1 月，英国正式脱欧。[①]

恩斯特·哈斯（Ernst Haas，1958）将一体化定义为一个进程，在这个进程中，"不同国家背景的政治行为体被劝说将其效忠、期望和政治活动转移到一个新的中心，由这个新的权力中心来行使或拥有对原民族国家的管辖权"[②]。自一部分欧洲国家签署《建立欧洲煤钢共同体条约》开始，欧洲持续推进一体化进程。欧洲的一体化给欧洲带来巨大的变化：欧洲形成了世界上最稳定、最密切的区域联合；成功重构了区域间国家关系；发展成为世界上最大的软权力；成为"多层治理"制度的创新之源，为世界各国树立了"欧洲模式"。[③] 福克斯（Fuchs）和克林格曼（Klingemann）指出，在 1991 年签署《马斯特里赫特条约》之前，欧洲联盟（以前称为欧洲共同体）只是一个经济共同体，正是《马斯特里赫特条约》使欧洲共同体不仅成为一个经济实体，而且获得了更多的权力来影响欧盟公民的生活。[④]

随着欧洲一体化进程的发展，欧盟成员国面临经济社会发展的差异，以及欧债危机、难民危机等一系列挑战。2017 年，欧盟委员会发布了《欧洲未来白皮书：2025 年欧盟 27 国思考与设想》。这一白皮书中介绍了未来欧洲发展的五种情况，第三种为形成"多速欧洲"的发展态势，以应对规模不断扩大、日益多样化的欧盟，成员国可以根据自身的情况选择适合的解决方案。在未来欧洲一体化的发展进程中，有意愿的国家可以在部分领域加速推进一体化，其他国家可以选择不参与或以后参与。[⑤]

① European Union, "The EU in Brief", 2020 – 12 – 02, https://europa.eu/european-union/about-eu_en.

② 朱杰：《欧洲一体化背景下的高校治理》，硕士学位论文，上海师范大学，2012 年。

③ ［英］安特耶·维纳、［德］托马斯·迪兹：《欧洲一体化理论》，朱立群等译，世界知识出版社 2009 年版，第 1—2 页。

④ Fuchs D., Klingemann H. D., "Eastward Enlargement of the European Union and the Identity of Europe", *West European Politics*, No. 2, 2002, pp. 19 – 54.

⑤ 王灏晨、李舒沁：《〈欧洲未来白皮书〉各情景及其可能的影响》，《宏观经济管理》2017 年第 7 期。

其实，"多速欧洲"并非一个新概念。在欧盟发展历程中，申根区、欧元区都是重要实践。"多速欧洲"的目的是在现有欧盟成员国合作基础上开拓欧洲一体化的新可能，也将成为未来欧洲一体化的模式之一。研究者指出"多速欧洲"的实质是"在成员国差异性无法弥合的情况下，必须允许一部分国家先走"[1]，为欧盟未来进一步扩大奠定基础。

欧洲的一体化发展提供了主权国家通过深度合作实现共赢的"欧洲模式"，欧盟成为超国家的经济与政治联合体，在成员国中协调不同的利益，让所有成员在一体化发展中受益。在欧盟成员国经济社会发展差异较小时，一体化的发展推进较为顺利。然而，随着欧盟成员国的增加，经济社会发展差异不断加大，"多速欧洲"的举措旨在加强成员国内部的整合治理，实现成员国经济的可持续发展。

（二）欧洲高等教育区（EHEA）

欧洲高等教育区（EHEA）是由48个不同政治、文化和学术传统的国家建立的区域。该区域内享有学术自由，高等教育机构相关人员可以自由流动。在这一进程中，欧洲地区的国家、机构和利益相关者不断调整其高等教育体系，使其更具兼容性，并加强质量保障机制建设。对所有这些国家来说，主要目标是增加教职工和学生的流动性，促进就业。[2]

1. 欧洲高等教育区的发展历史

1998年，英、法、德、意四国高等教育部部长在索邦大学成立800年之际召开索邦会议并签署了《建设和谐的欧洲高等教育体系之联合宣言》，即《索邦宣言》。《索邦宣言》的主要内容为促进欧洲高等教育学位和学制总体框架的建立，加强区域内师生流动，提出建设欧洲高等教育区域的设想。[3] 欧洲高等教育区的建立能够促进区域内公民的流动，提升高等教育的质量，巩固欧洲高等教育的地位，实现欧洲区域内高等教

---

① 张敏、金玲、朱晓中、葛军:《"多速欧洲":是聚合还是离散》,《世界知识》2017年第10期。

② EHEA, "European Higher Education Area and Bologna Process", 2020 - 11 - 20, http://www.ehea.info/index.php.

③ "The Sorbonne and Bologna Declarations on European Higher Education", 2020 - 11 - 20, https://www.researchgate.net/publication/313422492.

育的整体快速发展。《索邦宣言》提出，在尊重多样性的同时，构建区域内不同国家间学历学位互认的机制，消除以往国家间学生流动存在的障碍，进一步促进区域间跨国流动，提升欧洲高等教育的国际竞争力。《索邦宣言》被认为是《博洛尼亚宣言》的铺垫，在欧洲高等教育区的建立历史上具有里程碑式的意义，奠定了博洛尼亚进程的基础，开启了欧洲高等教育发展的新篇章。

2. 博洛尼亚进程

1999 年，欧洲 29 国教育部部长齐聚博洛尼亚，颁布了《欧洲高等教育区域：欧洲教育部部长在博洛尼亚会议上的联合宣言》，即《博洛尼亚宣言》。

《博洛尼亚宣言》的主要目标是在 2010 年前建立欧洲高等教育区，并为这一目标的执行制订了六项行动计划：建立可供比较的学位制度与证书体系，增强欧洲高等教育的吸引力；建立两个阶段的高等教育体系，即本科与硕士阶段；建立通用学分制度，设立欧洲学分积累与转换的标准，实现欧洲区域内学生流动的学分转换；设立区域内促进师生、研究人员流动的项目，如伊拉斯谟项目；建立欧盟高等教育质量保障体系，在保证质量的基础上增强欧洲高等教育合作；促进欧洲高等教育合作。

博洛尼亚进程推进了欧洲高等教育一体化的改革。2010 年 3 月，召开了博洛尼亚高等教育部部长会议，47 个欧洲国家的高等教育部部长通过了《关于欧洲高等教育区的布达佩斯—维也纳宣言》，正式启动欧洲高等教育区。

《关于欧洲高等教育区的布达佩斯—维也纳宣言》明确了博洛尼亚进程 10 年间取得突破，指出博洛尼亚进程得到全球其他国家和地区的关注，并得到教育利益相关者的认同与参与。该宣言明确了博洛尼亚进程第二个十年的目标，积极推动"欧洲认同"，提出建设"一个基于信任、合作和尊重文化、语言与高等教育体系多样性的欧洲高等教育区"[1]。目前，博洛尼亚进程成员已经达到 47 个国家。

---

[1] 李化树：《建设欧洲高等教育区：聚焦博洛尼亚进程》，人民出版社 2014 年版，第 114 页。

3. 欧洲高等教育一体化

博洛尼亚进程受到欧洲一体化的影响，确立建成欧洲高等教育区的目标。"这个由共同的高等教育制度联系起来的新的整体，这一过程称之为'欧洲高等教育一体化'。"[①] 由于欧洲高等教育体系具有多民族、多文化、多国别的特征，在确立了一系列的政策与机制后，欧洲高等教育区的建设朝着"一体化"的方向与目标推进。在欧洲高等教育一体化发展的同时，也支持成员国高等教育多样化发展。因此，欧洲高等教育一体化既实现了欧洲认同，也实现了民族认同。一体化是欧洲高等教育区成员在本国高等教育领域内实现的欧洲认同，欧洲高等教育一体化在各个国家的本土化改良是欧洲高等教育区成员在高等教育领域实现的民族认同。[②] 这种一体化并未用统一的模式与标准取代成员国高等教育的特色发展，在一体化的前提下提倡多样化发展，实现成员国高等教育中资源共享、制度协调，消除流动障碍，实现和谐并存。欧洲高等教育一体化是"一个承认的进程，而非调和化的进程；是一个趋同化的进程，而非一致化的进程"[③]。因此，欧洲高等教育一体化既尊重成员国现有的高等教育制度的多样性，也改革现有高等教育制度，实现兼容性与可比性共存。

（三）高等教育质量保障

高等教育质量管理对质量的定义没有达成共识，但是随着高等教育的发展，人们对质量的关注持续增加，而质量和标准直到 20 世纪 80 年代才成为公众关注的问题。通过梳理日常生活、商业管理与高等教育领域质量概念的不同含义，人们能够更清晰地分析欧盟高等教育质量保障体系的相关论述。

1. 日常生活中的质量

在日常语言中，"质量"有多种含义，其定义由使用语境决定。《新

---

① 谌晓芹：《结构主义视角下的欧洲高等教育一体化改革研究》，博士学位论文，华中科技大学，2014 年。

② 孙传春：《博洛尼亚进程中的欧洲高等教育政策调整——高等教育国际化与本土化问题研究》，硕士学位论文，上海交通大学，2008 年。

③ 徐辉：《欧洲"博洛尼亚进程"的目标、内容及其影响》，《教育研究》2010 年第 4 期。

华字典》对质量的定义为：①事物、产品或工作的优劣程度；②量度物体所含物质多少的物理量。《牛津字典》对质量的定义是指：① 优秀程度；②一般优秀；③属性、特质、能力；④社会地位；⑤上层阶级。这些定义说明，当"质量"用作形容词时，意味着卓越。当用作名词时，"质量"的正向维度仍然存在，尽管上面引用的词典定义暗示了一种明显的中立意义。因此，使用"质量"的概念时，与使用者的观点与立场息息相关。在日常生活中，质量是被超越性地引用的，人们认识质量而不需要定义其属性。① 这意味着，质量的含义是与说话人隐含的假设和价值观联系在一起的。因此，质量的日常意义是规范性的，但是受到使用者价值观或语境的影响。

2. 质量管理中的质量

在米德尔赫斯特的"质量方法的发展阶段"分析中，"质量"的含义从质量控制发展到质量保障，再到质量提升，并向质量转型。②

哈维和格林（Harvey & Green）和韦斯特海登（Westerheijden）认为，一般来说，质量的概念可以分为五类③④。主要类别为：卓越的质量、完美的品质（或一致性）、物有所值、目标适用性和变革性。第一类是品质卓越。"质量卓越"的概念意味着它是与众不同的，包含在卓越之中，并且能够通过一系列既定的标准。它意味着质量输出是质量输入的结果，绩效可以用可测量和可量化的标准来衡量和定义。第二个概念认为质量是一致性或完美性的。这体现在这样一种观念中：每一次都要正确地或按照一致的标准去做，有了这个概念，高质量的产品或服务就是完全符合预定义规范的产品或服务。克劳斯比认为，主要的重点是确保事物每次都能正确地运行。如果没有，则分析导致不满意的输出过程，以便在

---

① Cameron K., Sine W., "A Framework for Organizational Quality Culture", *Quality Management Journal*, No. 4, 1999, pp. 7 – 25.

② Middlehurst R. Enhance Quality, In Coffield F. & Williamson B., *Repositoning Higher Education*, Buckingham: SRHE and Open University Press, 1997, p. 58.

③ Harvey L. & Green D., "Defining Quality", *Assessment and Evaluation in Higher Education*, No. 1, 1993, pp. 9 – 34.

④ Westerheijden D. F., "The Changing Concepts of Quality in the Assessment of Study Programmes, Teaching and Learning", *Quality Assessment for Higher Education*, No. 16, 2007, pp. 5 – 16.

该过程中进行纠正，确保不再出现问题。① 然而，高等教育的目标不是培养无缺陷的毕业生，应强调过程而不是投入和产出的观念，因此将质量视为完美的分类不适合高等教育。② 第三种分类将质量视为物有所值，其重点在于确保利益相关者获得高价值的投资，意味着在降低成本的前提下制定高标准规范。物有所值的方法与问责制的概念密切相关。③ 因为正如 Pollitt 所主张的那样，公共服务应该对资助者和顾客负责，关注公共部门的效率和效益。④ 质量的第四个概念是"目标适用性"。质量只与产品或服务的目的有关，即一种产品或服务的质量是根据其达到目的的程度来判断的。⑤ 就高等教育而言，学生是大学的直接客户，雇主包括政府、市场和社会等利益相关者，质量的适用性指标可包括毕业率、培训课程的有效性或高等教育机构的声誉等。第五类是具有变革性的质量。高等教育不仅仅是为客户提供服务，而是为了对学生产生特殊影响，是一个转变学生的过程。⑥ 从以上五类质量的分类可以看出：首先，商业质量管理中的质量概念不同于日常生活的质量概念；其次，商业质量管理中的质量概念为高等教育质量保障提供了分析框架，在这一分析框架下，质量可以被看作为了质量等级评定而需要达到的绝对值或是高等教育质量输出时必须满足的、预定的国家标准。

本书采用英国标准协会（British Standards Institution）对质量的定义，认为："质量是一种产品或服务的特征或特性的总和，这些特征或特性赋予产品或服务满足明示或隐含的需求的能力。"定义中的"赋予"是指产品或服务本身固有的。"明示"可以理解为书面说明或解释的要求，在各种文字材料中予以阐明。"隐含"则指惯例或常规的要求，约定俗成且不

---

① Crosby P. B. , *Quality if free*, New York：Mentor Books, 1979, p. 18.

② Watty K. , "When Will Academics Learn about Quality?", *Quality in Higher Education*, No. 3, 2003, pp. 213 – 221.

③ European Commission, *Memorandum on higher education in the European Community：Communication from the Commission to the Council*, Brussels, 1991, p. 58.

④ Pollitt C. , *Manageralism and the Public Service：The Anglo-American Experience*, Oxford, UK：Blackwell, 1990, p. 234.

⑤ Ball C. , *Fitness for Purpose*, Guildford：SHRE/NFER-Nelson, 1985, p. 78.

⑥ Harvey L. & Green D. , "Defining Quality", *Assessment and Evaluation in Higher Education*, No. 1, 1993, pp. 9 – 34.

言而喻。"需求"则由各利益相关方提出，是多方面的。

3. 高等教育质量

质量的定义是相对的概念，与使用者的价值观和背景相关。《21 世纪高等教育：展望和行动世界宣言》中曾提出："质量在高等教育领域中是个多层面的概念，它包括高等教育领域的各种活动，应考虑以多样性的标准替代统一标准来衡量高等教育质量。"① 高等教育中的利益相关者包括家长、学生、雇主、教师、政府、认证机构、评估机构等，每个人对质量有不同的关注点和视角，对不同利益相关者来说，高等教育质量意味着不同的含义。

部分学者从广义、狭义上对高等教育质量进行了界定。胡建华②、李福华③等学者指出，广义的高等教育质量应该由三个部分构成：教学与人才培养质量、科学研究质量和服务社会质量。狭义的高等教育质量注重衡量人才培养质量，因此，胡建华提出衡量高校教育质量要关注教育学生的质量和人才培养的质量。④ 部分学者从质量的不同维度分析了高等教育质量。冷余生从价值范畴的角度指出高等教育质量是高等教育条件下学生的发展状态或教育目标的达成程度。⑤ 还有学者从高等教育过程中的构成因素出发，分析高等教育质量。⑥

因此，新世纪高等教育质量应该是"多元性和统一性、学术性和职业性、工具理性和价值理性、现在和未来的有机融合"⑦。高等教育质量是复杂的、多维度的、持续变化的概念。虽然不同学者对高等教育质量提出了不同的观点，但是已基本形成了适应性、多元化、变革性、统一

---

① 李佳宇：《非洲区域一体化高等教育质量保障政策研究》，硕士学位论文，浙江师范大学，2019 年。
② 胡建华：《高等教育质量内部管理与外部监控的关系分析》，《高等教育研究》2008 年第 5 期。
③ 李福华：《高等教育质量：内涵、属性和评价》，《现代大学教育》2003 年第 2 期。
④ 胡建华：《高等教育质量内部管理与外部监控的关系分析》，《高等教育研究》2008 年第 5 期。
⑤ 冷余生：《从质量争议看高等教育质量评价的现状和任务》，《高等教育研究》2007 年第 3 期。
⑥ 胡弼成：《高等教育质量观的演进》，《教育研究》2006 年第 11 期。
⑦ 安心：《高等教育质量保障的新障碍及破解路径》，中国社会科学出版社 2017 年版，第 2 页。

性的质量观，研究逐渐从尝试定义高等教育质量转向理解高等教育质量。

本书在胡森（Husen）对高等教育质量的定义基础上，将高等教育质量定义为，高等教育活动所产生的结果达到既定目标的程度，或满足社会及受教育者需求的程度。[①] 这一定义中，高等教育质量是指高等教育机构教育目标的适应性，通过比较与教育目标的一致程度来界定高等教育质量。

4. 高等教育质量保障

高等教育质量保障是高等教育管理中的重要环节。高等教育质量保障机制虽然各国不同，但是高等教育质量保障系统一般可划分为外部质量保障系统和内部质量保障系统。高等教育质量保障的外部质量保障系统常规为全国性或区域性的政府机构或专门机构组成，内部质量保障机构为高校内部开展质量保障的机构。顾明远先生提出高等教育质量保障系统分为内部质量保障系统和外部质量保障系统，内部质量保障系统主要是高校内部建立的质量提升系统，外部质量保障系统是借助政府或外部机构评估实现，把好高等教育各个环节的质量关，培养合格人才。[②]

外部质量保障是由外部机构设计和运行的系统，通常获得立法授权，监测高等教育提供者提供的教育质量。在过去的 20 年里，全球高等教育外部质量保障体系经历了重大的发展。[③] 由于西方和发达国家实行外部质量保障的时间较长，在外部质量保障体系方面拥有丰富的经验。近十年，发展中国家也在努力实施外部质量保障措施，并取得了不同程度的成功，积累了一定的经验。[④]

陈玉琨等分析了高校内部质量保障机制，提出高校内部质量保障需要制定标准和工作流程，鼓励高校全员参与，发挥个人的潜能，改进教

---

① ［瑞典］托斯坦·胡森：《论教育质量》，施良方译，《华东师范大学学报》（教育科学版）1987 年第 3 期。

② 顾明远：《高等教育评估中几个值得探讨的问题》，《高教发展与评估》2006 年第 5 期。

③ Billing D., "International Comparisons and Trends in External Quality Assurance of Higher Education: Commonality or Diversity?", *Higher Education*, No. 1, 2004, pp. 113 – 137.

④ Gnanam A., "Globalisation and Its Impact on Quality Assurance, Accreditation and the Recognition of Qualifications: A View from Asia and the Pacific", *Globalization and the Market in Higher Education: Quality, Accreditation and Qualifications*, No. 7, 2002, pp. 95 – 103.

学计划，提升教育质量。① 内部质量保障对提高大学为学生提供服务的质量做出了重大贡献，并促进了一系列的管理实践。综上所述，高等教育质量保障体系是个复杂的系统，由多个利益相关者共同组成，围绕高等教育质量保障建立相应的机制协调运行。在完整的高等教育质量保障体系中应包括：完成质量保障的机构，制定完善的工作标准与指南，形成协调的工作机制。

本书采用伍德豪斯（Woodhouse）对高等教育质量保障的定义，基于当前高等教育的质量是被定义为"符合目的"的基础上②，将高等教育质量保障扩展为确保质量得到保持和提高所需的政策、态度、行动和程序，对内部、外部流程进行改进或增强，强化两者之间的互动。

三　文献综述

（一）国内研究现状

1. 国内高等教育质量保障研究的基本情况

（1）篇名或主题词为高等教育质量保障的研究

自改革开放以来，中国经济社会持续发展，对国内高等教育质量保障提出了越来越高的要求，中国高等教育质量保障体系也经历了从初始建立到完善发展的历程。国内学者对高等教育质量保障体系的研究逐渐深化与完善。

对1994—2020年9月CNKI中所有的期刊进行搜索，我们发现，以"高等教育质量保障"为"主题"的文章共有2252篇。首篇关于高等教育质量保障的文章出现在1994年。自2002年开始，对高等教育质量保障的研究呈现快速上升的趋势。虽然中国高等教育质量保障研究起步较晚，但是学者们对高等教育质量保障的关注程度持续上升。在中国高等教育发展的历程中，2002年中国高等教育毛入学率为15%，2019年已增长到

① 陈玉琨、代蕊华：《高等教育质量保障体系概论》，北京师范大学出版社2004年版，第8页。

② Woodhouse D., "Quality and Quality Assurance", *Quality and Internationalisation in Higher Education*, No. 7, 1999, pp. 29 – 43.

48.1%，2020年10月中国共产党第十九届中央委员会第五次全体会议公告正式提出，在"十三五"时期中国高等教育进入大众化阶段。伴随高等教育普及化过程的是对高等教育内涵式发展及提升教育质量的改革，因此，高等教育质量保障与中国高等教育的发展历程密切相关。详见图绪-1。

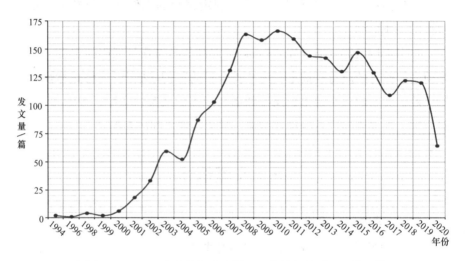

图绪-1　CNKI全文数据库中关于"高等教育质量保障"的
年度趋势统计

资料来源：根据 CNKI 数据库显示数据整理。

从对高等教育质量保障的研究主题分析来看，研究主要围绕高等教育质量保障及高等教育质量保障体系（共1081篇），而高等教育质量保障中的质量保障机制及内、外部机制研究尚未达到研究总数的4%（共86篇）。在对国外高等教育质量保障的研究中，澳大利亚是研究关注程度最高的国家（共37篇）。详见图绪-2。

从对开展高等教育质量保障研究的机构来看，中国综合类院校和师范类高校对推动高等教育质量保障的作用不容忽视，可以看出高等教育质量保障的研究主要依托国内院校与政府相关机构的合作。研究成果较多的高校分别为厦门大学（66篇）、华东师范大学（60篇）、北京师范大学（55篇）和华中科技大学（38篇）。关注这项研究的政府机构为上海市教育评估院（36篇）及中国教育部高等教育司（17篇）。详见图绪-3。

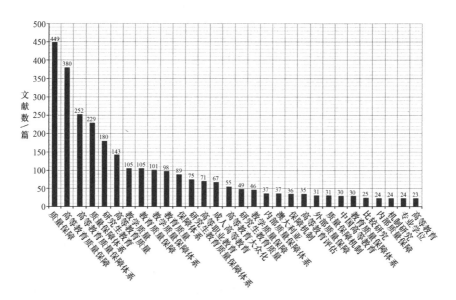

**图绪-2 CNKI 全文数据库中关于"高等教育质量保障"的
研究主题统计**

资料来源：根据 CNKI 数据库显示数据整理。

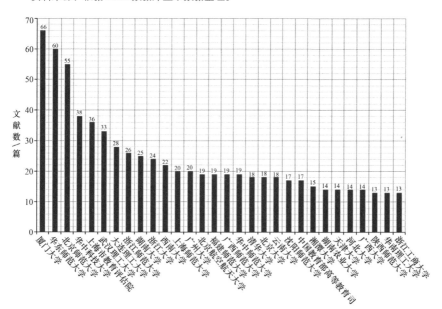

**图绪-3 CNKI 全文数据库中关于"高等教育质量保障"的
研究机构统计**

资料来源：根据 CNKI 数据库显示数据整理。

在高等教育质量保障的研究中，博士与硕士论文也是其中系统、完善的研究成果之一。通过在 CNKI 全文数据库中的搜索，我们发现，以"篇名"为"高等教育质量保障"的硕士、博士论文共 242 篇，其中含有硕士论文 220 篇。中国在高等教育质量保障研究中的首篇博士论文是 2003 年中国科学院研究生院博士研究生缪园的《基于学科的中国科学院研究生教育质量保障研究——以图书馆学情报学为例》，首篇硕士论文是 2004 年广西师范大学硕士研究生王碧艳的《大众化阶段的高等教育质量研究》。

（2）篇名或主题词为欧洲高等教育质量的研究

20 世纪 80 年代以来，欧洲各国普遍注重教育，尤其是高等教育质量，欧洲各国都建立了国家级的评估机构，开展教学评估和同行专家评议。1991 年，欧洲共同体马斯特里赫特首脑会议通过《欧洲联盟条约》，1993 年欧盟正式诞生。欧盟建立后，推出了一系列推进欧洲高等教育一体化的文件，着力促进区域内高校的高等教育质量提升。中国学者也逐渐开始对欧盟高等教育质量进行研究。详见图绪 -4。

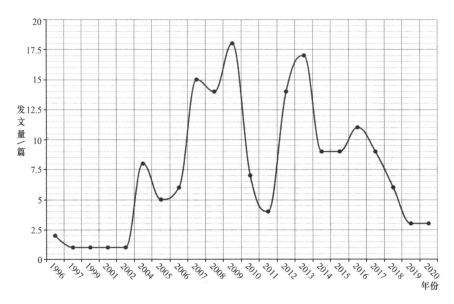

图绪 -4　CNKI 全文数据库中关于"欧洲高等教育质量"的
年度趋势统计

资料来源：根据 CNKI 数据库显示数据整理。

　　通过在 CNKI 全文数据库中的搜索，我们发现，以"欧洲高等教育质量"为篇名的文章共有 133 篇。首篇关于欧洲高等教育质量的文章出现在 1996 年，之后对欧洲高等教育质量的研究呈现起伏状态，这与欧盟推行的博洛尼亚进程和欧洲高等教育区的政策相关。自 1999 年通过《博洛尼亚宣言》后，欧洲高等教育在 2001—2003 年间取得了显著的变化与发展。2003 年，欧盟在《柏林公报》中认可欧洲高等教育在博洛尼亚进程的推进下，区域内教育质量有了不同程度的提升，并确认要在欧洲区域内建立高等教育质量保障体系，开展高等教育质量保障组织的合作，在区域的层面拟定质量保障的准则与机制。在这一公报发布后，2004 年，中国学者对欧洲高等教育的研究首次达到全年 8 篇。2009 年，欧洲加入，博洛尼亚成员国达到 48 个国家与地区，其中 33 个国家和地区已经建立了全国性外部质量保障系统，并且这一体系在法律和运行上独立于政府与高等教育机构。我国学者在该年研究成果达到 17 篇。不过，关于欧洲高等教育质量研究的总量仍然偏少，完整性、体系化的研究仍然欠缺。详见图绪 - 5。

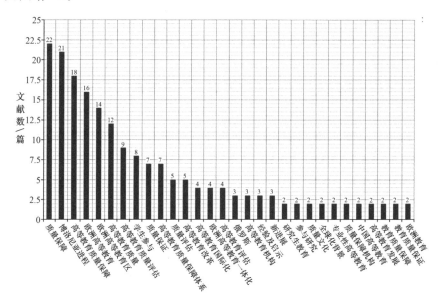

图绪 - 5　CNKI 全文数据库中关于"欧洲高等教育质量"的研究主题统计

资料来源：根据 CNKI 数据库显示数据整理。

从对欧洲高等教育质量研究的主题分析来看，研究主要围绕质量保障（22篇）、博洛尼亚进程（21篇）、高等教育质量保障（18篇）、欧洲高等教育区（14篇），而对欧洲高等教育质量保障体系的研究仅有7篇。在欧洲高等教育质量保障的国别研究中，研究关注程度最高的国家是俄罗斯（3篇）。

通过在CNKI全文数据库中的搜索，我们发现，以"篇名"为"欧洲高等教育质量"的硕士、博士论文共19篇，含有硕士论文17篇，其中东北师范大学3篇，上海交通大学1篇，广西大学1篇。博士论文仅有2篇，其中东北师范大学1篇，山东大学1篇。目前，中国开展欧洲高等教育质量研究的硕士、博士论文数量极少，这一研究领域仍然有待于开拓。

2. 欧盟高等教育质量保障相关研究

（1）博洛尼亚进程与高等教育质量保障研究

欧洲自推行博洛尼亚进程以来，参与国家不断增多，欧洲区域内高等教育整合成为各个国家的共识，国际社会对区域内高等教育整合的态度也从质疑转变为逐渐接受。李化树在《建设欧洲高等教育区：聚焦博洛尼亚进程》中列明了欧洲高等教育质量保障体系建立的过程，以及欧洲高等教育质量保障体系是如何逐渐从高校、地方层面上升为欧洲高等教育区域整合体系的。[1] 1999年，欧洲29国教育部部长会聚博洛尼亚发布《博洛尼亚宣言》，提出建立"欧洲高等教育质量保障体系"。2001年，博洛尼亚进程成员国教育部部长在布拉格召开评估会议，提出将高等教育质量保障作为行动纲领。2005年，《卑尔根公报》确定实施欧洲高等教育质量标准。2007年，《伦敦公报》明确建立国家机制，健全各国评估机制，实施《欧洲高等教育区质量保障标准和指导纲要》，并联合设立"欧洲质量保障机构注册局"。

在博洛尼亚进程促进高等教育一体化的过程中，并非要求所有参与国在高等教育中实现"统一化"，而是强调多元参与，注重融合与差异并存，高度尊重自主性与多样化，确保利益相关者在区域内的独立运行与

---

① 李化树：《建设欧洲高等教育区：聚焦博洛尼亚进程》，人民出版社2014年版，第117页。

协调合作。①《卑尔根公报》及《柏林公报》提出，高等教育质量是欧洲高等教育一体化中的核心问题，欧盟支持高校、国家和区域内高等教育质量保障体系的建立，这一体系并非消除多样性，而是建立可供比较和交流的高等教育质量保障机制，推行相互认可的质量评估标准与方法。②欧洲高等教育保障体系在博洛尼亚进程的推动下取得了前所未有的大发展，该体系中的质量保障机构独立运行，做到质量保障工作分工协作，确立了"学习结果"为导向的质量评估标准，并让学生参与质量评价。③回顾欧洲高等教育质量保障体系发展的历程，持续协调、提升区域高等教育竞争力是推动体系构建的动力，质量控制和民族国家中心是主要特征，多阶段评估是主要机制。④

　　虽然博洛尼亚进程促进了区域内高等教育保障机制的构建，但是欧盟成员国在机制独立运行中仍然存在差异，部分国家采用趋同发展的模式，求同存异；但是部分国家在新机制的推行中遭遇重重阻力，不断尝试在新机制与本国传统高等教育机制中寻求平衡。英国在欧洲高等教育质量保障体系的建设过程中发挥了主导作用，持续推动博洛尼亚进程的发展。欧盟在制定《欧洲高等教育区资格框架》时就以英国所采用的学分系统为基础，制定的《欧洲高等教育区质量保障标准与指南》与英国目前采用的以机构和项目为本的评估模式具有相似性。即便英国已经脱欧，该国的高等教育质量保障体系仍然趋同欧盟标准。⑤德国高等教育在全球的竞争力逐渐下降。随着博洛尼亚进程的推进，其传统的高等教育质量保障体系亟须与欧盟现行体系并轨，然而，新高等教育质量保障体系在德国的推广受到了传统思维的抵制与抗议。虽然德国的高等教育以

　　①　王新凤：《博洛尼亚进程的终结还是开始？——对欧洲高等教育区域整合的反思》，《高教探索》2010 年第 3 期。

　　②　朱佳妮：《搭乘欧洲高等教育一体化快车？——"博洛尼亚进程"对德国高等教育的影响》，《清华大学教育研究》2014 年第 6 期。

　　③　刘志林：《博洛尼亚进程下欧洲高等教育质量保障体系的研究与反思》，《现代教育管理》2018 年第 9 期。

　　④　刘晖、孟卫青、汤晓蒙：《欧洲高等教育质量保证 25 年（1990—2015）：政策、研究与实践》，《教育研究》2016 年第 7 期。

　　⑤　沈伟：《趋同抑或求异：英国高等教育质量保障的过去与未来》，《高等教育研究》2018 年第 10 期。

培养高质量的学生闻名，但传统的高等教育质量保障体系烦琐，运行效率不高。在加入博洛尼亚进程后，国内学者对德国高等教育质量保障体系的研究主要聚焦两部分：一是设立国际高等教育质量保障协会，确保专业学位的教学质量与统一标准，新专业的设立需经过专业认证，且每五年需要重新认证；二是设立地区性评估机构，负责教学评估的实施。①德国持续尝试欧洲高等教育保障体系标准与传统德国高等教育保障体系的充分融合，努力做到在推进欧洲高等教育保障体系一体化进程中不失本国特色。

（2）欧洲高等教育质量保障政策及文本研究

欧盟教育政策是欧盟政策体系中的重要组成部分。陈时见等将欧盟教育政策的发展划分为初步发展、拓展深化和全面治理阶段，高等教育质量保障相关政策是教育政策中的重要组成部分，这些政策旨在实现欧盟内高等教育一体化，同时也是欧盟成员国在高等教育领域开展合作与交流的制度保障。②陈天提出，虽然在二战以来开展的高等教育交流与合作中欧洲各个国家政府或相关机构关注高等教育质量管控，但是高等教育质量保障与高等教育国际化结合还较少。博洛尼亚进程推动了各国高等教育改革，规范区域高等教育质量保障政策机制，建立质量保障标准和质量保障机构，进行持续追踪及绩效评估。③谌晓芹从开放与合作的角度梳理了欧洲高等教育质量保障机制建立的历程，阐述了欧洲区域高等教育整合中是如何建立共同标准并增加信任度的。④

在欧盟制定的高等教育质量保障政策中最具代表性的文件为《欧洲高等教育区质量保障标准与指南》（*Standards and Guidelines for Quality Assurance in the European Higher Education Area*，ESG）。该标准由内部质量保障标准、外部质量标准及质量保障机构标准构成。陈寒分析了该质量标

---

① 徐理勤：《博洛尼亚进程中的德国高等教育改革及其启示》，《德国研究》2008 年第 3 期。

② 陈时见、冉源懋：《欧盟教育政策的历史演进与发展走向》，《教师教育学报》2014 年第 5 期。

③ 陈天：《欧洲高等教育质量保障政策的变化与挑战——基于博洛尼亚进程的影响》，《齐鲁师范学院学报》2013 年第 5 期。

④ 谌晓芹：《博洛尼亚进程行动路线与政策透视——基于区域高等教育开放与合作的视角》，《求索》2012 年第 2 期。

准的发展历程和内容理念，从高等教育多样性、统筹内外部活动、问责与改进、增强质量保障机构四个方面为中国高等教育质量保障工作提出建议。① 张旭雯对 2005 年与 2015 年颁布的《欧洲高等教育区质量保障标准与指南》进行对比，分析了 2015 年版改进的方向与要点，突出质量保障机构的独立性、专业性与完整性，并提出在欧洲高等教育未来发展的趋势中，质量提升仍然是主流关注点。②

欧盟在高等教育方面设立的战略目标为：到 2020 年具有大学或同等学力水平的毕业生应达到 40%。这一目标达成的前提是确保毕业生接受高质量的大学教育。为此，欧盟提出了提高教学质量的 12 条建议，该建议对中国高等教育教学质量提升有一定的借鉴作用。③

欧盟在促进区域高等教育一体化中推行了欧洲学分系统，这是欧盟教育政策中的重要举措。陈涛等梳理了学分转换系统的构成及运行机制，将欧洲学分构建为学生流动的"统一学术货币"，提出其与高等教育质量保障体系及终身学习理念之间纵向与横向的联系。④ 高迎爽分析了法国政府的"358"学位制度改革，提出法国通过采用欧洲学分转化制和质量评估国际化的措施提升了法国高等教育的国际透明度，实现了与国际高等教育的接轨。⑤

（3）欧洲高等教育质量保障体系中的学生参与政策与文本研究

学生参与高等教育质量保障是欧盟高等教育政策中的重要方面。在博洛尼亚进程的推动下，这一机制逐渐发展完善。赵叶珠从学生参与质量保障的理论着手，具体说明了学生参与的政策、机制及监测指标，并总结了在欧洲高等教育改革与发展中，学生参与政策仍然有完善的空间，

① 陈寒：《欧洲高等教育区质量保障标准：发展与启示》，《中国高教研究》2018 年第 6 期。
② 张旭雯：《〈欧洲高等教育区质量保障标准与指南〉的改进和发展》，《世界教育信息》2018 年第 5 期。
③ 赵叶珠：《欧盟提高高校教学质量的政策建议与相关措施》，《复旦教育论坛》2015 年第 6 期。
④ 陈涛、刘晶蕾、张宝昆：《走向自由、终身学习之路：欧洲学分转换系统的发展历程、规程与前景》，《比较教育研究》2012 年第 9 期。
⑤ 高迎爽：《法国高等教育质量保障历史研究（20 世纪 80 年代至今）》，博士学位论文，华东师范大学，2010 年，第 254 页。

是国内较早介绍学生参与政策的研究之一。① 饶燕婷分析了利益相关者治理理论和教育评价的多元取向对学生参与质量保障的影响，也分析了博洛尼亚进程对"学生参与政策"的推动作用，详细梳理了欧洲国家颁布的学生参与政策，并阐述了学生参与政策的特点。②

学生参与政策的落实也是研究中的一个方面，学者们关注欧盟层面的宏观政策如何在具体的操作中实现。吕光洙等阐明了"以学生为中心"的理念下学生是如何参与决策的实践过程，以及学生是如何实践高等教育治理的。③ 欧洲高等教育质量保障体系中的学生参与政策具有自身特色，值得学习借鉴，因此部分学者论述了这些政策对中国高等教育质量保障的启示。王秀彦等解读了欧洲高等教育评估中学生参与机制的特点，建议从树立主体参与质量理念、建立多元合作平台和积极发挥学生组织自治作用三个方面将其借鉴到中国高等教育评估中。④

尽管学生参与欧洲高等教育质量保障有创新之处，作为核心利益相关者对高等教育质量提升有促进作用，但是也提到了可能存在的问题。胡万山解读了学生参与高等教育外部质量评估的背景、评估方式及特征，分析了学生参与评估可能出现知识欠缺或身份的局限性等问题。⑤

（4）欧洲高等教育质量保障机制与质量保障机构研究

自《欧洲高等教育区质量保障标准与指南》出台以后，欧洲高等教育的内部、外部质量保障是研究中的关注点。

欧洲高等教育内部质量改革持续加强以"学生为中心"的理念，制

---

① 赵叶珠：《学生参与：欧洲高等教育质量保障中的新维度》，《复旦教育论坛》2011 年第 1 期。

② 饶燕婷：《欧洲国家高等教育质量保障中的学生参与政策》，《教育发展研究》2012 年第 11 期。

③ 吕光洙、宋官东、梁雪彩：《学生参与：欧洲高等教育治理的新路径》，《世界教育信息》2016 年第 5 期。

④ 王秀彦、于贝：《欧洲高等教育评估中学生参与机制的主要特征与启示》，《黑龙江高教研究》2015 年第 5 期。

⑤ 胡万山：《学生参与高等教育质量保障的研究与反思》，《上海教育评估研究》2019 年第 3 期。

定内部质量管理政策，强化质量文化建设，推动区域内质量保障机制运行。高飞从欧洲高等教育机构内部保障的标准原则展开分析，指出内部质量保障的特点，提出目前机制中仍然存在参与性不强、缺少服务监管、对评估工作自身检查不够等问题，对未来内部质量保障的目标及方式提出了建议。[1] 魏丽娜详细阐述了欧洲高等教育内部质量管理框架，分析了该框架的实施维度，指出多元利益相关者在该框架中的参与，详述了该框架的评估与实施，并从设立专业保障机构、推进学习效果跟踪评价、建立多元参与质量保障体系等方面，提出该框架在中国质量保障体系构建中的借鉴作用。[2]

欧洲高等教育外部质量保障主要由各国政府与社会中介机构联合开展，外部多样化的质量保障方式确保了质量的提升。蒋洪池、夏欢以欧洲外部质量保障标准为导向，介绍了目前外部质量保障的四种方式，即质量评估、质量认证、质量审查和基准法，并在此基础上进一步明确了外部质量保障的程序。[3] 陈志强介绍了欧洲一体化进程下构建的荷兰高等教育外部质量保障体系，特别强调了中介机构在该体系中是责任主体，评估机制保证了体系的运行，同时也对美国、澳大利亚和荷兰的外部质量保障体系进行了横向对比。[4]

在研究欧洲高等教育质量保障体系时，人们需要梳理实施内外部质量保障的机构，这是厘清问题的关键点。推动欧洲高等教育质量保障体系正常运行，保障区域内高等教育质量稳步提升，实施机构起主导推动作用。当前欧洲高等教育质量保障主要由欧洲高等教育质量保障协会（ENQA）、欧洲高等教育质量保障注册中心（EQAR）等负责。杨治平、黄志成梳理了欧盟成员国实施质量保障的机构，并分析了这些机构的独立程度与属性定位，并从机构建设、独立性与专业性三方面为中国质量

① 高飞：《欧洲高等教育机构内部质量保障：标准、进展与前景》，《江苏高教》2012 年第 5 期。

② 魏丽娜：《"以学生为中心的学习"：欧洲高等教育内部质量管理框架及其思考》，《重庆高教研究》2019 年第 3 期。

③ 蒋洪池、夏欢：《欧洲高等教育区外部质量保障：标准、方式及其程序》，《高教探索》2018 年第 1 期。

④ 陈志强：《荷、美、澳三国高等教育外部质量保证体系的特点探析》，《比较教育研究》2012 年第 7 期。

保障结构建立提出建议。①

（5）欧洲高等教育区研究

《博洛尼亚宣言》的全称是《欧洲高等教育区域：欧洲教育部部长在博洛尼亚会议上的联合宣言》。这一文件明确提出在 2010 年前建成欧洲高等教育区，提出在该区域内推行具有可比性的学位体系、建立高等教育体系、建立学分转换体系、促进区域内人员流动、确保高等教育质量，并促进区域内高等教育合作等六项行动策略。② 自文件颁布开始，中国学者逐步加大了对欧洲高等教育区的关注，并从不同层面开展了研究。毕家驹详细介绍了欧洲高等教育区发展历程，提出推进区域内高等教育趋同、易读性、可比性、相容性和透明性的举措，并介绍了德国、意大利、法国和英国融入欧洲高等教育区的举措。这是中国学者对欧洲高等教育区较早开展的研究之一。③ 周满生、褚艾晶介绍了欧洲高等教育质量保障取得的成就及在欧盟成员国中的实施，并提出以提升质量促进质量文化建设的观点。④

在对欧洲高等教育区开展充分研究后，部分学者认为欧洲高等教育区对中国高等教育及区域高等教育整合具有启示性作用。刘琦、车伟民分析了欧洲高等教育区的经验与做法，建议从深化教育双边合作、优化教育多边合作机制、推动中国与共建"一带一路"国家及欧盟的教育合作、加大教育资金融通、职业教育培训和构建"一带一路"教育共同体六方面推进"一带一路"教育升级版。⑤

3. 中国高等教育质量保障相关研究

（1）中国高等教育质量保障体系的建立与发展

尽管高等教育质量保障体系在中国出现的时间不长，但是质量保障实践在中国高等教育中得到了充分的认识与发展。从国内文献来看，研

---

① 杨治平、黄志成：《欧洲高等教育质量保障机构的发展与定位——博洛尼亚进程新趋势》，《比较教育研究》2013 年第 1 期。

② 杨丽辉：《英国跨国高等教育质量保障体系探究》，硕士学位论文，厦门大学，2009 年。

③ 毕家驹：《2010 欧洲高等教育区》，《中国高等教育评估》2002 年第 3 期。

④ 周满生、褚艾晶：《成就、挑战与展望——欧洲高等教育区质量保证十年发展回顾》，《北京大学教育评论》2011 年第 2 期。

⑤ 刘琦、车伟民：《欧洲高等教育区对推进"一带一路"教育行动升级版的启示》，《中国高教研究》2020 年第 9 期。

究高等教育质量保障的论文也日益增多。余小波、刘潇华和张亮亮梳理了自新中国成立以来中国高等教育发展的历程，认为高等教育保障体系经历了初创、失控、恢复重建、建立和发展五个时期。在这五个阶段内，国家、高校及相关机构制定了一系列的举措促进中国高等教育质量保障体系的建立。①

　　开展高等教育质量保障体系研究的关键在于理解高等教育质量保障的概念和实施举措。陈玉琨、沈玉顺在《建立高等教育的质量保障系统》一文中详细介绍了高等教育质量保障体系的概念及保障活动的程序，并探讨了高等教育质量保障活动的主要内容，是国内较早介绍高等教育质量保障体系的研究之一。② 高等教育质量保障体系的发展与高等教育发展息息相关，精英教育与大众化时代的高等教育质量内涵有较大的差异。大众化时代，高等教育质的内涵多样化、质量构成综合化和质量评价复杂化③，高等教育更趋向于多层面、应用型、职业型人才培养④，在高等教育质量保障体系的建立中需要关注整体性、协调性和针对性，并明确高校、政府和社会各方责任。⑤

　　随着中国高等教育逐渐步入大众化，中国目前是全球高等教育"体量"最大的国家，高等教育质量保障的复杂性也远超世界其他国家，因此，部分学者提出了"中国模式"的高等教育质量保障体系。这一体系由中国政府主导，地方政府配合和第三方评估机构参与，强调寻找国际借鉴与本土创新之间的平衡。⑥ 胡义伟在分析了美国、英国、日本和新西兰的高等教育质量保障体系之后，从建立健全的外部质量保障体系、加强内部质量保障体系建设和建立公平合理的质量保障制度三个方面，提

　　① 余小波、刘潇华、张亮亮：《我国高等教育质量保障的发展与评析》，《高等教育研究》2020 年第 2 期。

　　② 陈玉琨、沈玉顺：《建立高等教育的质量保障系统》，《江苏高教》1996 年第 2 期。

　　③ 宋旭峰：《大众化高等教育质量探析》，《江苏高教》2003 年第 5 期。

　　④ 潘懋元：《高等教育大众化的教育质量观》，《中国高教研究》2000 年第 1 期。

　　⑤ 刘振天：《推进质量保障体系建设的几个前提性问题》，《中国高等教育》2010 年第 12 期。

　　⑥ 刘晖、李嘉慧：《中国高等教育质量保障体系的完型》，《教育研究》2019 年第 11 期。

出建立有中国特色的高等教育质量保障体系。①

（2）中国高等教育质量保障政策与运行机制

政策是机制运行的主要保障，中国在高等教育质量保障方面出台了相关的政策，反映出高等教育由精英型向大众化的发展趋势，近年来对高等教育质量保障政策的研究也从涉及发展到有意关注的阶段。《国家中长期教育改革和发展规划纲要（2010—2020 年）》是提升质量核心的中国高等教育改革与发展的开端②，提出以高等教育质量建设为中心，内部、外部质量保障体系建设为根本任务③，政策的价值取向表现为高等教育权力共享与分配、高等教育资源的优化配置和高等教育权利平等。④

受到市场经济与全球化的影响，高等教育质量保障体系逐步建立。质量保障体系主要由内部质量保障体系和外部质量保障体系两部分构成。由于欧美国家高等教育质量保障体系的影响，中国外部质量保障体系的研究逐渐丰富，主要围绕质量保障与评估展开。

外部质量保障体系促进了高校内部质量保障体系建设。李国强将中国高校内部质量体系建设划分为三个相互叠加的阶段：物质基础与人力保障系统建设阶段、内涵建设阶段、稳定发展新常态阶段。他还展望了未来将会强化高校的社会服务与社会责任意识，树立全面质量观，形成全员质量管理模式，并将底线标准管理和过程性评价管理相结合的发展趋势。⑤ 张丽从质量决策、质量管理和质量监控三个方面分析了内部质量保障体系的构成要素，并按质量全面管理理论的计划、执行、检查、行动（PDCA）循环分析了要素的运行。⑥

----

① 胡义伟：《论我国高等教育质量保障体系的构建——以发达国家经验为鉴》，《湘潭大学学报》（哲学社会科学版）2009 年第 4 期。

② 余小波：《大众化背景下的高等教育质量与保障研究》，湖南大学出版社 2013 年版，第 1—3 页。

③ 李国强：《高校内部质量保障体系建设的成效、问题与展望》，《中国高教研究》2016 年第 2 期。

④ 刘晖、李嘉慧：《中国高等教育质量保障体系的完型》，《教育研究》2019 年第 11 期。

⑤ 李国强：《高校内部质量保障体系建设的成效、问题与展望》，《中国高教研究》2016 年第 2 期。

⑥ 张丽：《构建高等教育质量保障内部机制的研究》，《江苏高教》2012 年第 5 期。

（3）中国高等教育质量评估审核

中国高等教育质量审核评估是外部质量保障中的重要措施。高等教育由精英型迈入大众化时代，高等教育外部质量监控是利益相关者对高等教育质量进行监控，其中包括政府、市场、社会、家长及中介机构等，也会更多建立外在的质量目标，如毕业生是否适应社会需求等。在建立外部质量保障体系时，应以评价为基础，强化政府对高等教育的宏观管理，同时也应加强社会、中介机构等利益相关者对高等教育质量的监督。① 秦琴基于 13 个国家外部质量保障体系的文本分析，提出质量保障体系将在学习成果、入学要求、教师资格和评估机构四方面影响高等教育多样化的发展。②

（4）跨国高等教育质量保障比较研究

在高等教育质量保障体系的研究中，比较研究也是中国学者的关注点，通过分析西方国家高等教育质量保障体系，为中国高等教育质量保障发展提出建议。在国外高等教育质量保障体系的研究中，美国与英国是人们关注较高的国家。

吴佳妮运用克拉克的"协调三角形"的理论分析了美国高等教育质量保障中学术、市场与国家的关系，并提出在高等教育发展进程中政府与市场的关系逐渐走向联合，对高等教育质量保障体系的影响不断加深，大学的质量中心不断偏向政府与市场而非学术权威。③ 张地珂从"双轨制"角度出发，基于美国高等教育内、外部质量保障体系运行模式，提出了中国高等教育质量保障体系应转变政府职能、优化治理机制和完善高校内部治理的建议。④ 程序通过对美国院校的考察，从高校自评与教师管理的角度，详细阐述了美国高等教育内部质量保障机制的特点。⑤ 陈华

_____

① 贺祖斌：《以评价为基础建构高等教育大众化的质量保障体系》，《清华大学教育研究》2002 年第 6 期。

② 秦琴：《质量保障与评估如何影响高等教育多样化发展——基于 13 个国家（地区）高等教育外部质量保障体系的文本分析》，《外国教育研究》2017 年第 4 期。

③ 吴佳妮：《美国高等教育质量保障体系中的权力博弈：学术、国家、市场的三角关系变迁》，《比较教育研究》2012 年第 7 期。

④ 张地珂：《美国"双轨制"高等教育质量保障体系构建及启示——从教育治理的视角》，《湖北社会科学》2016 年第 2 期。

⑤ 程序：《美国高等教育内部质量保障机制及其启示》，《江苏高教》2016 年第 2 期。

仔、黄双柳则从美国外部质量保障体制的四个发展阶段，即自主发展、联合发展、国家规范和国际化发展，介绍了美国高等教育外部质量保障机制及每个阶段的特点。①

区域性认证是美国高等教育质量保障的形式之一，对于中国打造区域性高等教育质量保障体系具有一定的借鉴作用。庄丽君、王山玲从区域性认证的历史、标准及持续修订、周期性认证三方面分析了美国高校区域性认证的基本情况，提出中国高校在建立高等教育质量保障体系时应注重院校的特色与多样性，通过周期性认证的方式持续改进与保障教育质量。②

英国高等教育质量保障体系经过了分类质量评估、两套质量评估体系、学科教学评估和院校审查评估四个发展阶段，经历了从多样到统一、从科层管理到文化管理、从外部管理到内外并重、从评价到评价与元评价结合的发展趋势，为中国高等教育评估指标体系建立提出了建议。③ 英国高等教育质量保障体系的管、办、评分离的模式为中国高等教育有重要借鉴意义。④ 英国的高等教育外部质量保障机制以社会中介机构为主导，评估机构多样化，评估机构之间协同程度较高，进而提出了中国应建立不同主体实施的质量外部保障体系。⑤

（二）国外研究现状

随着高等教育规模的提升，全球各国都开始注重高等教育质量保障问题，并尝试构建本国的高等教育质量保障体系。欧美等发达国家在这些方面积累了丰富的经验，因此，研究欧洲高等教育质量保障体系有着十分重要的意义。

---

① 陈华仔、黄双柳：《美国高等教育外部质量保障体系的百年发展》，《现代教育管理》2016 年第 7 期。

② 庄丽君、王山玲：《美国高校区域性认证研究》，《高教发展与评估》2018 年第 2 期。

③ 李祖超、陶昱：《英国高等教育质量评估的发展及启示》，《河北大学学报》（哲学社会科学版）2008 年第 3 期。

④ 盛欣、李建奇、曹受金：《英国高等教育质量保障体系及其借鉴》，《求索》2014 年第 4 期。

⑤ 朱永、东张、振刚：《英国高等教育质量外部保障体系发展特征探析》，《研究生教育研究》2013 年第 3 期。

1. 欧洲高等教育质量保障研究的基本情况

在 Web of Science 里以"主题"方式搜索"higher education quality assurance",自 1900 年到 2020 年 11 月,我们共查询到相关题录 3743 篇。同时,以"主题"方式搜索"European higher education quality assurance",自 1900 年到 2020 年 11 月,我们共查询到相关题录 525 篇。两类搜索数据的对比,可以反映出全球高等教育质量保障研究的规律与欧盟高等教育质量保障研究的动向。

(1) 开展质量保障研究热点阶段

全球高等教育在近几十年发生了巨大的变化。随着科技的发展与全球化的推动,全球高等教育开始步入大众化、普及化的阶段,高等教育毛入学率在全球部分国家有了显著提升。从开展高等教育质量保障研究热点阶段来看(如图绪 -6),自 2011 年以来,高等教育质量保障研究成果呈逐年上升趋势,2017—2018 年达到研究成果的顶峰,2019—2020 年略有回落。开展欧洲高等教育质量研究的热点阶段主要集中在 2014—2019 年(如图绪 -7)。自 2010 年起,欧洲高等教育质量保障研究成果基本呈现逐年上升的趋势。由此可以看出,近十年来,高等教育在全球各个国家迅猛发展,逐步实现规模化发展。高等教育质量保障作为全球高等教育领域的重要任务,各国都予以重视,加强高等教育质量保障的研究。从欧洲国家高等教育质量保障研究中也可看出这一趋势。研究者对欧洲高等教育质量保障始终保持关注与研究热度。

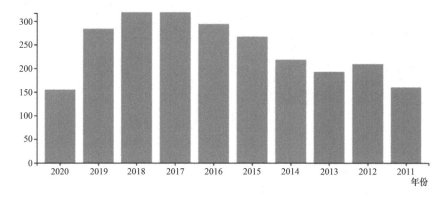

图绪 -6　高等教育质量保障研究相关文献发表年份

资料来源:根据 Web of Science 数据统计整理而成。

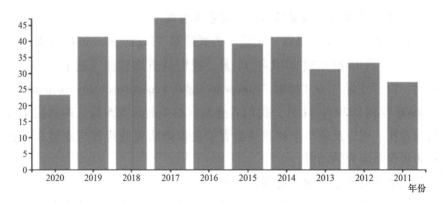

图绪 –7 欧洲高等教育质量保障研究相关文献发表年份

资料来源：根据 Web of Science 数据统计整理而成。

（2）教育质量保障研究关注的领域

从对高等教育质量保障研究及欧洲高等教育质量保障领域的关注度来看（如图绪 –8），教育及教育研究这一研究领域占 50% 以上，其他都集中在健康保健科学服务、心理学、行为科学等领域。从对开展欧洲高等教育质量保障研究关注的领域来看（如图绪 –9），70% 以上集中在教育及教育研究领域，其他领域排名与高等教育质量保障研究关注的领域相似。可以看出，对于高等教育质量保障的研究主要还是在教育学科中开展。

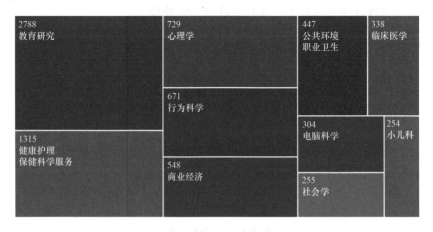

图绪 –8 高等教育质量保障研究关注的领域

资料来源：根据 Web of Science 数据统计整理而成。

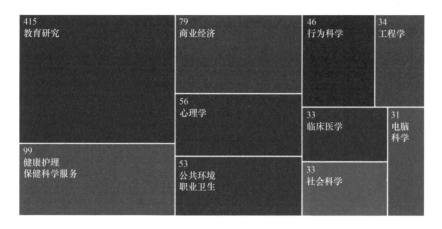

图绪 – 9　欧洲高等教育质量保障研究关注的领域

资料来源：根据 Web of Science 数据统计整理而成。

（3）开展质量保障研究的机构

从开展高等教育质量保障研究的机构来看，主要还是集中在美国、英国、加拿大、澳大利亚等高等院校。在前十位的研究机构中，美国占据 6 位，英国占据 2 位，加拿大和澳大利亚各 1 位。数据表明，当前全球范围内开展高等教育质量保障研究的机构中，美国与英国的综合实力最强。从开展欧洲高等教育质量保障研究的机构来看，布加勒斯特经济研究大学、赫尔辛基大学、奥斯陆大学、根特大学、里斯本大学、伦敦大学等都是欧洲一流的综合性大学，这些大学都在高等教育方面开展了深入的研究，有的也是欧洲开展高等教育研究的重要基地。这在一定程度上反映出高等教育质量保障研究在该大学较为盛行，也代表该大学在高等教育方面具有突出的特色和研究传统。详见图绪 – 10、图绪 – 11。

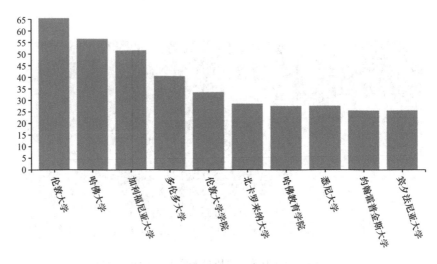

图绪–10 开展高等教育质量保障研究的机构

资料来源：根据 Web of Science 数据统计整理而成。

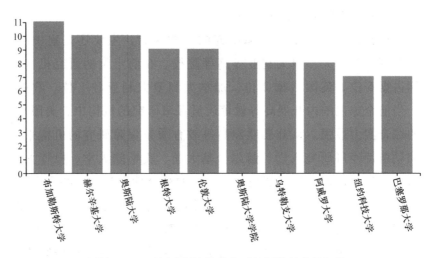

图绪–11 开展欧洲高等教育质量保障研究的机构

资料来源：根据 Web of Science 数据统计整理而成。

（4）开展质量保障研究的学者所属国家

从开展高等教育质量保障研究的学者所属国家或地区来看，美国的研究学者占据了 19%，其次为英国、澳大利亚、德国和中国。可以看出，美国和英国对高等教育质量保障表现出强劲的研究势头。作为发展中国家的中国也拥有比较多的研究成果，显示出近年来中国对高等教育质量保障的关注度与研究程度显著提升。数据也显示出，个别小的国家如罗马尼亚也表现了较好的高等教育质量保障研究的水平与能力。在金砖四国中，南非是继中国之后，在高等教育质量保障研究方面有所建树的发展中国家。详见图绪－12。

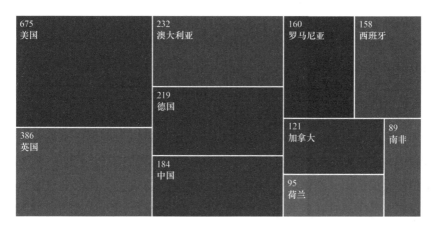

图绪－12　开展高等教育质量保障研究的学者所属国家及地区
资料来源：根据 Web of Science 数据统计整理而成。

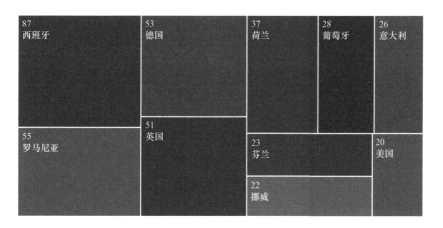

图绪－13　开展欧洲高等教育质量保障研究的学者所属国家及地区
资料来源：根据 Web of Science 数据统计整理而成。

从开展欧洲高等教育质量保障研究的学者所属国家来看，除了美国之外，研究者主要集中在欧洲的国家，说明欧洲高等教育区成员国的学者更关注欧洲高等教育质量保障研究，因为他们对欧洲高等教育质量保障的体会更为深切。中国台湾地区对欧洲高等教育质量保障研究有一定的关注度，主要以借鉴经验的形式进行研究，以促进本地区高等教育质量保障的改革与发展。详见图绪 – 13。

2. 国外欧盟高等教育质量保障的相关研究

国外学者在欧洲高等教育质量保障体系与博洛尼亚进程的关系、协同工作机制、质量保障指南、欧盟成员国质量保障政策与实施对比等方面开展了相关研究。

（1）博洛尼亚进程下的欧盟高等教育质量保障

博洛尼亚进程旨在建立欧洲高等教育区，该进程的目标是使欧洲高等教育具有竞争力、透明性、多样化和世界领先地位，提出高质量的高等教育在欧盟范围和世界范围内有助于可持续性的社会经济发展。[①] 2003年柏林会议指出，欧洲高等教育的质量保障问题成为博洛尼亚进程的首要议题，其重要性在成员国中不断增加，所有成员国都认为质量保障对于高等教育的发展和成员国的相互信任是十分必要的。虽然成员国推进质量保障体系的速度与方式仍有差异，但是都开始致力于高等教育质量保障。2018 年《巴黎公报》明确指出了博洛尼亚进程的实施推进了在欧洲层面建立欧洲高等教育区（EHEA），该区域内的政府、高等教育机构和利益相关者可以有效协作并持续开展对话；博洛尼亚进程也为大规模的学生流动铺平了道路，提升了欧洲高等教育质量与吸引力，同时也提升了可比性与透明性。[②] 尤尔根·安德（Jürgen）和韦斯特海登从国家层面质量合作的需求与全球化对高等教育的挑战两方面指出博洛尼亚进程对欧洲高等教育质量保障体系的促进作用。[③] 洛科拉（Loukkola）指出整

---

① "Sorbonne Joint Declaration: Joint Declaration on Harmonisation of the Architecture of the European Higher Education System by the four Ministers in Charge for France, Germany, Italy and the United Kingdom, Paris, the Sorbonne", 1998 – 05 – 25, http://www.bologna-berlin2003.de/pdf/Sorbonne_declaration.

② "EHEA Paris 2018. Paris Communique", 2018 – 05 – 25, http://www.ehea.info/media. ehea.info/file/2018_Paris/77/1/EHEAParis2018_Communique_final_952771.

③ Enders J., Westerheijden D. F., "Quality Assurance in the European Policy Arena", *Policy and Society*, No. 3, 2014, pp. 167 – 176.

个欧洲、欧盟成员国和相关机构在高等教育质量保障领域的政策执行和实践上既有趋同也有分化，然而，这个政策领域已经成为博洛尼亚进程的基石之一。①

但是也有学者指出，博洛尼亚进程并非推动欧洲高等教育保障体系建立的唯一因素。在博洛尼亚进程之外，欧洲高等教育质量保障体系的发展有许多驱动因素，例如学生数量规模化、新的公共管理、私立高等教育机构的发展。这些要素都加强了对建立具有竞争力的欧洲高等教育质量保障体系的关注。②

（2）欧洲各国高等教育质量保障对比研究

欧洲在博洛尼亚进程的推进下，将高等教育质量保障推进到了区域层面。欧盟高等教育质量保障在欧盟成员国中的实施既有一体化，也表现出差异性，形成高等教育质量保障的欧洲模式。

在欧盟高等教育质量保障体系的国别研究中，英国高等教育质量保障研究起步较早，研究成果丰富，是学者们关注较多的国别。克罗泽（Crozier）提出欧洲高等教育质量保障标准与指南主要遵循了两条基本原则：将英国标准作为参照物，将法国、德国标准定义为常规均值。③ 英国脱欧后发布了《英国与欧盟未来关系》的白皮书，该书表明英国将继续参与实施"伊拉斯谟+"项目，积极为高等教育参与欧盟项目提供支持，与欧洲其他国家共享专业认证。④ 学生办公室是英国高等教育监管机构，它倡导以学生为中心的教学方法，推崇弹性的学习路径，强调高等教育机构的多样性，这些目标与 ESG 2015 中的关注点在很大程度上重合。⑤ 因此研究表明，无论英国是否脱离欧盟，它仍然是欧洲高等教育区的成

---

① Loukkola T., *A snapshot on the internal quality assurance in EHEA*, European Higher Education at the Crossroads, Springer, Dordrecht, 2012, pp. 303 – 316.

② Albena Gayef, Canan Hurdag, "Quality Assurance and the Bologna Process in Higher Education", *Journal of International Scientific Publications*, No. 12, 2014, pp. 949 – 956.

③ Crozier F., Curvale B., Dearlove R., et al., *Terminology of Quality Assurance: Towards Shared European Values? ENQA Occasional Papers* 12, Brussels: ENQA, 2006.

④ "Department for exiting the European Union. The Future Relationship Between the United Kingdom and the European Union", 2018 – 07 – 12, http://www.gov.uk/government/publications.

⑤ "Securing Student Success: Regulatory Framework for Higher Education in England", 2018 – 05 – 22, http://www.qaa.ac.uk/docs/qaa/news/enqa – 2018 – self-assessment-report.

员国，其高等教育质量保障体系在较大程度上与欧盟保持了趋同，推进了"知识的欧洲"共同体发展。

法国高等教育体系多元化，要充分融入欧盟高等教育质量保障体系仍然有较长的路要走。法国在博洛尼亚进程的推动下，逐步构建更加灵活、更加开放的高等教育体系。法国新的"LMD 体制"涵盖了精英院校与普通院校，将科研与教育纳入统一机制，促进法国与其他国家高等教育体制的对接。新的体制促进了法国高等教育逐渐融入欧洲标准，促进了法国高等教育质量的提升。法国在博洛尼亚进程的推动下，在不失本国教育特色的基础上尝试融入欧盟高等教育质量体系。

俄罗斯是国外学者在高等教育质量保障体系研究中关注程度较高的国家。加林娜（Galina）和丽塔·派克（Ritta Pykkö）介绍了欧盟高等教育质量体系对俄罗斯质量保障体系产生的影响。由于客观原因，俄罗斯质量保障体系未能完全符合欧盟标准。自 2011 年，俄罗斯的双轨制逐渐并轨，国家对认证程序的监管越来越严格。[1]

爱德华（Edwards）、托瓦尔（Tovar）和桑切斯－鲁伊斯（Sánchez-Ruiz）分析了在与欧洲高等教育区（EHEA）接轨的过程中高等教育的质量保障和认证存在的问题。他们以西班牙高等教育为例，介绍了质量保障发展的历程与趋势，分析了西班牙国家质量评估和认证机构（ANECA）制定的一些工具，如审计计划中的指南，其目的是为设计内部质量保障体系提供指导。[2]

彼德鲁斯（Petru Lisievici）分析了罗马尼亚高等教育质量管理中存在的问题，从高等教育提供方的角度提出了改善的建议。[3] 艾迪娜（Adina）通过对罗马尼亚教育立法内容进行分析，指出教育质量观能够使大学更好地满足社会各界日益增长的期望，并分析由于罗马尼亚受到欧洲高等

① Galina Motova, Ritta Pykkö, "Russian Higher Education and European Standards of Quality Assurance", *European Journal of Education*, No. 1, 2012, pp. 25 – 36.

② Edwards M. E., Tovar E. C., Sánchez-Ruiz L. M., "Strengths and Obstacles for Quality Assurance in the European Higher Education Area: The Spanish Case", *International Network for Engineering Education and Research*, No. 7, 2009, pp. 33 – 42.

③ Lisievici P., "The Forgotten Side of Quality: Quality of Education Construct Impact on Quality Assurance System", *Procedia-Social and Behavioral Sciences*, No. 5, 2015, pp. 371 – 375.

教育质量定义及高等教育质量保障准则的影响，在过去二十年里，其高等教育质量文化发生了显著的变化。①

（3）欧盟高等教育质量保障机制及政策实施

欧盟自推进高等教育一体化进程以来，推出了一系列的项目及相应的政策，推动欧洲高等教育区成员尽快融入欧洲高等教育一体化机制中。

亚历山德鲁·罗博特（Alexandru Robert）、埃琳娜·拉蒙纳（Elena-Ramona）、弗拉基米尔（Vladimir）、Enǎchescu 和阿德里亚娜（Adriana）详细分析了欧洲在教育领域的进程和政策，通过分析欧盟成员国对博洛尼亚进程的实施，说明这些截然不同的社会政治和历史背景对欧盟标准化进程的影响，并分析了欧盟在促进公平、提升社会凝聚力、树立公民意识、激发创造力、提高教育质量和效率、支持创新和创业等方面为成员国的交流与相互学习所制定的框架。② 沃因·拉基奇（Vojin Rakic）在对比分析了欧洲一体化对荷兰、比利时和德国的影响后，指出：由于西欧高等教育大规模化和欧盟高等教育地位的日益增加，这三个国家高等教育体系持续趋同，并指出欧盟成员国高等教育政策也呈现趋同的态势。③

布林克（Brink）在关于高等教育质量保障的研究中关注两个独立但相关的问题，即内部评估和外部评估。④ 杰克逊（Jackson）将质量保障体系划分为自我调节（由教育计划机构或提供者监管）、外部监管（由外部机构监管或两者的结合）。⑤ 欧盟高等教育质量保障运行机制主要包括内

① Barbulescu A. ，"Quality Culture in the Romanian Higher Education"，*Procedia-Social and Behavioral Sciences*，No. 9，2015，pp. 1923 – 1927.

② Alexandru Robert Mihǎilǎ，Elena-Ramona Richiţeanu-Nǎstase，Vladimir Aurelian，Enǎchescu，Adriana Daniela Ciurel，"European Policies on Research in Education：A Theoretical Approach"，2019，https：//www. europeanproceedings. com/files/data/article/167/6720/article.

③ Vojin Rakic，"Converge or not Converge：The European Union and Higher Education Policies in the Netherlands，Belgium/Flanders and Germany"，*Higher Education Policy*，No. 3，2001，pp. 225 – 240.

④ Brink C. ，"Quality and Standards：Clarity，Comparability and Responsibility"，*Quality in Higher Education*，No. 2，2010，pp. 139 – 152.

⑤ Jackson N. ，"Academic Regulation in UK Higher Education：Typologies and Frameworks for Discourse and Strategic Change"，*Quality Assurance in Education*，No. 3，1997，pp. 165 – 179.

部质量保障机制、外部质量保障机制和外部监管机构三部分。尤利娅·斯韦特拉娜（Yulia Stukalina）通过对欧盟高等教育质量保障官方文件的分析，探讨欧洲高等教育质量保障的内外部标准，并对适用于国际机构认证的标准进行检验，为教育管理者提供依据。[①]

（4）欧盟高等教育质量保障机构

《博洛尼亚宣言》鼓励欧洲在高等教育质量保障方面进行合作，并制定了可比的标准和方法。2005 年，欧洲教育部部长通过了欧洲高等教育质量保障协会与其成员机构和"E4 集团"协商起草的《欧洲高等教育区质量保障标准与指南》。欧洲教育部部长在收到 E4 伦敦报告后同意，E4 着手建立欧洲高等教育质量保障注册局（EQAR）。注册局于 2008 年 3 月 4 日成立，是博洛尼亚进程中产生的第一个法律实体。在大多数欧洲国家，高等教育机构或学习计划都要接受质量保障机构的定期外部审查。欧洲高等教育质量保障注册局（EQAR）是此类机构的登记处，该机构以《欧洲高等教育区质量保障标准与指南》为标准列出了那些已经证明其实质上符合欧洲质量保障共同原则的机构，这些机构覆盖国家层面和面向欧洲的"第三方"独立机构。[②] 外部独立机构开展任何工作的出发点是《欧洲高等教育区质量保障标准与指南》。[③]

蒂默（Timo）和泰娜（Taina）从欧洲高等教育质量保障协会（EN-QA）层面分析了该协会在博洛尼亚进程中角色的变化。欧盟建立之初，协会的主要职责在于对质量保障领域进行筛选，并促进了各质量保障组织之间的相互理解，而之后质量保障协会扮演越来越重要的角色，在规划质量保障标准和指南方面发挥了中心作用。[④]

科胡特克（Kohoutek）指出《柏林公报》要求欧洲高等教育质量保障协会（ENQA）制定一套确定的质量保障标准、程序和指南，并探索如

---

① Yulia Stukalina, "Main Standards for Internal and External Quality Assurance in the European Higher Education", 2018 – 01 – 01, https：//doi. org/10. 3846/bm. 2018. 01.

② EHEA, "Quality Assurance", 2020 – 11 – 23, http：//www. ehea. info/page-quality-assurance.

③ EQAR, "EQAR Strategy 2018 – 2022", 2018 – 04 – 23, http：//ehea. info/media. ehea. info/file/2018_ Paris/45/0/EQAR_ Strategy2018 – 2022_ 950450.

④ Timo Ala-Vähälä, Taina Saarinen, "Building European-level Quality Assurance Structures：Views from Within ENQA", *Quality in Higher Education*, No. 2, 2009, pp. 89 – 103.

何确保欧洲层面质量保障，赋予认证评审机构适当的权力。ENQA 在注重不同国家背景及学科多样性的原则指导下，参考了 ESIB《关于在欧洲层面达成一致的标准、程序和指导方针的声明》等文件。① 2005 年，欧洲高等教育质量保障协会（ENQA）与 E4 集团在卑尔根会议上提交了一份报告，该报告在会议中得到批准并演变成欧洲维度的质量保障标准与指南。

2019 年，EQAR 推出了"外部质量保障结果数据库"（Database of External Quality Assurance Results，DEQAR）。截至 2019 年底，DEQAR 共有 31 家质量保障机构，共上传超过 4 万份报告，覆盖了 44 个 EHEA 国家的 2000 多所高等教育机构和 25 个非 EHEA 国家的 340 份报告。② DEQAR 是提升欧洲高等教育区高等教育质量保障体系透明度的有效举措。③

（三）文献评述

近年来，国内外学者对高等教育质量保障理论的研究较为关注，对高等教育质量保障形成了系统化的研究成果，但是对欧盟高等教育质量保障体系研究仍然需要深入。根据文献综述，我们可将相关欧盟高等教育质量保障研究总结如下。

1. 微观研究多，宏观研究偏少；零散研究多，系统化研究少

目前仅针对欧盟中外部质量保障机制、内部质量保障机制、质量保障机构的文献较多，而且内容呈叠加状态，然而对欧盟层面内外部质量保障机制的协调运行、在欧盟层面实施的宏观研究甚少；对欧盟高等质量保障体系中某一模块的机制与运作的一般性介绍较多，但对欧盟高等教育质量保障体系的系统化较少，对欧盟高等教育质量保障体系与"一带一路"教育共同体建设的比较研究几乎没有。

---

① Kohoutek Jan, *Implementation of the Standards and Guidelines for Quality Assurance in Higher Education in the Central and East-European Countries—Agenda Ahead*, Bucharest：UNESCO，2009，p. 78.

② DEQAR，"Annual Report 2019"，2019 – 02 – 01，https：//www. eqar. eu/about/annual-reports/2019 – 2/.

③ DEQAR，"Public Review：Database of External Quality Assurance Results（DEQAR）"，2018 – 05 – 22，https：//www. eqar. eu/the-database-of-quality-assurance-reports-deqar.

2. 国别研究多，区域性研究偏少；国别政策研究多，区域性政策研究少

在现有文献中，对欧洲高等教育区内某个成员国高等教育质量保障体系的现状研究多，对其发展背景及发展趋势进行了深入研究，对大学内部质量保障的方法与操作有所介绍，对成员国的高等教育政策有所研究，但是对区域性的质量保障研究偏少，对欧盟高等教育质量保障与本国高等教育质量保障的结合研究偏少，对欧洲高等教育区层面、欧盟层面和国别三个层次高等教育质量保障建设的分层次研究不足。

3. 对欧洲高等教育区内高等教育保障体系发展较为成熟的国家研究偏多，对加入欧洲高等教育区的中东欧国家研究偏少

综合目前的文献可以看出，对欧盟成员国，如英国、德国、荷兰等国家的研究较为成熟，但是对中东欧国家融入欧洲高等教育区的进程以及这些国家的高等教育质量保障体系如何融入的研究十分缺乏。

综上述评，随着欧洲高等教育区的扩张，欧洲高等教育一体化进程不断加快，高等教育质量保障体系越发受到关注，对欧盟质量保障体系的研究还有很大的空间。欧盟高等教育质量保障体系的系统化研究可以为高等教育质量保障理论研究和"一带一路"高等教育共同体建设提供理论分析框架，对欧盟质量保障体系的研究十分必要。

四　研究的理论基础

（一）高等教育全面质量管理理论

高等教育全面质量管理是当代高等教育改革中一项较为重要的举措，全面质量管理（TQM）是在 20 世纪 20 年代由美国著名统计学家休哈特提出的，原为企业确保产品质量而持续采取的管理方法，并提出了质量管理图。[①] 之后，这一概念被引入高等教育质量管理中。由于高等教育出现的问题是学校的结构和管理方式造成的，全面质量管理理论的运用可以改进机构的运行效率。英美高校纷纷实施全面质量管理并建立教育教学质量保障体系，实现持续的质量改进或提高。

---

① 张维德、李锡钝：《全面质量管理的实践》，黑龙江人民出版社 1984 年版，第 15 页。

在全面质量管理理论的发展过程中，戴明提出了戴明循环与十四项管理要点，即 PDCA 管理循环，将全面质量管理分为计划（plan）、执行（do）、检查（check）和处理（act）四个阶段。朱兰提出"朱兰三部曲"，即通过质量策划、质量控制和质量改进实现全面质量管理。克劳斯比作为质量管理运动的奠基人提出了"零缺陷管理"理论，他的管理思想可以解读为：三项管理行动策略、四条质量管理定律及十四条质量改进步骤。三项管理行动策略是指采取行动改善质量的决心、对质量观念的教育和改善行动的路线，四条质量管理定律则是符合要求的质量定义、质量管理制度、"零缺陷"的执行标准和对质量的衡量。[①] 美国是将全面质量管理理论引入高等教育实践的重要国家。20 世纪 90 年代，美国数百所院校采用全面质量管理理论提升高等教育质量。其中较为成功的是狐狸谷技术学院（Fox Valley Technical College）。该校将克劳斯比的"零缺陷管理"理论引入学院的管理实践中，将质量作为第一方针，同时开展不同层次的质量管理教育与培训，并在克劳斯比"十四步骤"的基础上实践十六步行动策略和七要素质量过程模式，最终"零缺陷理论"在该校的全面质量管理中取得显著成效。

"零缺陷管理"理论在高等教育全面质量管理的应用中主要涵盖以下方面：（1）质量体系，是指为实施质量管理所需的组织结构、程序、过程和资源，通过建立质量体系，对现有的质量体系进行规范，满足质量目标的需要，因此建立质量体系是进行全面质量管理的基础。[②]（2）质量方针，是指发布的质量宗旨和质量方向，是管理者对质量的承诺，是对客户的承诺，也是高等教育机构追求的目标。质量方针的体现是质量手册，是阐明质量方针并描述质量体系的文件。（3）质量控制，英国政府在其《高等教育白皮书》中将质量控制界定为维护和提高教育质量而实施的管理过程，质量控制的目的是监控教育实施的过程，对达成教育目标的各个阶段进行控制，消除不满意因素。（4）质

---

① Cornesky R., *Implementing Total Quality Management in Higher Education*, Madison：Magna Publications，1992，p. 39.

② 龚丕洪：《我国小企业 ISO9000 认证的理论和实践研究》，硕士学位论文，西南财经大学，2003 年。

量保障，在高等教育中是指为了确保维持并提高教育质量的所有政策、系统和过程，质量保障的实施与利益相关者密切相关，要求全部利益相关者参与教育质量的持续提升。（5）质量审核，在全面质量管理中，质量审核的目的是确保高等教育质量保障与质量控制能够有效实施，并达到预定的目的。

"零缺陷管理"理论适用于欧盟高等教育质量保障体系的构建。欧盟通过《里斯本公约》（1997）、《索邦宣言》（1998）及《博洛尼亚宣言》（1999）的颁布，确立了欧洲高等教育一体化进程中高等教育质量保障体系构建的路径，制定了《欧洲高等教育区质量保障标准与指南》作为执行标准，同时在高等教育质量保障体系构建时明确了高等教育质量的概念，建立了完善的区域层面的管理制度和执行标准，设立质量监督与评估机构，在一体化趋势下推进高等教育质量改进。①

（二）高等教育协同治理理论

高等教育学家伯顿·克拉克提出高等教育是个复杂的体系，他从高等教育制度与大学制度的变迁角度提出高等教育体系的三种权力模式：国家权力、学术权威（寡头）和市场。② 详见图绪–14。三角模式中的每个角都代表一种力量，三个要素相对稳定，但是三者的比重由于受到其他因素的影响而动态调整。这是目前解释高等教育协同治理时使用的经典模式。

在这个模型中，欧盟国家中的瑞典最接近国家权力，该国具有最广泛和最严密的国家协调体制，是国家权威胜过学术权力与市场作用的典范。意大利与英国则更接近学术权威，并随着新自由主义经济政策在欧洲的推行，这两个国家的市场在高等教育系统中发挥着越来越重要的作用，因此市场在三角模型中的比例不断提升。如果将欧盟国家高等教育的三要素放在一个有限的连续体上，瑞典与法国更接近国家协调机制，

---

① 孙珂：《欧洲高等教育一体化进程中的学生流动研究》，硕士学位论文，河北师范大学，2009年。

② ［美］伯顿·克拉克：《高等教育系统：学术组织的跨国研究》，王承绪等译，杭州大学出版社1994年版，第159—160页。

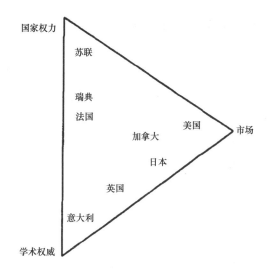

图绪 – 14　伯顿·克拉克的"协调三角形"

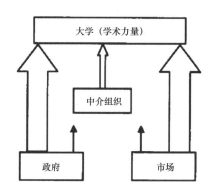

图绪 – 15　范富格特的"三角四块"模式

英国与意大利则更趋向于市场机制。

　　荷兰学者弗兰斯·范富格特在《国际高等教育政策比较研究》一书中对 11 个国家的高等教育政策进行对比后，在克拉克的"协调三角形"理论基础上，构建了"三角四块"的分析模型（如图绪 – 15）。他首先分析了"起促进作用的国家"与"起干预作用的国家"对高等教育的影响，之后定义了高等教育市场的要素——出售服务与名誉的价值，最后强调了学术界作为强有力的实体的影响力。在这三种力量的作用机制中，他引入了起缓冲作用的"中介机构"。该机构是能影响政府政策的院校代表，是履行部分政府政策的类政治组织，同时也是提供扩充服务的服务运作组织。①

　　欧盟就是在欧洲高等教育体系中起重要作用的中介机构，它与欧盟成员国政府及高等教育机构呈现交互关系，在这种关系中寻求政府与高等教育机构获得优势资源最大化。欧盟制定提升各国高等教育质量保障的政策，同时促进政策在各国的实施，并设立欧洲高等教育质量保障协会与欧洲高等教育质量保障注册中心，为欧盟各国提供质量保障监测与评估的服务。

（三）共同体理论

　　在西方思想传统中，自亚里士多德起就重视共同体的意义。在亚里士多德看来，个人的善是不能与共同体的善分离看待，人们在一个共同体中，对共同善的共同追求使人们获得了相应的利益或善。② 随着全球化的拓展，人与人之间、群体与群体之间不再受到传统的血缘与地域的限制，"新兴"共同体概念不断出现，共同体经历了由职业共同体、情感共同体到利益共同体、命运共同体的发展历程。③

　　滕尼斯在《共同体与社会》中提出了"共同体"的概念，他将共同体从社会的概念中分离，从"人类意志的完美统一"的设定出发，提出了血缘共同体的概念，这种共同的表现形式为亲属。随着社会现代化的发展，血缘共同体逐渐分化为地缘共同体，体现为人们共同居住在一起，表现形式为邻里。之后，由于社会利益的分化与自主意识的增强，地缘共同体又进一步分化成精神共同体，这种表现形式为友谊，以人们一致的工作和思维方式作为条件。精神共同体意味着人们朝统一的方向，在相同意义上相互影响、彼此协调，④ "是真正属人的、最高级的共同体类

---

① ［荷］弗兰斯·范富格特：《国际高等教育政策比较研究》，王承绪等译，浙江教育出版社 2001 年版，前言。

② 蒋东旭：《历史观照与现实反思：共同体理论的媒介维度批判》，《新闻界》2019 年第 6 期。

③ 张强：《当代中国新闻评论的民主意识研究》，博士学位论文，华中科技大学，2015 年。

④ 顾超：《西北地区中华民族共同体意识培育研究》，博士学位论文，兰州大学，2020 年。

型"①。相互一致、紧密相连的信念是共同体中特有的，被滕尼斯称为共识，这种共识将各个成员团结起来。血缘共同体、地缘共同体与精神共同体并不是单独分割的部分，而是相互融合的整体。在全球化不断拓展、信息通信技术更新换代的新时代，共同体的概念与内涵不断演化，从过去的共同体过渡到当代共同体。这一概念不断被嵌入新的语境中重构，不同文化、不同国别、不同语言或不同区域的人群因共同的兴趣、目标、信念、利益而形成的群体也被称为共同体，如政治共同体、经济共同体、学习共同体、职业共同体等越来越多地进入各种层次和类型的团体、组织、民族和国家的层面。② 在各种共同体中，共同目标是前提，作为协作系统，追求共同的目标才能促成共同体的逐步建构；身份认同是基础，归属感是维系的纽带。③

　　2013 年，中国国家主席习近平在出访中亚及东南亚国家时正式提出"一带一路"倡议，倡议一经提出就得到了共建国家的积极响应与支持，随后相关部门发布了《推动共建丝绸之路经济带和 21 世纪海上丝绸之路的愿景与行动》，与共建国家的各项合作举措逐步实施。教育作为人文交流的重要载体，是"一带一路"倡议的重要组成部分。2017 年，教育部发布《推进共建"一带一路"教育行动》，倡导与共建国家和地区建立高等教育共同体。高等教育共同体是基于"共同体"理念逐步形成的，突破以往的教育双边或教育多边合作，在区域内凸显整体参与，强调共同利益与共同责任，构建"和而不同"的高等教育共同体，促进区域内教育的合作共赢。高等教育共同体需要在区域内建立合作与交流机制，搭建平台实现资源共享，制定办学、治理、质量保障等方面标准，促进教育共同体的良性运行。高等教育共同体的建立，"强调各国文化的包容性、愿景的同一性、利益的一致性、行动的规约性及资源的共享性，而

---

① ［德］斐迪南·滕尼斯：《共同体与社会》，林荣远译，商务印书馆 1999 年版，第 iii 页。

② 张国强：《西方大学教师共同体历史发展研究》，博士学位论文，山东师范大学，2018 年。

③ 张志旻、赵世奎、任之光等：《共同体的界定、内涵及其生成——共同体研究综述》，《科学学与科学技术管理》2010 年第 10 期。

不是对自身利益'契约式'维护"①。

五　研究问题与研究内容

基于高等教育全面质量管理理论、高等教育协同治理理论和共同体理论，本书从欧洲高等教育区层面、国家层面和高等教育机构层面提出研究框架，对欧盟高等教育质量保障采用的机制、措施和实施情况进行研究。

（一）研究问题

本书在之前研究的基础上提出以下问题。

第一，欧盟高等教育质量保障政策有哪些？制定和推行机构是什么？

第二，欧盟高等教育质量保障政策的实施进展与效果如何？

第三，欧盟高等教育质量保障体系有什么特点？政策及其在欧盟成员国是如何实施的？

第四，对中国高等教育质量保障体系有何借鉴？对在共建"一带一路"国家构建高等教育共同体有何借鉴作用？

（二）研究内容

为解决研究问题，本书需要对以下内容进行研究。

（1）欧盟高等教育质量保障体系的发展背景，主要包括欧盟一体化和文化认同的影响、欧盟高等教育质量保障体系的影响因素、欧盟高等教育质量保障体系的发展和代表性文本。

（2）欧洲高等教育区与欧盟高等教育一体化高等教育质量保障政策，即内部质量保障体系、外部质量保障体系、质量保障标准及质量保障政策的制定和推行机构，如欧洲高等教育质量保障协会、欧洲高等教育质量保障注册中心。

（3）欧盟高等教育质量保障体系下项目的运行，如伊拉斯谟项目、

---

① 朱以财、刘志民：《"一带一路"高等教育共同体建设的理论诠释与环境评估》，《现代教育管理》2019 年第 1 期。

"伊拉斯谟＋"项目的运行,分析项目与欧盟高等教育质量保障体系之间的关系。

(4)欧盟高等教育质量保障体系在成员国的实施,如英国、德国和法国,分析次区域层面的政策在国别层面的实施及效果。

(5)综合前文研究,基于区域一体化和高等教育质量保障政策与体系,分析欧盟高等教育质量保障的特点,具体从质量保障体系的目的、运行机制和在成员国的实施等方面总结。

(6)在前文研究的基础上,以欧盟高等教育质量保障为切入点,探讨在提升中国高等教育质量保障时可从欧盟借鉴之处,分析促进中国高等教育质量保障国际认可度与兼容度的可取之处,以此推进"一带一路"高等教育共同体构建。

六　研究目的与意义

(一)研究目的

对于欧盟高等教育质量保障体系的研究,首先在于展示自博洛尼亚进程以来欧盟高等教育质量保障政策、机制及实施;其次,揭示欧盟高等教育质量保障体系下伊拉斯谟项目、"伊拉斯谟＋"计划和欧洲研究区项目的实施;最后,探讨欧洲高等教育质量保障体系在欧洲高等教育区成员国的实施,如英国、德国和法国。在此基础上,对欧盟高等教育质量保障体系经验予以总结和提炼,用于借鉴推进"一带一路"区域性高等教育国际化新系统的建构。

综上所述,本书拟以欧盟高等教育质量保障体系为研究对象,试图通过系统探究,展示欧盟在成员国多元、复杂的情况下是如何推进区域内高等教育一体化及高等教育质量保障体系的,以提升和确保欧洲在全球高等教育中的优势地位。同时,呈现欧洲高等教育质量保障机制与策略,并期望通过对欧盟高等教育质量保障体系的研究,为提升中国高等教育质量保障体系及推进"一带一路"教育共同体构建提供可资借鉴的思路。

（二）研究意义

质量是高等教育的生命线，高等教育质量保障是当前全球高等教育研究的重要主体，然而，高等教育质量保障的理论研究及实践都是较为复杂的主题。本书之所以选择欧盟高等教育质量保障体系作为研究对象，首先是因为欧洲高等教育质量一体化发展与质量提升在全球都处于优势地位，这与欧洲高等教育区推行质量保障机制密不可分。这种质量保障机制具有良好的理论基础。其次，随着博洛尼亚进程的不断推进，欧洲高等教育质量保障模式始终处于变革与完善的过程中，欧洲高等教育区成员国持续融入这一机制，具有较高的比较研究价值。最后，欧洲高等教育区高等教育质量保障采用内部质量保障机制、外部质量保障机制和外部机构相互协调、共同治理的模式，对中国推进"一带一路"区域性高等教育国际化新系统的构建具有较好的参考价值。因此，本书具有理论和现实两方面的意义。

1. 理论意义

第一，近30年来，中国在开展高等教育质量保障方面取得了很多研究成果，在高等教育质量观、高等教育质量保障模式、高等教育质量标准、高等教育质量内外部保障体系、高校评估等方面都进行了深入研究，促进了中国高等教育质量保障研究向纵深化发展。这些研究中开展国别研究的成果不少，对英国、德国、俄罗斯等欧洲国家高等教育体系进行了系统、全面的比较研究，对高等教育质量保障体系异同点与发展趋势的研究不断深入。然而，对欧盟区域一体化高等教育质量保障体系深入研究的程度仍然不够，系统化的研究成果较少。因此，对欧盟高等教育质量保障体系的全面研究丰富了中国对于欧盟高等教育质量保障研究，有助于深化对多元化高等教育质量保障理论的认识，丰富和提高对高等教育质量保障目的与方法的认识。

第二，欧盟高等教育质量保障机构是在全面质量管理基础上的创新。引入第三方中介机构及对机构的认证，对该方法的运用探究，可以在理论上丰富现有高等教育质量保障方法与工具的种类。

第三，通过对欧盟高等教育质量保障体系历史发展研究及在欧盟成员国内发展过程的研究，人们可以为高等教育质量保障机制中内、外部质量管理机制与方法的发展提供依据。

2. 现实意义

第一，从模式的角度看，欧盟高等教育质量保障采用多元复合型模式，通过对该模式的研究，有利于进一步推动多元复合型高等教育质量保障体系模式的实施。中国高等教育质量保障体系虽然在近年取得了较大的发展，中国教育质量保障仍然以政府行政主管部门保障为主，高等院校自身质量保障体系构建的标准和水平仍然存在较大的差异，多元的质量保障模式仍然不足。研究欧盟高等教育质量保障体系能够为中国高等教育质量保障体系的构建提供参考与对照。

第二，从公共管理角度看，在欧盟高等教育质量保障体系中引入第三方中介机构对高等教育质量进行监控，有助于拓展对高等教育质量保障机制和保障机构的认识。高等教育在政府财政投资中享有较大的资源，通过对高等教育机构中知识产出量与高等知识人才数量和质量的审核，对利益相关者的家长、学生、教师等都是有益的，更有利于保障政府投入的质量与效益。

第三，从实施的效果看，通过全面、系统地了解欧盟成员国国家在高等教育发展不平衡的状态下，如何在区域内建立成员国认可的高等教育质量保障体系，探究这一体系在欧洲层面的运行及在各个成员国的实践，有助于提升中国在高等教育发展不平衡的情况下建立质量保障体系。

第四，从教育国际化的角度看，欧盟高等教育质量保障体系在 27 个成员国中推广，其高等教育质量标准的国际认可度、可比性和兼容性，有助于拓展中国与共建"一带一路"国家开展高等教育合作的路径与内容，共建"一带一路"高等教育共同体。

七　研究思路和研究方法

（一）研究思路

本书基于高等教育全面质量管理理论、高等教育协同治理理论和教育共同体理论，从欧盟高等教育质量保障体系的机制、项目运行及其在成员国的实施三个维度出发，探究欧洲高等教育区、欧盟区域内一体化高等教育质量保障体系的现状。个案研究体现在欧盟成员国的实施层面，选取英国、德国和法国为案例，探究欧盟高等教育质量保障的实施情况，进而分析和总结区域一体化高等教育质量保障政策的实施路径。同时，通过比较研究分析方法，对比成员国之间实施高等教育质量保障政策的异同点。最后，总结欧盟高等教育质量保障在理论指导下于不同层面的实施情况，并分析中国在推进"一带一路"教育共同体的进程中如何借鉴欧盟在高等教育质量保障方面的经验。详见图绪－16。

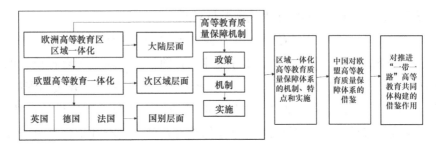

图绪－16 研究思路

（二）研究方法

1. 文献研究法

文献研究法是指搜集、鉴别、整理文献，并通过对文献的研究形成对事实的科学认识的方法。文献法是开展人文社会科学研究的基本方法之一。文献法避免了时间、空间的限制，避免了因与被研究者的直接接触而产生的反应性误差，提高了开展科学研究的效率与准确率。本书的资料主要包括政府政策报告、欧盟网站、欧盟高等教育质量保障相关机构网站、中外文全文数据库，通过对文献资料的整理、归纳与分析，形成对本书有价值的参考信息与结论。

2. 比较法

比较法是通过观察、分析，找出研究对象的相同点和不同点，是社会科学的基本研究方法。通过对教育现象和问题的比较，人们可以更好地分析问题，并为中国相关教育问题解决提供借鉴与参考。本书以推动高等教育共同体构建为契机，详细分析了欧盟高等教育质量保障体系的现状、特点与实施，总结了欧盟高等教育质量保障体系的经验与问题，以国际视野分析中国在推动"一带一路"区域性高等教育国际化新体系存在的问题，从而借鉴学习欧盟高等教育质量保障措施与政策。

3. 因素分析法

复杂性理论视角下的高等教育是个复杂的系统，受到不同因素的影响，这些因素也是推动"一带一路"教育共同体构建的本质动因。欧盟高等教育质量保障体系的发展，既受到高等教育内部因素的影响，也受到政治、文化、经济、科技等外部因素的影响。本书将对影响欧盟高等教育质量保障体系发展的因素进行系统分析。

4. 案例研究法

研究者通过一个或几个案例为研究对象，系统地收集数据与资料，用于探讨某一现象在实际生活环境下的状况。本书在案例研究方面，选择在欧盟高等教育保障体系实施中有特色的国家进行个案研究，重点分析欧盟高等教育质量保障体系在该国的实施，解读质量保障的政策与方法。

八　研究的创新与不足

（一）研究的创新点

首先，本书是首次对欧盟高等教育质量保障体系进行的系统性、全面性研究，对欧盟高等教育质量保障体系的组织结构、运作机制及发展历程进行了全面的分析与论述，归纳了欧盟高等教育质量保障体系在大陆层面、次区域层面和国别层面的实施，并对中介性高等教育质量保障机构的功能与特征进行了总结。

其次，研究方法上的创新。本书构建了质量保障体系、中介机构，以及内、外部影响因素多维度的质量保障研究模式，在高等教育质量全面管理、高等教育协同治理及教育共同体理论的基础上，分析了内、外部质量保障机制及中介性高等教育质量保障机构在推动欧盟高等教育质量保障过程中所承担的责任和拥有的权力，凝练了欧盟高等教育质量保障体系在推进区域一体化高等教育质量保障体系上的特色。

最后，研究架构设计上的创新。本书打破以往仅从内部与外部探究的模式，探索构建了大陆层面、次区域层面和国别层面的质量保障研究模式，分析了欧盟高等教育质量保障体系对欧洲高等教育区、欧盟和欧盟成员国的影响及其功能,并在借鉴欧盟高等教育质量保障机制的基础上,尝试面向共建"一带一路"国家构建区域性高等教育国际化新系统,在保证统一高等教育质量标准的基础上,促进区域内学生、教师及学术人员的流动。

(二)研究的不足

一是本书对欧盟高等教育质量保障机制与方法的研究在实践与方法的描述方面资料丰富,内容翔实,但是在理论分析方面的深度和广度还有较大的空间。

二是本书对欧盟高等教育质量保障体系在欧盟层面的实施进行了深入探讨,但是在成员国实施的案例仍然不够全面,对欧盟成员国中高等教育不发达国家的研究相对较少。

第 一 章

欧盟高等教育质量保障体系的
背景及发展历程

《教育在全世界的制度化》中提出："国家教育体系起源于民族社会并在其中制度化，这些民族社会渴望沿着相当标准的路径发展进步。"教育在全世界的制度化成为一种趋势，在标准化、普及化的教育形式内部，可以出现合法化的多样性。[①] 欧盟高等教育质量保障体系及政策的出台与实施也是如此，既提倡欧盟成员国之间高等教育质量保障的标准化与透明化，同时也鼓励成员国内部高等教育质量保障政策的多样性。

欧盟高等教育质量保障政策产生于欧洲一体化的背景下，着力促进成员国之间高等教育质量保障体系的趋同，受到多种外界因素的影响，在政策制定中也突出多样性。

一 欧盟建立高等教育质量保障体系的背景

（一）欧洲一体化

1. 欧洲一体化的原因与目标

"欧洲一体化"是指第二次世界大战以后，"欧洲民族国家以建立超国家机构为特征和起点的联合进程，各成员国要向超国家组织让渡部分政策的决策权，并受到该组织的一定约束，以区别于一般的政府间合作"[②]。因

[①] 王涛：《比较教育认识论》，博士学位论文，西南大学，2014年。

[②] 姜南：《法德英关系与欧洲一体化（1945—1993）》，《浙江大学学报》（人文社会科学版）2015年第5期。

此，欧洲一体化不同于以往传统的国家间联盟、国际组织、地区国际组织等形式，欧洲旨在通过更广义的联盟实现各自和共同的目标。欧洲一体化主要源于外部世界环境的变化、欧洲寻求持久和平的需求，以及欧洲经济发展的需求。

欧洲是现代工业文明的发源地，同时也是世界上发达国家聚集最多的地区。二战后，随着美国和苏联崛起成为超级世界大国，欧洲在国际世界中的支配地位不再明显，欧洲人逐渐意识到必须在政治、经济和文化上联合起来，才能保证他们在全世界的领先地位，不再受制于美国和苏联两个超级大国，并确保自己的发展。丘吉尔曾指出，拯救欧洲的方法是创立"欧洲合众国"，建立并加强联合的力量，只有这样才能让人民获得生活的快乐与希望。① 同时，丘吉尔也提出，建立欧洲合众国的区域结构的基础是法国与德国建立友好的伙伴关系，让法国恢复对欧洲道义上的领导，通过具有伟大精神的法国与德国实现欧洲复苏。

摩根索曾指出欧洲共同体的建立是为了解决欧洲长久以来的政治问题所做出的尝试。这一政治问题的表现为："德国在欧洲国家中的天然优势，而欧洲其他国家不愿意接受这种天然优势。"② 在第一次世界大战与第二次世界大战中，法国一直尝试打破德国的这种天然优势，然而都以失败告终。共同体组织的建立是欧洲国家内部寻求和平的结果，是欧盟内部劣势国家对抗优势国家的尝试，通过共同体的形式将德国纳入欧洲整体之中，解除德国优势力量对其他国家的威胁，将优势国家与劣势国家力量融合，实现共同控制。凡尔赛会议之后，法国持续探索以法国与德国为首的联盟，联合欧洲其他国家将德国纳入一体化机制中。"建立在成员国转让部分自主权基础上的超国家机构"③，通过这样的措施制约了德国，自此法国与德国成为欧洲一体化的火车头，法德关系也被称为"法德轴心"④，在欧洲一体化进程中发挥着举足轻重的作用。

---

① 李巍、王学玉：《欧洲一体化理论与历史文献选读》，山东人民出版社 2001 年版，第 5 页。

② ［美］汉斯·摩根索：《国际纵横策论：争强权 求和平》，上海译文出版社 1995 年版，第640 页。

③ 金日：《欧洲一体化的政治分析》，博士学位论文，复旦大学，2003 年。

④ 田小惠：《法德轴心的有限重启与欧洲一体化建设》，《当代世界》2021 年第 4 期。

虽然欧盟的经济、政治和社会一体化的界限很难区分，是相互作用、相互联系的进程，但是经济利益也是促进欧洲一体化的重要原因。经济一体化作为一个过程，旨在消除不同国家经济单位之间的歧视；作为事物的一种状态，它表示各国国民经济之间不存在各种形式的歧视。① 欧盟的经济一体化主要表现为煤钢共同体、关税联盟、共同市场、单一货币等形式，通过这些形式的一体化寻求国际金融的新秩序。欧盟作为强大的单一代表与美国或其他贸易大国相抗衡，单一货币欧元也可以直接对抗美元的地位，成为实现国家经济利益的重要策略。

欧洲一体化超越了国家政府间的常规合作，通过建立趋于永久性、全方位的内部融合联盟减缓了共同的外部威胁，也消除了相互之间潜在的威胁；由经济一体化促成政经一体化，拓展了成员国的合作范围，包括文化、经济、政治、安全、外交、司法制度等领域，结成了最广义上的联盟，建立了超越欧洲国家体系的全球国际政治经济体系，逐步实现了各自的和共同的全方位目标。

2. 欧洲一体化的发展进程

欧洲一体化是当代国际关系中的重要进程，经历了一体化进程的启动阶段、深入发展阶段与新分合阶段。

欧洲一体化的启动阶段源于第二次世界大战后法德和解，为欧洲一体化奠定了坚定的基石。1950 年 5 月 9 日，法国外长舒曼公布了"舒曼计划"。此项计划的出发点是消除法德之间的基本矛盾，实现法德和解，进而实现欧洲一体化的进程。阿登纳认为，在煤钢领域建立法德之间的关系，可以消除相互之间的不信任。因此，在法德的共同努力下，1951 年 4 月 18 日，法国、联邦德国、荷兰、比利时、意大利、卢森堡六国正式签署《关于成立欧洲煤钢共同体的条约》，成立欧洲煤钢共同体，有效期限为 50 年。在欧洲一体化的进程中，煤钢共同体的建立具有重要意义，为以后的欧洲建设提供了成功的范例。1957 年 3 月 25 日，六国首脑签订了《罗马条约》，将煤钢共同体的经验推广到经济与原子能领域，成立欧洲经济共同体和欧洲原子能共同体。而且，《罗马条约》与其他国际条约不同，没有规定期限，没有退出条约的程序，却十分欢迎其他欧洲

---

① 周建平：《欧洲政治经济学》，复旦大学出版社 2002 年版，第 20—21 页。

国家加入。正如该条约在序言中的观点："本条约旨在为欧洲各国人民之间日益紧密的联盟奠定基础。"① 这一条约在更大范围内、更深程度上成为欧洲一体化的基点。

随着《罗马条约》的深入推进，欧洲一体化进程也进入了深入发展的阶段。《罗马条约》列出了欧洲一体化的两项重要举措：建立关税同盟和推行共同的农业政策，《罗马条约》还明确指出："共同体以关税同盟作为基础。"② 建立关税同盟的初衷是消除成员国间的贸易障碍，扩大贸易往来。自关税同盟建立以来，成员国间的依赖性持续加强，极大地促进了成员国的经济发展，为欧洲经济一体化奠定了坚实的基础。共同农业政策要求成员国间建立农产品共同市场，并制定共同农业政策。虽然在制定农业政策时遇到了较多的困难，花费了近 10 年的时间，但是却显示出了多国一体化的巨大力量，为欧洲一体化事业的推进提供了宝贵的经验。1965 年，为了解决欧洲原子能共同体、欧洲经济共同体和欧洲煤钢共同体共同运行引发的政策推进问题，六国签署了《布鲁塞尔条约》，将三个共同体统一起来。1967 年 7 月，合并了的欧洲共同体机构开始正式运行。1972 年 7 月，各国分别同欧共体签订自由贸易协定。欧共体九国及自由贸易联盟七国联合建立欧洲自由贸易区，两大组织的合作进入制度化经济合作时期，为彼此之间在金融、科技和经济方面的合作起到了推动作用。1978 年 7 月，共同体首脑会议提出建立欧洲货币体系，这一体系的建立密切了成员国之间的经济关系，促进了各国货币的稳定。到 20 世纪 80 年代中期，欧共体发展出现了更为积极的转机：出于对欧洲大市场的寻求，形成了"单一内部市场"计划，并签订《单一欧洲法令》对共同体机制进行改革，建立了申根区。1991 年，签订《欧洲联盟条约》即《马斯特里赫特条约》，欧洲共同体正式改为欧洲联盟，由欧洲共同体、司法和民政事务、欧盟共同外交和防务政策三大支柱构成。这一系列的举措都标志着 20 世纪 80 年代的欧洲一体化进入了长足发展阶段。欧洲联盟成为一种新型结构，是具有独特性质的政治体系，它对符合欧洲民主、政治和经济标准的欧洲国家开放。

---

① 郭华榕、徐天新：《欧洲的分与合》，人民出版社 2015 年版，第 380 页。
② 《欧洲共同体条约集》，戴炳然译，复旦大学出版社 1993 年版，第 75 页。

20 世纪末，欧盟在机制改革上不断努力，1997 年签订了《阿姆斯特丹条约》，尝试为冷战后的欧洲建立统一的政治和经济秩序。俄罗斯在此期间不断加强它在独联体中的领导地位，持续推动将独联体建立成为政治、经济、安全和防御的联盟。欧盟则不断东扩，吸收了 13 个东欧国家加入，持续推进政治经济一体化。然而，联盟内部的机制与政策水平存在极大差异，欧盟内部成员国之间表现出了空前的多元化和差异性。进入 21 世纪，欧洲的一体化在曲折的道路上持续前进。虽然中间出现了波折，但是欧盟持续推进更加紧密的一体化。然而，随着欧元区危机的爆发，欧盟面临的挑战对其凝聚力产生了消极影响。2020 年 1 月，英国"脱欧"开启了欧洲一体化下行的窗口。这一事件促使欧盟开始调整成员国之间的整合，不但强调自由贸易和全球化带来的经济效益，更加注重成员国的独特国家身份与文化。

3. 欧洲一体化进程中的高等教育

第二次世界大战后，在欧盟一体化的发展进程中，高等教育的变化与发展也受到了全世界的广泛关注。当前欧盟有 27 个成员国，拥有 5 亿多人口、23 种官方语言和多样文化的市场。这一区域内，商品、个人、服务及资本可以自由流动。同样，高等教育也应受到类似政策的保护，以便成员国公民享受的高等教育可以在所有欧盟成员国内部得到认可。

（1）欧洲大学的起源

欧洲高等教育的发展自中世纪大学诞生以来，始终在全球的高等教育发展历史进程中保持重要的地位。欧洲高等教育为全球其他国家和地区的高等教育发展树立了成功的典范，同时也为欧洲多元文化的发展、经济繁荣与社会进步起到了积极的推动作用。欧洲高等教育体系是 1200 年演进的产物，13 世纪初期起，"大学"被称为"公共讲习所"（studium generale）。[1] 它主要体现出以下三个特征：①在全球的层面吸引学子前来；②提供高层次的学科教育；③拥有至少两个学科的教师开展教学与

---

① ［英］艾伦·B. 科班：《中世纪大学：发展与组织》，周常明、王晓宇译，山东教育出版社 2013 年版，第 27 页。

研究。① 到 13 世纪,欧洲大陆拥有了三个令人瞩目的公共讲习所中心,即神学与文学圣地巴黎、法学圣地博洛尼亚及医学权威萨勒诺(Saler-no)。之后,这三个公共讲习中心分别演化为萨勒诺大学、博洛尼亚大学和巴黎大学。萨勒诺大学被誉为欧洲大学的原型;博洛尼亚大学演化为学生型大学,即该大学由平民创建,为了满足平民学习罗马法及其今后生计的需要;巴黎大学则转变为教师型大学,为欧洲历史上争取大学自治树立了最早的典范。②

（2）一体化进程中的欧洲高等教育

中世纪的欧洲人热衷旅游,虽然道路稀少,交通并不先进,但是旅行者依旧挤满了欧洲中世纪的道路。在这一背景下,从 12 世纪开始,"游学"在欧洲也广泛存在。此时的"游学"被定义为:"一种学生和教师为了学习目的在欧洲一国或者多国进行的旅行。"③ 延续到 17 世纪,所有大学的课程和学位都具有极高的相似性,而且都采用拉丁文教授,因此学生可以就近开始自己的学习,之后"游学"至其他一所或几所大学继续学业。16 世纪大量关于大旅行的文化和"智力益处"④ 的旅行指南产生,更多的年轻旅行者在本地大学为学业做好准备,之后去更具声望的大学获取更高的学位头衔。17 世纪上半叶,欧洲大学的学生和教师流动在数量与比例上都达到了顶峰。18 世纪,出国拿学位的风尚不再被奉行,启蒙运动的信徒所热衷的效用观念开始在教育学思想中占据优势地位,知识分子会首选国内高等机构,国内资源不足时才会去国外就读。启蒙运动不仅复兴了大学生活,在某种程度上鼓励了内部的学生迁移,学生流动在欧洲高等教育改革传播中的重要性已经非常明确。由此可以看出,欧洲的高等教育机构从中世纪开始就已经具备了一体化的理念,为后续推动欧洲高等教育一体化奠定了坚实的基础。

---

① ［英］海斯汀·拉斯达尔:《中世纪的欧洲大学——大学的起源》(第一卷),崔延强、邓磊译,重庆大学出版社 2010 年版。

② ［英］艾伦·B. 科班:《中世纪大学:发展与组织》,周常明、王晓宇译,山东教育出版社 2013 年版,第 27 页。

③ ［比］希尔德·德·里德－西蒙斯主编:《欧洲大学史》(第一卷),张斌贤等译,河北大学出版社 2007 年版,第 308 页。

④ ［比］希尔德·德·里德－西蒙斯主编:《欧洲大学史》(第一卷),张斌贤等译,河北大学出版社 2007 年版,第 434 页。

欧洲高等教育一体化开始于第二次世界大战后。"战后欧洲国家的教育合作并不是一个孤立的和偶然的事件，而是包含在广泛的文化合作之中。"① 从海牙大会、《欧洲经济共同体条约》到《罗马条约》，文化教育合作都是其中较为重要的组成部分。比如，海牙大会。1948 年，在"欧洲统一运动国际协调委员会"的召集下，欧洲国家在荷兰海牙召开"欧洲大会"（也被称为"海牙大会"）。海牙大会商讨的议题是思想、货物和人员的自由流动。在此次会议上做出的决议和重要思想对欧洲委员会的建立和欧洲文化教育合作产生了深远影响。正如安德斯巴布朗指出的："海牙会议的建议不仅促成了作为欧洲运动政治臂膀的欧洲委员会的建立，也促进了文化领域的多维度的活动的开展。"因此，有部分学者指出，"战后欧洲文化教育合作肇始于海牙大会"②。海牙会议之后，在欧洲层面建立欧洲文化中心、欧洲学院等一系列推动欧洲文化合作的成果逐步出现。1950 年，在瑞士日内瓦成立欧洲文化中心，这一机构旨在文化领域建立音乐节、欧洲学会和欧洲教育教师等合作网络；1950 年，在比利时布鲁日建立欧洲学院，学院的使命是作为研究生教育机构培养具有欧洲一体化理念的人才，同时也被认为欧洲层面第一所真正的欧洲多元文化融合实验室，目标是追踪、分析和预测欧洲的一体化发展。③ 1954 年，该中心还推动建立了欧洲科学领域最大的合作机构——欧洲原子能研究组织（CERN）。又如，1957 年，签署了《欧洲经济共同体条约》。该条约从欧洲经济共同体的使命出发，通过制定共同职业培训政策来促进成员国经济和共同市场的协调发展，目的是通过再培训和学历提升为工作者提供更多的就业机会，着力于保障和发展职业教育。④ 该条约规定了若干行动计划，其中包括设立"欧洲社会基金"（European Social Fund，ESF），通过基金促进劳动者在成员国内就业便利以及在成员国内

---

① 阚阅：《多样与统一——欧洲高等教育一体化研究》，浙江大学出版社 2015 年版，第 13 页。

② Andris Barblan，"Academic Cooperation and Mobility in Europe：How It Should Be"，*Higher Education in Europe*，No. 12，2002，p. 34.

③ European Commission，*The History of European Cooperation in Education and Training*，Luxembourg：Office for Official Publications of the European Communities，2006，p. 47.

④ 欧共体官方出版局：《欧洲联盟法典》（第一卷），苏明忠译，国际文化出版公司 2005 年版，第 121 页。

职业选择方面的灵活性，向已经失业六个月的劳动者提供重新接受教育的经费，提升劳动者的生活水平。再如，1958 年生效的《罗马条约》。该条约并没有直接涉及教育领域的内容，但是在对欧洲经济发展和安全防务的规定中间接通过社会政策涉及职业教育与培训，并制定了相应的保障政策。根据《罗马条约》的规定，1963 年，欧共体通过了《欧共体委员会关于实施共同职业培训政策的基本原则的决议》，围绕实施共同职业教育的目标与原则做出要求，为成员国内开展职业教育奠定了基础，同时拉近了职业教育与经济领域之间的关系。这项决议促使欧共体在整个欧洲范围内将发展职业教育与培训作为其重要的教育政策。因此，欧共体教育政策制定的初期关注职业教育与培训，初衷是在一定程度上缓解成员国的经济危机，着重解决就业问题。在这些政策的影响下，法国为了缓解失业问题，通过设立短期技术学院，培养高级技术人才，十分有效地解决了该问题。[①] 英国出于自身经济发展需要，受到欧共体层面教育政策影响，持续推进职业教育与培训的发展，逐步尝试开展青年的职前培训和在职培训，推行一系列职业培训计划，实施职前教育证书制度等。

1949 年，首个欧洲政府间合作组织——欧洲委员会成立。在该委员会的章程中，它明确指出委员会的目标是通过对经济、社会、文化、科学、法律和行政事务方面共同关注的问题讨论、协议以及共同行动，实现成员国的团结与统一，促进经济和社会发展。欧洲委员会为欧洲国家高等教育合作奠定了基础，并在之后的一段时间内推动合作持续深入。欧洲委员会的高等教育合作主要是从人员流动开始的。然而，由于各国高等教育体系的多样性，高等教育人员流动存在着学历文凭认可的障碍。为了扫清这些障碍，欧洲委员会在高等教育领域推出了《欧洲大学入学文凭等值公约》《欧洲大学学历等值公约》《欧洲大学学术认可公约》。这三个公约的签署，让战后欧洲高等教育的合作达到了前所未有的高潮，为欧洲大学之间的联系与合作提供了促进和维护力量。[②]

---

① 国家教育委员会教育发展与政策研究中心：《七十国教育发展概况（1981—1984）》，天津教育出版社 1986 年版，第 318 页。

② Etienne Grosjean, "Forty Years of Culture Cooperation at the Council of Europe, 1954 – 1994", *European Education*, No. 1, 1999, p. 15.

1955 年《巴黎协定》生效，西欧联盟正式成立。该联盟旨在促进欧洲的团结和推动欧洲统一进程，并在此联盟之下设立多个专门委员会，例如西欧联盟文化委员会，开始加大对高等教育相关事务的关注。西欧联盟设立了欧洲大学校长会议（CRE），标志着欧洲大学之间合作的启动。1960 年后，西欧联盟将教育与文化活动移交给欧洲委员会。西欧联盟开展的一系列活动为后来欧洲委员会高等教育合作奠定了基础。[1]

1962 年，欧洲委员会建立了由外交部部长和教育部部长组成的文化合作委员会。该委员会拥有欧洲委员会所有在文化方面的权利与责任，教育活动是其中重要的方面。在文化合作委员会下设高级官员委员会，活动计划的第一项就是高等教育与研究方面的方案。之后，欧洲委员会设立了"教育与文化科学事务总司"。至此，欧洲政府间开展教育合作的统一机构已趋向完善。

欧洲高等教育一体化发展于 20 世纪 70 年代前期，欧共体将加强成员国之间的教育合作看作重要的教育政策，形成了成员国间的教育合作机制，并达成了"教育的欧洲维度"的合作共识与基础。1971 年的成员国部长级会议首次提出资金资助下的"行动计划"（Action Program）。该行动计划并非在成员国间推行强制性政策，而是一种"辅助性"的政策建议与参考，旨在加强成员国之间的教育合作，拟定职业教育培训的指导方针。[2] 它通过经济手段保障教育政策在超国家层面的运行，成为欧洲教育一体化的重要举措。在该举措的推动下，欧共体组建了教育委员会，定期开展会晤，搭建了成员国间的教育合作平台与运行机制。1973 年，比利时前教育部部长亨瑞·詹尼提交了《关于共同体的教育政策》的研究报告。该报告指出未来欧洲共同体教育政策必须具备"欧洲维度"，不仅需要尊重各个成员国教育体制与教育政策的多样性，而且需要加强相互之间的协调，建立统一的欧洲教育机制；同时提出教育合作不仅是经济合作的组成部分，也需要适应教育领域的特定目标与要求，

---

[1]　European Commission, *The History of European Cooperation in Education and Training*, Luxembourg: Office for Official Publications of the European Communities, 2006, p.50.

[2]　陈时见、冉源懋：《欧盟教育政策的历史变迁与发展趋势》，高等教育出版社 2015 年版，第 20 页。

努力将"欧洲维度"融入学校教育与教师培训中。1976 年，欧洲教育部部长理事会通过了《关于在教育领域开展一项行动计划的决议》。决议提出了《教育行动计划方案》（*Education Action Program*），"是欧共体理事会首次将教育作为一个教育政策领域地位的合法化"①。该决议提出争取改善与扩大就业、提高生活水平与工作条件、促进工人参与管理三项目标，并提出将移民子女教育需求及教育机会均等作为前提与基础。从这一时期开始，欧共体成员国之间通过"行动计划"逐步形成了多向互动的机制。这些政策在成员国内得到了支持，有助于成员国教育交流合作机制的相继建立。

　　欧洲高等教育一体化在 20 世纪 70 年代前期发展基础上日渐成熟，相继出台了一系列政策决议，致力于促进高等教育和职业教育的相互融合。20 世纪 70 年代的世界经济大萧条促使教育成为恢复民众信心的重要手段，教育政策被认为实现经济目标的重要举措。②《詹尼报告》明确提出，在尊重国家教育传统的基础上应该重视教育的全面合作，同时提出普通教育与职业教育应该建立联系而不应相互隔离。这一报告标志着欧共体教育政策发展取得了重要进展，为后期欧共体制定教育合作政策奠定了理论基础。1976 年，欧共体理事会就职业培训项目提出了总体指导方针，这类项目为人们提供了普通教育、职业教育以及终身教育的机会，以期通过这些项目促进成员国公民在不断变化的经济环境中寻求技术性工作的成功率。③ 这次会议首次将普通教育纳入欧共体的关注范围内。同年《教育行动计划方案》颁布，明确将高等教育纳入欧共体教育政策的框架中，提出加强各类高等教育组织之间的合作，重视人员流动，消除学生流动障碍，发展学历互认及留学事宜。欧共体自此肯定高等教育的经济价值，也逐步关注高等教育对欧洲一体化的重要作用。

---

　　① ［英］胡伯特·埃特尔：《欧盟的教育与培训政策：五十年发展综述》，喻恺译，《教育学报》2009 年第 1 期。

　　② McMahon J. , *Education and Culture in European Community Law*, London：Athlone Press, 1995, p. 5.

　　③ European Commission, *Education in the European Community*, Luxembourg：Office for Official Publications of the European Communities, 1974, p. 5.

（二）共同体意识及欧洲认同

1. "欧洲认同"的概念与共同体意识

（1）认同及"欧洲认同"的概念

"认同"一词在英语里翻译为"identity"。根据韦伯字典的翻译，identity被译为：第一，可考虑的在所有特质中成为统一的事实条件；同一，个性；第二，成为某种特定个人或物体的事实或条件；个性体。也有学者将 identity 翻译为"获得认可的同一性"①。

詹姆斯·D. 费伦提出，"认同"的概念受到象征—互动主义、角色理论、埃里克森式心理学、社会认同理论和后现代主义等影响，产生了不同的定义。他将"认同"区分为"社会的"和"个人的"认同：社会认同是指社会成员通过某个标签区别身份、特征或属性，个人认同则是成员个体以社会性的方式辨别自己的属性、信仰、愿望和行为原则。② 江宜桦提出社会认同也是种归属，指成员通过辨别自己与其他的共同特征，进而寻找同类，并确定自己的群体性。③ 随着全球化的快速发展，认同已经逐渐成为国际关系中的重要角色，被分为民族认同、国家认同和超国家认同。欧盟是当前一体化程度最高的区域，是超国家认同的典型例子。温特指出，认同对国家间关系产生重要的作用，是国家间"多元安全共同体"建立的基础。④

20 世纪 70 年代，欧洲认同的概念逐渐在欧洲出现。当时由于欧洲经济的萧条，大众对西欧经济缺乏信心，认同成为寻求大众对欧洲支持的新举措。"认同"创造了公民对欧共体机构共有的效忠感，对内使大众从内部对共同体产生认同，对外将欧盟认同为一个认可的实体。⑤ 让公民将

---

① 李明明等：《超越与统一——欧盟的集体认同研究》，上海人民出版社 2009 年版，第 9 页。

② Fearon J. D. , *What is Identity（As We Now Use the Word）*, Unpublished Manuscript, Stanford University, Stanford, Calif, 1999.

③ 江宜桦：《自由主义、民族主义与国家认同》，台北扬智文化事业有限公司 1998 年版，第 10 页。

④ ［美］亚历山大·温特：《国际政治的社会理论》，秦亚青译，北京大学出版社 2005 年版，第 287 页。

⑤ Menger P. M. , "Cultural Policies in Europe. From a State to a City-centered Perspective on Cultural Generativity", *GRIPS（Graduate Institute for Policy Studies）Discussion Paper*, No. 1, 2010, pp. 10 - 28.

对民族国家的认同转变为对欧盟的认同，要求欧盟成员国公民归属于共同体和具有欧洲公民的身份意识，于是欧洲认同的概念应运而生。在欧洲一体化的过程中，政治学家和学者都非常重视欧洲认同在一体化发展进程中的作用。哈贝马斯提出，"超越民族界限，建立一种新的认同形式"①。前欧盟委员会主席雅克·德洛尔指出："欧洲一体化不应停留在共同市场这种经济领域，文化才是欧盟国民之间创造相互信任的纽带。"②欧洲一体化采用超国家的方式加强欧洲人的归属感与身份意识，同时也强化了欧洲人对共同未来的信心。

（2）共同体意识及共同体道路

滕尼斯的共同体理论指出："通过特定关系形成的群体一旦被理解成统一的向外或向内发挥作用的生命体或物体，它就被称为一个结合，如果将结合理解为真实的与有机的生命，它就是共同体。"③ 由此可以看出，共同体具有相互一致、结合到一起的信念，将整体内的成员团结到一处。在滕尼斯共同体的理论下，欧盟也是共同体的代表。

"共同体道路"体现了欧洲一体化的特点及未来的发展方向。将欧洲建立为一个紧密的共同体，不仅需要经济、政策方面的协调同步，更重要的是观念上的一致，即共同体意识的培养。卡尔·多伊奇提出，共同体意识、相互同情与我群意识是形成政治共同体的基础，共同体的成员都具有共同命运与利益的感觉。④ 为了更好地维护欧盟的利益，面对全球化挑战，欧盟需要持续提升成员国及其公民对它合法性的支持，而欧盟体制合法化最需要超越民族、国家界限，取得认同和情感的支持。

2. 欧洲认同推动下的一体化进程

1973 年，"欧洲认同"的表述首次出现在欧共体的官方文件，即《哥本哈根宣言》中。该宣言提出了欧洲认同的基本要素，并强调已经建

---

① 姚勤华：《欧洲联盟集体身份的建构（1951～1995）》，上海社会科学院出版社 2003 年版，第 85 页。

② 王福春等：《大欧洲光荣与梦想》，东方出版社 1999 年版，第 135 页。

③ ［德］斐迪南·滕尼斯：《共同体与社会》，林荣远译，商务印书馆 2019 年版，第 68 页。

④ Lent E. S., *Political Community and the North Atlantic Area: International Organization in the Light of Historical Experience*, Princeton, N. J.: Princeton University Press, 1958, p. 36.

立在关税同盟基础上的共同市场及共同政策和合作机制，都成为欧洲认同的基本部分。同时，共同文明框架下的生活态度融合、共有利益的意识、参与建设统一欧洲的决定，都将成为欧洲认同的"根源与动力"。①1973 年 12 月，欧共体九国外长峰会产生了《关于欧洲认同的文件》，欧共体文件中第一次具体阐释了"欧洲认同"的概念。该文件提到九个成员国同意产生欧洲认同的文件。该文件强调了九国的责任与欧共体一体化的状态，强调了已经取得的凝聚力及其他国家的相关责任，涵盖了欧洲一体的动态本质，总结了应该培养共同体的集体认同。1975 年 12 月，《关于欧洲联盟》的报告对欧洲认同的概念进行了进一步的阐述，五次提出"欧洲认同"，并强调欧洲认同不仅仅存在于整个欧洲的层面，更应该深入成员国的公民层面。报告提出的"公民的欧洲"是对欧洲认同概念的拓展，并解释道："'我们'——欧共体的人民——必须建立属于'我们'的社会。"报告还提出了行动建议，即保护欧洲人的权利，设立可辨识的欧洲人的外在标志。②可以看出，欧盟持续以官方文件的形式明确推进欧洲认同，因为欧洲认同已经成为发展欧盟共同体意识的主要内容，欧洲认同对欧洲一体化进程有"动力性作用"③，发展欧洲认同有助于加强欧盟的合法性。

3. 欧洲文化认同视角下对高等教育的关注

寻求和构建欧洲文化认同成为发展欧洲一体化的重要内容，为欧洲的政治统一提供合法性。欧盟尝试建设一个文化欧洲，通过以文化为核心来构建欧盟的集体认同。欧洲的文化认同有着历史渊源，学者们从历史和文化的角度挖掘欧洲人的历史与文化共性，为欧洲文化认同提供基础，同时梳理了欧洲如何从一个地理名称发展成为历史文化共同体。古希腊、古罗马文化是欧洲文明的重要基础，基督教在中世纪的欧洲文明乃至整个西方文明中起到了巨大的作用，近代欧洲通过武力征服与对外

---

① 李明明等：《超越与统一——欧盟的集体认同研究》，上海人民出版社 2009 年版，第 118 页。

② Commission of the European Communities，"European Union Report by Mr Leo Tindemans to the European Council"，*Bulletin of the European Communities*，No. 4，1976，pp. 33 – 42.

③ 李明明等：《超越与统一——欧盟的集体认同研究》，上海人民出版社 2009 年版，第 106 页。

贸易将它们的文化和制度推向全世界。欧洲共有的文化与历史成为欧洲文化认同的基础。文化成为欧洲一体化的重要领域后，欧共体持续尝试从大众层面构建欧洲的文化与认同。1983 年，《所罗门宣言》提出欧洲认同，指出："国家首脑和政府，在共同命运意识和希望加强欧洲认同的基础上，承诺发展一个欧共体成员国及其人民中更为紧密的联盟。"① 宣言同时将欧洲认同扩展到了文化领域，将文化遗产列为欧洲认同的重要因素，并支持和发展文化活动，包括开展高等教育方面的合作。1984 年，"无国界电话"报告将文化认同与欧洲一体化联系起来，欧共体通过传媒，向广大欧洲人传递了大量文化内容，促进了欧洲人民之间的相互了解，加强他们共同生活和命运的意识。② 1984 年，枫丹白露会议强调加强和提升欧洲共同体在公民和世界上的身份与形象，并在会后签署的文件中提出"人民的欧洲"的表述，旨在让"欧洲"更加接近欧洲平常的民众。1985 年，阿多尼奥委员会提交的报告提出，通过一种共同的公民身份鼓励欧洲人发展共有的欧洲认同。1992 年，欧洲议会报告明确提出："文化正在成为重要的政策领域，通过政策的制定，欧洲寻求一个建立在共享观念和价值遗产之上的欧洲人民之间的联盟。"此外，"欧洲观念"在欧洲人民的层面持续得到认可，所谓的"欧洲观念——一个欧洲人自觉的既有欧洲意识，又同时具有本民族意识——是在中世纪孕育和形成的"③。从欧洲观念和文化认同的角度来说，欧共体加强欧洲一体化在民众日常生活中的存在。

在推动欧洲文化认同时，教育合作尤其是高等教育的欧洲化逐渐被纳入议事日程中，欧共体采取了一系列促进成员国教育系统协调的举措。欧洲文化认同促进了欧洲高等教育一体化的进程，同时也为欧洲高等教育整合扫除了障碍。欧共体的教育合作开始于欧洲议会的决议，决议认为大学欧洲化是欧洲文化认同并形成欧洲文化共同体的基础。1971 年，欧共体成员国总理就教育问题会面，并提出了欧共体历史上第一个教育

---

① A. D. Smith, *Myth and Memories of the Nation*, Oxford: Oxford University Press, 1999, p. 13.

② A. D. Smith, *Myth and Memories of the Nation*, Oxford: Oxford University Press, 1999, p. 40.

③ 陈乐民:《"欧洲观念"的历史哲学》，东方出版社 1988 年版，第 39 页。

行动计划，鼓励欧洲国家在高等教育方面进行合作。[①] 之后，欧共体成员
国教育部部长会议讨论了文凭等值议题，并为建立佛罗伦萨欧洲大学研
究所提供了机遇。此次会议形成了共识：教育合作的目的是为欧洲文化
一体化提供合作模式。1972年，《谋划欧共体教育政策》（即《耶内报
告》）出台，对欧共体教育政策协调做出了整体规划。该报告提出在欧共
体层面形成教育政策的必要性，并阐述了欧洲维度、外语教学、学历等
值互认及终身教育发展的相关内容，分析了教育中欧洲维度的重要意义，
成为欧共体教育行动规划的公开声明，奠定了欧共体在教育领域开展活
动的基础。[②] 20世纪70年代中后期，欧共体逐步涉及高等教育合作事务，
欧洲高等教育一体化在欧洲文化共同体理念的基础上不断形成，高等教
育的合作着力通过在文化发展、终身教育、文化民主等方面形成欧洲文
化共识，不断探索教育与文化合作在欧洲层面实施的行动模式与模型。
欧洲的文化同一性让欧共体成员国产生了在高等教育方面相互包容、求
同存异、加强合作的共识。

4. 欧洲国家高等教育质量保障政策的同质化与异质化

欧共体成员国在推进高等教育一体化进程的同时，不断提升本国高
等教育的质量，打造多元化、多层次、多规格的高等教育体制，在欧洲
多元文化色彩下，形成鲜明的国际化特色。1963年，英国高等教育委员
会提交了《高等教育报告》（即《罗宾斯报告》），对英国高等教育发展
产生了重大影响。该报告对20世纪60年代到80年代的英国高等教育发
展做出了预测与规划，阐述了高等教育的目标与原则，对英国高等教育
与其他国家的高等教育做出了比较，启动了英国高等教育大众化的进程。
在这一进程中，1964年建立了第一个高等教育质量保障组织——国家学
位委员会，逐步完善了高等教育质量保障与评估体系，通过外部评估、
内部评估以及民间监督评估系统三个方面确保高等教育质量。[③] 同时，英

---

① Commission of the European Communities. Cooperation in Education in the European Union：
1976 – 1994, Luxembourg：Office for Official Publications of the European Commission, 1994, p. 7.

② Rhys Gwyns, "Towards a European Policy of Initial Teacher Education", *European Journal of
Education*, No. 4, 1979, p. 362.

③ 王嘉毅：《英国高等教育质量保证政策的历史演变及启示》，《大学》（学术版）2010年
第1期。

国高等教育体系向欧洲大陆以外的区域开放，吸引海外学生来英就读。英国高等教育国际化逐步启动，自此英国高等教育在保证高等教育质量的同时，也保障了高等教育适度效率发展，提升公众对英国高等教育的信心，为英国高等教育融入欧洲高等教育一体化及国际化奠定了基础。①

德国是高度发达的工业国家，被誉为世界上高等教育学位含金量最高的国家。德国高等教育改革先驱者威廉·冯·洪堡特提出"研究与教学相统一"的理念，使德国大学发生了根本性变化，为德国高等教育改革做好了铺垫。但是德国 20 世纪 60 年代的教育改革并不成功，社会开始关注德国高等教育质量问题。虽然德国联邦政府在巴伐利亚州成立了高校规划委员会（后期的科学与高校问题咨询委员会），负责实施大学评估，但是评估结果并不对外公布，只作为内部参考，因此，这一机构当时并未给促进德国高等教育质量带来实质性的影响。1968 年，德国首次引入质量保障的概念，为建立现代化的大学与社会及"改革型大学"提供帮助。1971 年，德国政府颁布了《高等教育总纲法》，明确了高等学校的任务是通过科研与教学发展科学艺术，使学生在科学艺术方面得到训练，以适应未来就业的需要。虽然德国引入了质量保障概念，但是政府并没有具体的实施质量保障的手段，也没有关于高等教育质量保障的具体办法或方案。直到 20 世纪 90 年代，德国修改了《高等教育总纲法》，并设立了代表联邦政府的各州文教部长联席会议（KMK）、代表高等教育机构的德国大学校长联席会议（HRK）和德国学术交流中心（DAAD），对推动德国高等教育重新处于国际一流水平起到了重要作用。

建立欧盟高等教育质量保障体系是欧洲高等教育区建设中的核心任务。随着博洛尼亚进程的推进，这一任务不仅得到欧盟成员国的认可，也得到其他欧洲国家的积极响应。波兰作为融入欧盟一体化进程的东欧国家，其高等教育质量保障体系、一体化及国际化的进程都极具代表性。波兰高等教育历史悠久，1773 年成立了世界上第一个教育部——国民教育委员会。二战后，波兰教育体系较为封闭，高校的自主性与开放性十分有限，对外交流仅限于与苏联高校交流合作，高等教育发展受到政治

---

① 梁绿琦、姜闽虹：《国际化教育的理论与探索》，中国社会科学出版社 2015 年版，第 115 页。

因素的限制。[①] 20 世纪末，东欧局势发生变化，波兰政治体系与经济体系和西方国家并轨，高等教育进入快速发展时期。但是当时波兰高等教育已经远远落后于西欧国家，于是政府通过各项高等教育改革措施提升教育质量，并开始探索融入欧洲高等教育一体化以及融入全球高等教育全球化的进程。从 20 世纪 90 年代开始，波兰政府着力于解决高等教育质量存在的问题，颁布实施了高等教育法，赋予高校高度的自治权，明确高校的办学主体地位，并确立了私立高校的合法性，形成了多层次的办学形式。然而，高校自治给高等教育质量带来了质量普遍下滑的挑战。政府与大学都意识到加强高等教育质量保障体系建设的重要性。首先，波兰大学组建了一系列民间的评估组织，规范学校办学质量。其次，波兰教育部成立了由政府监督的国家高等教育质量评估委员会，并颁布了《高等教育法修订案》，遵照严格的评审程序规范，以提升高校教育质量。

欧盟高等教育质量保障政策的同质化离不开欧洲国家的积极响应与支持，在国家层面与超国家层面实现高等教育政策的一体化融合。由于高等教育承担国家民族复兴的重任，强化本国高等教育的异质化也是必不可少的。通过同质化与异质化的结合，它极大程度地促进了欧洲高等教育质量及全球高等教育竞争力的提升。

二 欧盟建立高等教育质量保障体系的目的

（一）高等教育质量保障的目的

高等教育质量保障的目的在于"指引和调整各种行为，作为支配人的意志的内在规律贯穿于人的实践中"[②]。高等教育质量保障的目的是在开展高等教育质量保障前所设定需要达到的效果与结果，贯穿整个高等教育质量保障的过程中，决定质量保障的内容和方法等。根据要达到的

---

① 单可：《波兰融入欧盟高等教育一体化的举措与启示》，《台州学院学报》2019 年第 10 期。

② ［美］德里克·博克：《走出象牙塔——现代大学的社会责任》，徐小洲、陈军译，浙江教育出版社 2001 年版，第 72 页。

效果与结果，人们可以将高等教育质量保障的目的划分为内生性目的与外生性目的。内生性目的主要是"帮助高等教育机构改进质量"，外生性目的则为"确定绩效责任、向潜在的学生和雇主提供质量标准的信息、帮助政府作出资助决策的工具性目的"①②。

1. 高等教育质量保障的内生性目的：质量改进

高等教育质量保障主要是通过特定的机构或组织，运用多种的评估手段，使高等教育质量得以维持和提高，最终达到帮助高等教育机构改进与提高质量的目的。高等教育质量主要体现在高等学校人才培养质量、科学研究水平、服务社会能力、文化传承能力与国际化水平等方面。建立高等教育质量保障体系，学校可以及时获取评估反馈信息，通过对信息的分析总结，调整学校内部的教学活动，确保教育质量的持续提升；教育主管部门通过评估反馈信息，及时适度地调整教育政策；高等教育的利益相关者，如教师与学生也能够通过健全的质量保障机制，发现问题与不足，采取相应的改进措施。因此，高等教育质量保障体系建立是为了改进教育质量，是质量提升的内生性、根本性要求。

2. 高等教育质量保障的外生性目的

高等教育质量保障的外生性目标主要体现在以下三个方面：（1）高等教育应该是"向快速发展的社会提供所需知识和训练有素的人力资源的一种手段"③。高等教育机构根据自身特点服务于社会需求，与此同时，这些高等教育机构也在消耗大量的公共资源，因此高等教育机构向社会负责，政府、纳税人有权要求高等教育机构提升教育与研究的质量。20世纪70年代以来，西方国家普遍陷入经济衰退的困境。在公共财政不断收紧的同时，高等教育经费投入却不断增加，这也加重了对高等教育机构绩效责任的关注。政府通过设立特定的高等教育质量监管机构，向纳税人确保高等教育服务与产品的质量。（2）向利益相关者如学生与雇主负责，学生作为高等教育产品的消费者，有权利及时、准确地了解高等

---

① 田恩舜：《高等教育质量保证模式研究》，博士学位论文，华中科技大学，2005 年。

② 王让、张赟、孙晋：《浅论大众化阶段主体性高等教育质量观》，《江苏高教》2013 年第 1 期。

③ ［美］德里克·博克：《走出象牙塔——现代大学的社会责任》，徐小洲、陈军译，浙江教育出版社 2001 年版，第 70 页。

教育质量信息，要求他所"购买"的产品物有所值，有权利要求高等教育机构提供高质量的教育以及为他们增加未来就业机会的知识和职业技能资格证书。雇主可以通过高等教育机构的自我评估与外部评审了解高等教育质量状况，提升市场的透明度。（3）通过评估为政策决策者提供准确信息，让他们及时了解高等教育机构的办学条件、办学水平、教育质量以及办学状态，为未来教育规划的制定及教育资源的分配提供决策依据。

（二）欧盟建立高等教育质量保障体系的目的

欧洲国家面对的许多因素和共同趋势促使形成了博洛尼亚进程前的欧盟高等教育质量保障体系的建立。当前，全球化进程、学生与高等教育机构人数的持续增加、经济背景的变化、对政府支出的限制以及公共问责的要求，都成为高等教育外部质量保障机制形成的重要因素。随着个人流动的增加，欧洲大学间交流合作的不断深入，高等教育机构颁发的学位相互认可越发频繁，高等教育质量保障机制成为派遣国和接受国都感兴趣的问题。

1. 提升政府、利益相关者对教育质量的信心

在欧洲引入高等教育质量保障机制的主要目的是确保政府、利益相关者对提供的教育质量的信心，确保对高等教育的公共投资得到回报。弗雷泽对38个欧洲国家开展了调查。[①] 高等教育质量保障体系的目的主要表现在以下两个方面：首先，是使高等教育机构对利益相关者更负责，回报利益相关者对高等教育的基本预期；其次，帮助高等教育机构改善（包括对教学、公众认可度、科学研究和为社会服务能力的提升）。学者们对东欧国家设立高等教育质量保障机构的原因进行了调研，主要包括以下几个方面：（1）增强国际可比性和学生流动性，这种类型的欧洲国家有波兰和斯洛文尼亚；（2）增强高等教育机构的自治，这种类型的欧洲国家主要有捷克、匈牙利和罗马尼亚；（3）扩大私立高等机构的多样性和增强对私立高等教育机构的控制，这种类型的欧洲国家是保加利亚

---

① Frazer M., "Report on the Modalities of External Evaluation of Higher Education in Europe: 1995–1997", *Higher Education in Europe*, No. 3, 1997, p. 371.

和罗马尼亚。① 研究也指出，高等教育机构的问责制与机构指导自身教育过程的自主权密切相关，引入外部质量保障体系，可以在一定程度上限制高等教育机构享受的极大程度的自主权。与此同时，在机构无法享有自主权的系统中，质量保障体系可以增加高等教育机构对教育过程的自主权。

2. 为欧洲高等教育市场提升国际竞争力提供新的角度

随着高等教育国际化的发展，高等教育资源自由流动，各国高等教育活动所面对的不仅仅是本国人员，而是扩大到整个世界范围。这促使高等教育竞争日趋激烈。与世界高等教育最具国际竞争力和吸引力的国家——美国相比，欧洲无论是在高等教育质量、高等教育投资方面都存在差距。为了增强欧洲高等教育市场的竞争力，欧洲需要在超国家层面采取新的办法和措施促进欧洲各国的高等教育发展。于是，欧洲高等教育质量保障协会（ENQA）应运而生。该机构明确了单一欧洲市场的透明度及单一欧洲范围内的自由流动，并提出要在欧洲范围内建立相互承认资格的开放教育领域，加强学生在欧洲甚至全球范围内的流动性。质量保障体系的建立，可以十分有效地强化国家层面的高等教育合作并实现学位的兼容，提升欧洲高等教育市场的国际竞争力。

3. 更好地融入全球化与知识经济时代

高等教育是为劳动力市场做准备的工具的观点得到学者的支持。他们认为高等教育不再是象牙塔，而是作为一个国家增强国际竞争力的工具。这一观点在 20 世纪 90 年代十分盛行，促进了人们对欧洲高等教育体系国际竞争力的关注。在决策者们看来，高等教育必须提供更多、更好的毕业生服务于国家需求，高等教育质量保障体系的建立是欧洲提升全球竞争力的重要举措，将使欧洲高等教育获得"世界范围内的吸引力"，同时也是促进经济发展和提高劳动者生产力的关键。

知识创新是推动欧洲持续发展的引擎，但是欧洲大学在促进经济增长、增强社会融合方面的作用并未充分发挥，知识经济时代要求欧洲大学作为全球知识经济竞争的后盾、传播知识和培育欧洲公民的核心机构，

---

① Temple P. & Billing D. ， "Higher Education Quality Assurance Organization in Central and Eastern Europe"， *Quality in Higher Education*， No. 3， 2003， pp. 243 – 258.

对欧洲社会经济一体化起到关键推动作用。经济全球化与知识经济时代要求欧洲范围内的高等教育在更高层次上合作发展，对整个欧洲高等教育体系进行整合，建立质量保障体系、统一学分制度、学历互认制度加速了欧洲范围内学生、教师及科研人员的流动，为欧洲知识经济发展储备了人才，推进了欧洲知识经济的发展。

三 欧盟高等教育质量保障体系的发展

（一）博洛尼亚进程前的高等教育质量保障体系建立

1. 欧洲国家层面高等教育质量保障体系的建立

1990 年之前，欧洲只有四个国家建立了外部质量保障体系，即丹麦、法国、荷兰和英国。外部质量保障体系的运行模式为：建立独立的质量保障机构，通过自我评估和现场同行评审，最后为高等教育机构出具评审报告。其他几个国家，如芬兰、挪威、立陶宛，正在尝试建立适应自身高等教育发展的评价标准和内部外部质量保障体系。[1] 1990 年以后，整个欧洲的质量保障体系开始采用不同的模式和方法发展，西欧国家更倾向于采取自我监管的方法，大多数中东欧国家则使用了更为集中和规范化的模式。[2] 之后，这些中东欧国家也逐渐开始进行结构改革，从中央集权模式过渡到更为自主、开放和自由的高等教育系统。欧盟多国对法尔方案的支持有助于这些改革，其中包括引进和改进匈牙利等大学质量保障活动。[3] 然而，大部分与质量保障相关的工作实施仍处于初始阶段，主要局限于引入一些高等教育改革。

在建立质量保障评估方法时，国家层面采用了反映国家高等教育战略的不同方法。在英国，1992 年根据《继续教育和高等教育法》规定，

---

① Huisman J. , "The Bologna Process in European and Post-Soviet Higher Education: Institutional Legacies and Policy Adoption", *Innovation: The European Journal of Social Science Research*, No. 4, 2019, pp. 465 –480.

② Van Bruggen J. C. , Scheele J. P. , Westerheijden D. F. , "To be Continued. Syntheses and Trends in Follow-up of Quality Assurance in West European Higher Education", *European Journal for Education Law and Policy*, No. 2, 1998, pp. 155 –163.

③ 魏航：《欧盟高等教育合作交流政策研究》，博士学位论文，东北师范大学，2011 年。

设立了英国高等教育资助委员会（HEFCE）。该委员会的职责之一是"确保为评估教育质量做出规定"。波兰和西班牙倾向于认证，对评估或改进方面有不同程度的提及，然而立陶宛则选择无认证的、以改进为导向的质量保障体系。1990年，波兰已经有了一些由学术机构设立的同行认证委员会，根据高等教育机构自愿提交的申请进行方案评估，其质量保障机构的建立是在十年后的2002年。1993年奥地利《大学组织法》首次引入了对教学质量进行系统和全面评估的方案。1993年，罗马尼亚通过一项高等教育机构认证和文凭认可的法律，迈出了建立质量保障体系的第一步。

2. 欧洲高等教育质量保障体系的发展

欧洲内部、外部质量评估的早期发展受到一些国际方案的推动，这些方案通常是在试点项目的背景下，作为"独立"倡议或与其他改革相互联系。例如，1995年欧洲高等教育质量评估试点项目、38个国家学术质量评估和认证过程、政策问题泛欧调查以及欧洲联盟赞助的其他双边项目。

1993年由欧洲大学校长和副校长（现为欧洲大学协会）常务委员会起草了机构评估的方案，主要向欧盟成员机构提供外部评估。该方案至今仍在运作，特别侧重于评估各机构如何履行其使命。在国家发展的同时，欧洲委员会也在为欧洲层面的质量保障奠定初步基础。该委员会在20世纪90年代初资助了欧洲成员国的一些试点评估项目，并与欧洲自由贸易联盟（EFTA）国家建立了联系。这些试点项目的结果提出了支撑当今欧洲质量保障准则主要方法特征的原则，特别是引入自我评估、同行审查访问、报告出版和质量保障机构的独立性。欧洲试点项目还促进了欧洲质量保障体系之间的合作，随后通过了1998年欧洲理事会关于发展欧洲高等教育质量保障合作和联网的建议。不同国家当局和质量保障机构（包括在国家和区域一级运作的机构）在试点项目期间发起的关于建立合作网络的讨论在2000年3月取得了成果，即质量保障机构与政府代表和其他利益相关者组成了欧洲高等教育质量保障协会（ENQA）。

（二）博洛尼亚进程中的高等教育质量保障体系发展

博洛尼亚进程中对质量保障的重视，虽然在早期没有完全确定为一项政策目标，但在整个部长公报中得到了更加明确和突出的体现。

1. 博洛尼亚进程中高等教育质量保障体系的早期阶段（1999—2004 年）

《博洛尼亚宣言》（1999 年）提出了与高等教育质量保障有关的意图，鼓励欧洲国家在高等教育质量保障方面进行合作，以期制定可比的标准和方法。不断推进的部长公报要求进一步加强各系统之间的信任，高等教育质量保障被视为实现这一目标的主要工具之一。《布拉格公报》（2001 年）不仅强调了在高等教育系统之间实现相互信任的必要性，而且还强调相互接受评价和认可机制，以及质量保障在认可方面的作用。欧洲质量保障体系发展的基本原则是机构自治，各国教育部部长在《柏林公报》（2003 年）中强调了这一点，承认"高等教育质量保障的主要责任在于每个机构本身"。

质量保障要想取得成功，需要欧洲高等教育区利益相关者的持续支持。《布拉格公报》（2001 年）更明确地界定了利益相关者的作用，强调质量保障体系的重要地位，呼吁共同建立一个普遍的质量参考框架。《柏林公报》（2003 年）进一步确认了利益相关者在质量保障方面的作用，部长们呼吁欧洲高等教育质量保障协会（ENQA）、欧洲大学协会（EUA）、欧洲高等教育机构（EURASHE）和欧洲学生联合会（目前是欧洲学生联合会）共同制定一套高等教育质量保障标准、程序和准则。

回顾博洛尼亚进程中高等教育质量保障的早期成就，是制定了初始质量保障指标。这些措施旨在衡量进展情况，并促进在国家一级将承诺转化为实践。[1] 从《布拉格公报》和《柏林公报》可以看出，这些初始质量保障指标着眼于质量保障体系的发展阶段，重点讨论了评价体系的关键要素（内部和外部质量保障）、学生参与质量保障的程度、国际参与的程度以及质量保障方面的合作程度。

---

[1]　Bologna Follow-up Group，"Bologna Process Stocktaking"，2005－05－20，http：//www. ehea. info/media. ehea. info/file/WG_ Stocktaking/96/1/BPStocktaking9May2005_ 578961.

（1）学生参与质量保障体系

从欧洲各国的国家报告可以看出，学生参与质量保障过程和国际参与质量保障是进展最小的领域。学生参与质量保障体系还未能达到公报要求，只有三个国家在这一点上取得了成效（挪威、瑞典和英国）。[①]2006 年的 EUA 质量文化项目还发现，学生参与决策机制的情况相对较低，而且高等教育机构并没有在这一点上表现出改善的决心。一般来说，学生参与内部质量保障的常见形式包括填写教学评估表和参与决策机构。2005 年，罗马尼亚颁布了法令，重点关注学生参与内部质量保障体系。

（2）国际社会对高等教育质量保障体系的参与

国际社会对质量保障的参与也处于发展的早期阶段。从 2005 年《博洛尼亚工作进程盘点报告》可以看出：荷兰、挪威、瑞士和英国在质量保障体系的发展阶段、评估体系的核心要素、学生参与评估的程度及国际参与的水平四个方面表现较为突出。[②]

（3）内外部高等教育质量保障体系的逐步建立

从 2003 年开始，欧洲高等教育系统的外部质量保障机构逐步建立，外部质量保障体系开始扩大开展质量保障的范围，并注重对已经开展的质量保障活动的问责制。同时，外部质量保障机构在制定欧洲质量标准时强化通用性，并适应各种政治、国家和文化背景，尊重机构在不同国家层面的多样性。2004 年，欧洲高等教育质量保障协会（ENQA）开始审查其成员资格，侧重于经验交流，并发展成为欧洲高等教育区内、外部质量保障机构的权威。

2. 建立欧洲高等教育质量保障框架（2005—2007 年）

2005 年的卑尔根部长会议通过了 E4 集团（ENQA、ESU、EUA 和 EURASHE）制定的欧洲高等教育区（European Standards and Guidelines for Quality Assurance in European Higher Education Area，ESG）质量保障标准和指南，并形成了欧洲高等教育质量认证机构注册的理念，通过建

---

① Bologna Follow-up Group, "Bologna Process Stocktaking", 2005 - 05 - 20, http：//www. ehea. info/media. ehea. info/file/WG_ Stocktaking/96/1/BPStocktaking9May2005_ 578961.

② Bologna Follow-up Group, "Bologna Process Stocktaking", 2005 - 05 - 20, http：//www. ehea. info/media. ehea. info/file/WG_ Stocktaking/96/1/BPStocktaking9May2005_ 578961.

立欧洲质量机构登记册制度促进质量保障框架发展。登记册的概念已经
在 E4 小组关于 ESG 提案的原始报告中进行了讨论，并被纳入欧洲议会
和理事会关于进一步开展欧洲高等教育质量保障合作的建议。[①] ESG 通
过两年后，在伦敦举行的部长级峰会（2007 年）上，部长们欢迎 E4 集
团提出的建立登记册的建议。提议的运作模式核心是成立一个独立的专
家小组，即登记委员会以个人身份提名。登记委员会的作用是共同决定
登记册上认可的质量保障机构是否实质上符合 ESG 要求。欧洲高等教
育质量保障注册中心（EQAR）最终由 E4 集团于 2008 年 3 月成立，欧
洲各国政府、创始成员（E4）和博洛尼亚进程中的伙伴成为大会成员。
在之后的 12 年中，成员人数稳步增长，覆盖了大多数 EHEA 国家
（2019 年 48 个国家中的 40 个），EQAR 协会成员组成的登记委员会完
全独立运作。在欧洲高等教育区的成员国内运营的质量保障机构持续
增加。22 个国家设有国家/区域质量保障机构，其中一半是在 2005—
2010 年间设立的。[②] 这些机构致力于使其标准和流程与 ESG 要求与流
程保持一致。鉴于 ENQA 成员资格标准要求符合 ESG 要求，已经成为
ENQA 成员的国家质量保障机构和即将成为 ENQA 成员的机构都认识
到，"在未来，将国家质量保障机构纳入 EQAR 是质量保障机构的主要
指标"[③]。2007 年的评估报告表明，17 个国家报告说它们已经有了一个
符合 ESG 的全面运作的国家质量保障体系；其他 4 个国家表示，它们
正在实施这一制度。正如博洛尼亚进程实施报告在随后几年中所揭示的
那样，这一结果只是表明了一个国家的愿望，而并非 ESG 的实际实施
情况。机构层面的质量保障实施最初也十分缓慢，但在采用 ESG 之后
情况有所改善。52% 的欧盟受访机构回答说，在 2005 年采用 ESG 指南
标准后，它们开始研究内部质量保障的系统方法，约三分之二的高等院
校表示它们所在的教育机构专门按照国家框架和指导方针设计了自己的

---

① https：//eur-lex. europa. eu/legal-content/EN/TXT/？ uri = celex % 3A32006H0143.

② Eurydice，Audiovisual & Culture Executive Agency，*The European Higher Education Area in 2012：Bologna Process Implantation Report*，Ministerio de Educación，2012，p. 9.

③ Rauhvargers A.，Deane C.，Pauwels W.，*Bologna Process Stocktaking Report* 2009"，Leuven and Louvain-la-Neuve，2009，p. 13.

教学质量保障框架。① 但是在这些高等教育机构中引入内部质量保障通常是基于复制其他知名高等教育机构开发的模式。因此，这导致高等教育内部质量保障体系在构建中缺乏高等教育机构自身的真正参与，也面临缺乏高等教育机构支持的问题。②

3. 高等教育质量保障框架的整合阶段（2008—2014 年）

初期发布的各类公报阐明了建立欧洲高等教育质量保障体系的最初意图，并澄清了质量保障的范围和标准。2008 年之后发布的公报确认了要在欧洲高等教育系统之间形成更大的兼容性和可比性，同时强调了质量保障框架的紧密整合和巩固。

（1）欧洲高等教育保障体系中的跨境高等教育

2009 年，鲁汶会议提出进一步发展欧洲高等质量保障体系，并确保对 EQAR 进行外部评估。在 ESG 的实施过程中，会议要求特别关注高等教育机构开设课程的教学质量。《鲁汶公报》的补充内容涉及跨国教育的提供，强调跨境高等教育国家之间的相互信任与学历学位互认也应被纳入 ESG 考虑范畴内，同时符合联合国教科文组织或经合组织关于跨境高等教育质量提出的指南要求。

（2）内外部质量保障体系的完善与整合

2010 年，《布达佩斯—维也纳宣言》标志着欧洲高等教育区的正式启动。博洛尼亚进程经过十年的发展取得了很大的成就，也在不同程度上实施了高等教育改革。虽然博洛尼亚进程中高等教育质量保障取得了全面的进展，但是在大多数高等教育机构中建立真正的质量文化仍然处于发展中。ESG 2005 定义了质量保障机构在教学与学习中应该涵盖的范围，但是标准并没有定义应该如何实施相应的教学活动。外部质量保障机制并不足以刺激高等教育机构在教学领域的重要改进与转变。由于高等教育机构尝试使自身制度与外部要求相适应，因此在实施过程中，内部质

① Loukkola T. , Zhang T. , *Examining Quality Culture：Part 1 – Quality Assurance Processes in Higher Education Institutions*, Brussels：European University Association, 2010, p. 36.

② Matei L. & Curaj A. , *Building an Integrated Higher Education System in Europe*, Budapest：Central European University Press, 2014, p. 114.

量保障过程容易出现官僚主义。[①]

（3）质量保障体系建构中的质量文化

由利益相关者和高等教育机构牵头、欧盟委员会资助的项目支持了内部质量保障流程的开发。EUA "在高等教育机构中质量文化检验（EQC）" 项目（2010—2012 年）揭示了内部质量保障流程运作框架的复杂性，并强调了发展质量文化应考虑的方面。值得注意的是，项目考虑到高等教育的其他可能发展，审查外部条例、财政限制等问题。EUA 项目 "促进高等教育机构的质量文化—PQC"（2012）[②] 将高等教育机构聚集在一起，以掌握质量概念，讨论质量概念，定义质量概念，并形成有助于机构改进和有效性提升的流程。EUA EUREQA 项目（2012—2015）[③] 提供了能力建设活动，并支持西巴尔干地区的高等教育机构为其内部质量保障体系制订行动计划。

（4）学生参与质量保障体系

关于学生在质量保障过程中的总体参与情况，2009 年的盘点报告指标显示，虽然 2007 年后取得了进展，但仍存在一些差距。学生通常仅作为观察员参与评审，并不参与编制自我评估报告，也很少作为外部质量保障机构的利益相关者参与评审。ESU 的《2009 年博洛尼亚学生之眼报告》进一步表明，学生作为平等伙伴参与内部和外部质量保障过程受到限制，因为他们往往不愿参与决策过程。[④] 虽然 ESG 鼓励学生参与或参与不同的内部和外部质量保障过程，但结果是学生的参与只在 ESG 中明确提及的特定领域受到鼓励。[⑤]

（5）质量保障体系整合取得的进展

2007 年后，盘点报告中绿色和浅绿色类别的国家越来越少，达到国际参与质量保障指标的标准（参与治理机构、审查小组、作为 ENQA 或

---

① Loukkola T., Zhang T., *Examining Quality Culture: Part 1 - Quality Assurance Processes in Higher Education Institutions*, Brussels: European University Association, 2010, p. 39.

② https://enqa.eu/index.php/promoting-quality-culture-in-higher-education-institutions-pqc.

③ https://eua.eu/101 - projects/572 - eureqa.html.

④ Cacciagrano A., *Bologna with Students Eyes* 2009, European Students' Union, 2009, p. 7.

⑤ Blattler A., Heerens N., Baumann B., et al., "The ESU Consultation Report of the MAP-ESG Project", *European Students' Union* (*NJ*1), No. 6, 2012, p. 6.

其他国际网络成员的机构）变得更具挑战性。虽然 2009 年报告了取得的进展，有 16 个国家将自己列入指标的深绿色类别，但 2012 年这一数字下降到只有 8 个国家。下降的原因可归为指标的变化（引入 EQAR 名单/ENQA 成员资格的要求，以及参与后续程序的国际同行/专家的要求），以及报告方法的变化——从 2009 年之前的盘点报告中使用国家报告，到 2010 年之后的博洛尼亚实施报告中使用博洛尼亚跟进组（BFUG）调查。盘点报告变化的另外一个显著方面是，欧盟以外国家的情况比欧盟内的国家差得多。尽管如此，还是取得了一些显著进展，特别是在国际专家参与外部审查小组（作为 ESG 实施的一部分）方面。ENQA 的国际化研究（2015 年）进一步证实了这些趋势，表明质量保障机构国际化的常见做法是参与国际网络并与国际合作伙伴合作，随后将外国专家纳入审查小组。不同机构开展的国际化活动的多样性表明，质量保障国际化还没有一个单一的、共同的模式。随着时间的推移，整个欧洲高等教育区建立了一系列新的质量保障机构，用于测量质量的仪器的复杂性和多样性有所增加。许多机构尝试了几种不同类型的程序——单一方案评估、集群评估、质量体系审计、部门审查和机构审查。ENQA 在四年前（2008 年和 2012 年）进行的两次调查显示，质量保障机构一直在使其方法多样化，其中大多数表明，他们已经改变了质量保障方法，或者他们正计划在其外部质量保障程序中引入重大变化。这些变化主要涉及质量保障机构是否会选择机构级或项目级评估（或两者兼有），以及采用哪种方法雇用员工进行质量保障评估中的评估、认证或审计。2012 年，绝大多数质量保障体系将重点放在机构和项目层面审查的结合上，而不仅仅是项目或机构的单一评估。

虽然 EQAR 是 EHEA 对符合 ESG 质量保障机构的官方登记簿，但只有在登记簿充分增长后，才开始在 ESG 实施监控范围内引用登记簿。2009 年 3 月，EQAR 只列出了三家质量保障机构，但到同年年底，该名单增至 14 家。登记册上接受的质量保障机构名单继续增加，截至 2012 年 1 月，在整个 EHEA 质量保障机构的强烈兴趣下，13 个 EHEA 国家的 28 个机构进行了登记。EHEA 之外也有一些感兴趣的案例，但没有申请成功。考虑到欧洲质量保障格局的变化，EQAR 的创建及其具体任务和 ESG 作为合规工具的使用都给考虑 ESG 是否能够达到文件编制目的带来了额外的压力。因此，E4 集团在"制定 ESG 的实施和应用"项目的背景下对 ESG 的影响进行了深入分析，收集了关于在博洛尼亚签署国实施和应用 ESG 的信息。MAP ESG 项目的结果表明，ESG 对整个 EHEA 机构和国家级质量保障流程的发展产生了影响，并促进了利益相关者和参与者对质量保障的共同理解。尽管如此，在 ESG 的清晰性、实用性和有用性方面仍存在一些缺陷。在《布加勒斯特公报》（2012 年）中，EHEA 部长们承认了与 ESG 2005 的实施和应用相关的担忧，并授权 E4 小组，与欧洲商业、教育国际和 EQAR 合作，编制 ESG 的修订提案。

EQAR 通过展示其成功运营（包括 2011 年的外部审查）以及申请注册的质量保障机构的浓厚兴趣，在 EHEA 内获得了进一步的认可。因此，在布加勒斯特部长级会议（2012 年）上，部长们同意"允许 EQAR 注册机构在符合国家要求的情况下在整个 EHEA 范围内开展活动"（《布加勒斯特公报》，2012 年）。这意味着各国信任 ESG 对合规质量保障机构进行的审查，但质量保障机构在进行审查时可能会根据国家政策调整程序。其目的是，认可非国家质量保障机构根据 ESG 规定的标准进行认证、评估或审计，这将消除国家和外国机构审查同一计划或机构时产生的重复工作。在审查 EQAR 注册质量保障机构的跨境质量保障活动时，RIQAA（2014）项目显示，当时约有一半的上市质量保障机构进行了跨境审查，这是一个不断发展的趋势。EUA 趋势报告（2015 年）进一步指出，跨境外部质量保障在欧洲高等教育区中越来越流行。这体现了高等教育机构的国际愿望，也是对其希望以不同方式进行评估的认可。然而，这些审查大多是在国家质量保障体系之外进行的自愿审查，因此与国家质量保障体系相分离。此外，2012—2015 年间，在向 EQAR 列出的质量保障机构开放国家体系方面没有出现任何真正的重大进展（亚美尼亚和奥地利这两个国家除外）。

4. 欧洲高等教育质量保障体系的进一步发展与融合（2015—2020 年）

（1）2015 版 ESG 的改进

2015 年，在埃里温会议上，欧洲高等教育区成员国的高等教育部部长采用了欧洲高等教育区质量保障标准与指南的修订版，并重申了他们之前的承诺，即"使我们的高等教育机构能够使用合适的 EQAR 注册机构进行外部质量保障过程，尊重国家对质量保障结果的决策安排"；宣布"让学生作为学术界的正式成员以及其他利益相关者参与课程设计和质量保障"；还通过了欧洲联合层面的质量保障方法。

随着 ESG 2015 版的采用，质量保障的"欧洲高等教育区模型"变得更加统一和清晰。2015 年版本的 ESG 带来了一些"技术"改进，对概述部分内部质量保障的标准和指导方针进行了重大调整。调整主要包括对学习模式、质量保障和资格框架（QFEHEA）及学习结果的界定，这些调整让 ESG 更好地适应欧洲高等教育区的新发展。同时，新版 ESG 中质量保障的范围已经扩大，增加了高等教育国际化、数字学习等方面的内容。但是从博洛尼亚进程的实施报告中可以看出，2015 版 ESG 的实施几乎没有什么进展，因为质量保障机构和高等教育机构实施新版本的 ESG 需要时间。到 2017 年底，26 个签署国立法规定，允许外国高等教育质量保障机构开展认证、评估和审计，但是只有 16 个国家具体提到使用适合的 EQAR 注册、ESG 合规机构。由于在某些情况下现有的法律框架可能会使质量保障机构难以遵守 ESG 要求，2018 年的巴黎部长级会议上，欧洲高等教育区的成员国都承诺将逐渐消除欧盟层面质量保障政策与本国立法之间存在的障碍，进一步推进质量保障指南的实施。为了增加质量保障的透明度，外部质量保障数据库受到关注，旨在促进高等教育注册机构对 ESG 实施的审查。

（2）质量保障工具多样化

博洛尼亚进程的签署国在设计质量保障体系的方式上是不同的。EUA 的调查显示，到 2015 年，87% 的高等教育机构制定了质量保障政策，促进质量保障体系的建立。开展质量保障的评估工具不断多样化，包括评估、认证、审计、授权等方式。从 49 个 EQAR 注册质量保障机构进行外部质量保障活动的方式可以看出：25% 的质量保障机构采用 1—3 种的评估形式，30% 的注册质量保障机构进行 9—15 类型的审查。不同签署国也开始重新定义外部质量保障框架，德国与葡萄牙从机构认证转向机构审计，丹麦和比利时从机构评估转向项目认证。总体来看，质量保障机构提供超过 300 项的外部质量保障活动，质量保障工具比以往任何时候都更加复杂和多样化。虽然质量保障机构之间采用的基本方法与程序逐渐趋同，但是所进行的活动形式与类型的多样化已经成为欧洲质量保障框架构建的特点。

（3）跨境高等教育质量保障的开展

对 2014—2018 年在 EQAR 注册的机构活动分析可以看出，跨境质量保障活动几乎覆盖了整个欧洲高等教育区，其中 2/3 EQAR 注册的质量保障机构已经跨境开展评估或认证活动，但是此类认证是在承认 EQAR 注册机构的国家中进行的，如罗马尼亚、哈萨克斯坦、瑞士、卢森堡和德国等。结果表明，在承认 EQAR 活动的国家，开展跨境外部质量保障活动是常规质量保障活动的一部分。虽然欧洲高等教育区内跨境质量保障活动开展得如火如荼，但是在不同高等教育环境下运行仍然存在诸多挑战，部分标准、审查文件和认可过程等与该国的法规无法完全适应。基于这些问题，ENQA、ESU 和 EURASHE 在 2016 年成立了特别工作小组，开发了跨境质量保障体系中的关键要素，指导利益相关者参与开展跨境质量保障行动。

（三）博洛尼亚进程下欧洲高等教育质量保障体系发展现状

1. 外部质量保障体系的持续加强

建立质量保障体系是博洛尼亚进程中的重要组成部分，整个体系都遵循了 ESG 中的标准，并建立了外部质量保障的监督机制，确保标准在不同国家得到尊重与实施。2020 年博洛尼亚进程实施报告将高等教育质量保障体系在欧洲不同国家的实施情况做了详细说明。

图 1-1 中，大部分（●）国家已经建立了全国范围内运行的质量保障体系，所有的高等教育机构都接受定期的外部质量评估，该国的质量保障机构已被评估，能够按 ESG 标准执行，同时也通过了 EQAR 的注册。小部分（●）国家拥有自己的质量保障体系，拥有质量保障机构进行外部评估，确保 ESG 标准能够得到执行，但是并未在 EQAR 注册。个别（◎）国家表明需要符合 ESG 标准的质量保障机构对该国的高等教育机构进行定期评估。个别（◉）国家则表示该国的质量保障体系并未经过外部评估。个别（◎）国家表明该国尚未建立可靠的质量保障体系。

这一研究结果证实了在整个博洛尼亚进程中外部质量保障体系持续加强，36 个国家处于 ● 和 ● 中，保加利亚、匈牙利和拉脱维亚将它们的国家质量保障机构纳入 EQAR。2018—2019 年，白俄罗斯尚未建立完善的质量保障体系，外部质量保障机构正在发展中。该国教育部 2020 年的工作计划表明白俄罗斯起草了建立新的国家质量保障机构运作的相关法案。

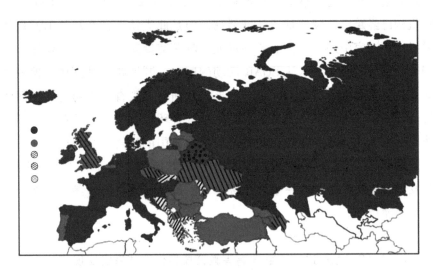

图 1 - 1　外部质量保障体系的发展进程（2018—2019）

资料来源：BFUG 数据。

2. 学生全面主动参与外部质量保障体系的构建

欧洲高等教育中的一个重要方面是学生参与高等教育的治理，这是博洛尼亚进程中的重要愿景。学生不是高等教育项目的被动参与者，而应全面参与学习过程，包括参与质量保障体系的建立。

如图 1 -2 所示，该项指标将学生参与外部质量保障的水平划分为五个等级，大部分（●）的国家表明学生参与外部质量保障活动得到了立法保障，个别（◎）则表示学生尚未参与到外部质量保障活动或只参与其中质量保障活动的一项。目前有 20 个国家是 ●，13 个是 ●，另外 17 个国家处于 ◎、◎ 和 ◎ 区域。因此，从质量保障体系建立的现状可以看出，这一部分仍有较大的改进空间。

图1－2　学生参与外部质量保障的水平

资料来源：BFUG 数据。

3. 国家外部质量保障体系构建对国际化交流与合作的促进

国际化是高等教育发展的重要方面，也是高等教育机构的重要职能。质量保障体系是开展高等教育国际化合作的前提与基础，质量保障体系的建立可以确保最大程度的国际化交流与合作。该项指标主要从以下两个方面考量：首先，该国质量保障机构是欧洲质量保障机构（ENQA）的成员或是附属机构。由于 ENQA 是代表欧洲质量保障机构的主要组织，能够对成员国 ESG 实施进行审查，并推动欧洲不同国家之间的高等教育机构合作，因此，参与 ENQA 成为高等教育质量保障机构超越国界的先决条件。其次，国际同行或专家作为评估小组成员、观察员参与质量保障机构的管理及后续程序，这种参与成为考核的必要条件。

如图 1－3 所示，对比 2020 年博洛尼亚进程报告与 2015 年博洛尼亚进程报告可以看出，到达 ● 水平的国家已经从 11 个增加到 24 个，13 个国家是 ●，7 个国家是 ◉，◉ 的国家从 13 个下降到 6 个。这意味着在国际化中提升质量保障一体化的趋势有了较明显的提升。

图1-3 外部质量保障体系的国际化程度

资料来源：BFUG 数据。

4. EQAR 注册机构成为跨境质量保障体系的基础

在共同标准和准则的基础上建立质量保障体系的好处是加强信任。EQAR 作为 ESG 在 EHEA 成员国得到遵守与保障的机制存在，它的注册机构对跨境质量保障体系的开放程度成为欧洲开展高等教育交流与合作的基础。

如图1-4所示，调查结果表明，这是博洛尼亚进程在国家层面实施存在分歧的领域。目前 21 个国家能够确保实现跨境质量保障的承诺，高等教育机构能够选择国外高等教育质量保障机构进行评估，这样的国家包括德国、波兰、阿塞拜疆、乌克兰等。另外部分的国家允许高等教育机构选择国外质量保障机构开展评估，但是并未要求开展评估的机构是 EQAR 注册机构，这种做法可能会破坏 EHEA 高等教育质量保障标准与指南的运作。另外 3 个国家显示◎，表明它们只允许部分高等教育机构或项目选择国外质量保障机构开展评估，◎国家为正在讨论跨境质量保障相关的政策与措施。◎国家则为完全不能允许国外质量保障机构开展任何项目的评估。

图 1 - 4　EQAR 注册机构对跨境质量保障体系的开放程度

资料来源：BFUG 数据。

从这几项数据可以看出，ESG 在欧洲国家的影响力并不够广泛，执行欧洲标准与指南并未被所有国家列为高等教育发展的优先事项，也并未得到立法的保障。

（四）欧盟高等教育质量保障体系构建的代表性政策

1. 《里斯本公约》——唯一具有约束力的高等教育文件

欧洲委员会在 1997 年发布了《关于承认欧洲区域高等教育资格的公约》（即《里斯本公约》LRC），为制定国家承认的政策和制度实施提供了明确的法律框架，实现了从学历等值到学历认可的跨越。[①] 它有效地消除了欧洲区域人员流动政策、法律的障碍，对不同教育制度具有重要的协调作用。该公约早于博洛尼亚进程的启动，是当时欧共体内唯一针对高等教育的约束性文件。《里斯本公约》是在高等教育机构学生和研究者流动性的现实下发展起来的。当时高等教育正在进入国际化的早期阶段，

---

① 李化树：《建设欧洲高等教育区：聚焦博洛尼亚进程》，人民出版社 2014 年版，第114 页。

每个国家在国际化和结构化的学生流动方面都迈出了自己的步伐，但是没有充分考虑到国界以外的高等教育世界，《里斯本公约》在这样的背景下应运而生。

《里斯本公约》中做出了以下相关规定：（1）签约国相互承认高等教育学历、学位资格；（2）建立信息咨询机构，提供高等教育相关信息；（3）为本国学生和外国留学生提供同等的教育机会，提供学历证明和同等的就业机会。该公约推动了欧洲地区人员流动政策与法规的实施，尊重不同国家教育体制的多样性，对整个欧洲范围内的高等教育交流合作具有承前启后的作用。

2. 《索邦宣言》——构建高等教育跨境合作新格局

《索邦宣言》签订于 1998 年 5 月，提出建立知识的欧洲，加强在欧洲大陆知识、文化、社会和技术层面的合作，并指出大学在这一发展进程中的关键作用。宣言指出，当前欧洲正在进入教育的重大变化时期，有必要建立开放的欧洲高等教育区，在这一区域内尊重高等教育的多样性，同时需要消除彼此在高等教育教学中的障碍，增强人员的流动性。区域内高等教育体系需要提升国际认可度与吸引力，通过独创的、灵活的学分互认体系，鼓励不同背景的学生参与高等教育。

《索邦宣言》的重要内容包括以下四方面：（1）将高等教育划分为两个阶段，即本科阶段及研究生阶段。本科生阶段鼓励学生参与多学科的学习、提升语言能力及新信息技术使用的能力。研究生阶段允许学生在较短的硕士学位和较长的博士学位之间进行选择，适当强调研究与自主工作。（2）无论是本科阶段还是研究生阶段，都鼓励学生在本国以外的大学至少学习一学期，鼓励从事教学与研究的人员在欧洲国家工作，而不仅在本国工作，成员国应充分利用欧盟对学生与教师流动性增长的支持。（3）成员国政府应在这些方面发挥重要作用，鼓励各自学位的认可，促进大学间的协议。通过联合文凭、试点计划等方式，逐步协调学位、教育周期的总体框架。（4）鼓励建立共同的参考框架，旨在提高学历学位的外部认可度，促进学生流动性和提高就业能力。

《索邦宣言》强调致力于建立一个欧洲高等教育区。在该领域中，国家认同与共同利益相互作用、相互加强，呼吁所有欧洲大学通过合作，巩固欧洲高等教育在全球地位的改进与提升；推动在欧洲大陆构建多维度、多层次、开放式的高等教育跨境交流合作新格局，合力建设"基于知识创造的欧洲"①。宣言为欧洲高等教育体系设计了明确且具有可操作性的规划，为欧洲一体化的实施起到了促进作用，同时奠定了博洛尼亚进程的基础。

3.《博洛尼亚宣言》——质量保障层面的欧洲合作

欧洲一体化进程在过去几年取得了非凡的成就，欧盟成员国不断增多，欧洲国家之间的关系不断深化，人们越来越认识到需要建立一个更加完整、影响力更为深远的欧洲，特别是在知识、文化、社会和科学技术层面发展和加强合作。知识的欧洲被认为是社会和人类发展的重要因素，是巩固和丰富欧洲公民身份不可或缺的组成部分，教育与教育合作成为加强稳定的重要因素。《索邦宣言》指出大学在发展欧洲文化方面发挥核心作用，并强调创建欧洲高等教育区是促进公民流动、提升就业能力及促进欧洲大陆整体发展的关键途径。然而，要实现高等教育体系更大程度的兼容性和可比性，还需要持续的动力才能充分实现。1999年，29国教育部部长会聚博洛尼亚，为欧洲高等教育区的建立提出具体措施，以取得切实的进步。

《博洛尼亚宣言》主要包括以下几方面内容：（1）建立易读和可比较的学位制度。在欧洲范围内实行清晰、透明、有可比性的学位制度，通过实施《文凭补充说明》（Diploma Supplement），提升欧洲公民的就业能力和欧洲高等教育体系的国际竞争力。（2）建立本科生、研究生两个主要的高等教育周期。进入研究生教育周期前需要成功完成至少三年的本科阶段学习，第一周期结束后授予符合欧洲劳动力市场要求的学位，帮助学生顺利进入欧洲劳动力市场。同时，明确第一周期结束后可以进入第二个周期学习，第二阶段包括硕士和博士教育。（3）建立欧洲学分转换体系。设立一套通用的学分制度，作为促进学生、教师、研究人员在欧洲高等教育体系内流动的手段。明确学分也可以是在高等机构以外的场所获得，包括终身学习，前提是获得接收大学的认可。（4）促进师生和学术人员的流动。消除人员流动的障碍，为学生提供更多学习、培训

---

① 王惠芝：《博洛尼亚进程中的乌克兰高等教育：变革与挑战》，《上海教育评估研究》2015年第2期。

及相关服务的机会，为教师、研究人员和管理人员提供在欧洲范围内进行研究、教学和培训的机会。（5）促进欧洲范围内在质量保障方面的合作，并制定具有可比性的标准和方法。（6）促进欧洲层面高等教育合作。促进在课程开发、高等教育机构合作、人员流动、培训和研究项目方面的合作，建立必要的欧洲高等教育维度。

《博洛尼亚宣言》致力于实现这些目标，在制度框架范围内尊重文化、语言、国家教育体系和大学自治的多样性，以巩固、提升欧洲高等教育体系在全球的竞争力及吸引力。同时提出，欧洲高等教育区需要不断监督和适应变化的需求，决定每两年举行会议，评估所取得的进展和将要采取的新举措。

4. 《布拉格公报》——将高等教育质量保障作为行动纲领

在签署《博洛尼亚宣言》两年后，32 个签署国的高等教育部部长在布拉格举行会议，审查博洛尼亚进程取得的进展，并明确了今后的发展方向和优先发展事项。会议重申了在 2010 年之前建立欧洲高等教育区的目标，明确了让整个欧洲参与博洛尼亚进程的意愿。《博洛尼亚进程报告》指出规定的目标已经被大多数签署国、大学及高等教育机构接受。会议将继续努力促进流动性，使学生、教师、研究人员和管理人员能够受益于欧洲高等教育区的多样性。在博洛尼亚进程推进的过程中，欧洲联盟委员会、欧洲大学协会和欧洲学生联合会都积极参与，并采取了诸多的措施。会议也注意到质量保障工作在大多数国家的进展情况，部长们意识到要加强彼此合作以应对跨国教育带来的挑战。

《布拉格公报》针对博洛尼亚进程的六项目标，阐述了下一步的行动计划，并增列了三项目标：（1）终身学习。终身学习是欧洲高等教育区的重要组成部分。在未来欧洲，在以知识为基础的社会和经济领域，终身学习策略是必要的。终身学习策略有助于应对竞争力和新技术带来的挑战，提高社会凝聚力、平等机会和生活质量。（2）高等教育机构和学生的参与。欢迎大学、高等教育机构和学生作为积极、建设性伙伴参与建立欧洲高等教育区，共同创建一个兼容、高效、多样化和适应性强的教育区。质量是实现欧洲高等教育区流动性、兼容性和吸引力的基本条件，高校要在学术质量与就业能力相结合中发挥积极作用。为此，学生应参与大学和高等教育机构有关教育组织和内容的制定。（3）提升欧洲高等教育区的吸引力。提高欧洲高等教育对欧洲和世界其他地区学生的吸引力十分重要，欧洲高等教育区要制定共同的资格框架，提升高等教育学位在全球范围内的可比性。同时明确高等教育和研究质量是欧洲高等教育拥有吸引力和竞争力的重要因素，一体化的质量保障机制还有待于进一步提升，应更多地关注欧洲国家跨国教育的合作前景。

《布拉格公报》在《博洛尼亚宣言》目标的基础上开展合作，将终身学习纳入欧洲高等教育体系，明确了学位互认、质量保障体系合作、学分互认体系、联合学位、人员流动障碍、终身学习和学生参与将是下一步优先发展事项。

5. 《柏林公报》——机构、国家、超国家层面的质量保障

33 位欧洲国家高等教育部长于 2003 年签署并发布了《柏林公报》，重申了博洛尼亚进程的重要性，推进欧洲成为"世界上最具竞争力和活力的知识型经济体"，通过创造更多更好的就业机会和更大的社会凝聚力实现经济可持续增长。《柏林公报》提出确保各自国家高等教育与研究系统之间的紧密联系，强化欧洲高等教育区与欧洲研究区的协同效应，保护欧洲文化丰富性与语言多样性，通过加强欧洲高等教育机构之间的合作，培养创新和社会经济发展的潜力。

《柏林公报》的主要内容在之前目标的基础上明确了以下几方面的内容：（1）质量保障体系。高等教育质量是建立欧洲高等教育区的核心，会议承诺将在机构、国家和欧洲层面进一步发展质量保障体系，强调需要建立共享的质量保障标准和方法。明确机构自主原则，认为高等教育质量保障的主要责任在于机构本身，为国家质量框架中的问责制提供了基础。同时，指出到 2005 年，国家质量保障体系应该包括：界定有关机构的责任，制订评价方案并确立评价机构，确立认证或类似体系，加强国际参与和合作。部长们呼吁 ENQA 与 EUA、EURASHE 和 ESIB 积极合作，制定一套质量保障标准、程序和指南，探索质量保障机构的同行审查制度，这为之后建立质量保障标准奠定了基础。（2）确立欧洲知识型社会的两大支柱——欧洲高等教育区和欧洲研究区。部长们认为有必要在目前两个高等教育阶段增设第三个学习阶段，强调研究及跨学科学习在维持和提升高等教育质量、提升欧洲高等教育竞争力方面的重要性，呼吁增加博士和博士后级别的流动性，鼓励有关机构在博士研究和年轻

研究人员培训等方面加强合作，以促进卓越发展，为欧洲科学研究提供高端人才。（3）接纳新成员。此次会议接受了阿尔巴尼亚、俄罗斯、塞尔维亚等国家加入的请求。自此，博洛尼亚进程扩大到 40 个欧洲国家。

6. 《卑尔根公报》——采纳欧洲质量保障与指导

2005 年，欧洲教育部部长在挪威卑尔根召开会议，盘点了 2003—2005 年博洛尼亚进程在学位制度、质量保障和学位认可方面取得的进展，确保参与国进展保持一致，并签署了《卑尔根公报》。《卑尔根公报》指出，两个阶段的学位制度正在欧洲大部分国家实施，几乎所有国家都对建立质量保障体系做出了规定。公报敦促高等教育机构继续努力，通过系统引入内部质量保障机制和外部质量保障机制，提高高等教育质量；同时强调国家认可机构之间合作的重要性，以加强质量认证与质量保障的相互认可。

《卑尔根公报》提出了以下五方面的优先发展事项：（1）高等教育与研究。强调高等教育在进一步加强科学研究方面的重要性，以及科学研究对社会经济、文化发展以及社会凝聚力的重要性。突出研究在保持和提高欧洲高等教育区质量、增强竞争力与吸引力方面的重要性，推动各国高等教育机构、研究部门与欧洲高等教育区、欧洲研究领域之间的协同作用。同时，需要实现欧洲高等教育区内从事研究的博士生人数的总体增长，将这些参与者作为早期研究者。（2）社会层面支持高等教育的重要性。让所有人平等地接受优质高等教育，并强调为学生创造适当的条件，使他们能够在没有障碍的情况下完成学业。社会层面的支持包括各国政府制定政策，在财政和经济方面帮助弱势群体学生，并向他们提供指导和咨询服务，以增加入学机会。（3）加强人员流动。学生、教师和研究人员在所有参与国之间的流动是博洛尼亚进程的关键环节，虽然面对很多挑战，但是公报倡导通过在欧盟超国家层面与国家层面制定便利签证和工作许可发放的政策，可以有效消除流动障碍。（4）提升欧洲高等教育区的吸引力及与世界其他地区的合作。欧洲高等教育区是世界其他地区高等教育系统的合作伙伴，促进高等教育机构之间的师生交流与合作是极为重要的，合作强调文化间理解和尊重的重要性。通过与世界其他地区分享博洛尼亚改革进程的经验，人们可以加强与这些区域的思想和经验交流，增进对博洛尼亚进程的了解。（5）明确未来两年重点关注的事项。推进 ENQA 报告提出的质量保障标准与指南在成员国中的实施；推动国家学历资格框架的实施；推动授予和承认联合学位，包括博士层面的联合学位授予；在高等教育中创造灵活学习途径的机会。自此，ENQA 成为欧洲高等教育质量保障的主导力量，主要负责向政府、高校、质量保障机构及其他相关机构传播高等教育质量评估和认证的信息、经验、范例和新动向。[1]

卑尔根部长会议的召开促使各成员国开始积极关注各项政策的实施，有效保障了现阶段欧洲成员国和高等教育机构工作的顺利开展，对博洛尼亚进程有十分重要的推动作用。

7.《伦敦公报》——建立欧洲高等教育质量保障认证机构

2007 年《伦敦公报》发布，回顾了过去两年为构建欧洲高等教育区做出的努力。整个欧洲区域努力构建机构自治、学术自由、机会平等和民主的欧洲高等教育区，着力提升区域内流动性和就业率，并持续增强欧洲的吸引力和竞争力。《伦敦公报》重申致力于提高高等教育体系的兼容性和可比性，同时尊重文化的多样性；明确了高等教育机构作为学习、研究、创新和知识转移中心，对于建立价值观、发展社会方面发挥的重要作用；进一步提出确保高等教育机构拥有必要的资源，以继续实现未来的目标。这些目标包括：将学生培养为民主社会中的公民；为学生未来职业生涯做好准备，促进个人发展；在欧洲范围内创建知识库；鼓励开展研究与创新。

《伦敦公报》详细阐述了欧洲高等教育区在人员流动、学位结构、学历认可、资格框架、终身学习、质量保障体系、社会层面对高等教育的支持，以及全球化背景下欧洲高等教育区的发展等方面取得的进展。
(1) 质量保障体系的发展。《卑尔根公报》发布后，欧洲范围内采用的欧洲高等教育区质量保障标准与指南是质量保障方面强大的驱动力，成员国开始实施这些措施，并取得了实质性的进展。外部质量保障体系比以前发展得更好，学生参与外部质量保障程度有所增加，但是仍然需要改进。欧洲高等教育质量保障登记册制度在 E4 集团的推进下持续建立。登

---

[1]　Rauhvargers A., Deane C., Pauwels W., *Bologna Process Stocktaking Report* 2009, Leuven and Louvain-la-Neuve, 2009, p. 17.

记册制度允许所有利益相关者和公众获取 ESG 工作进程的客观信息，增强了公众对高等教育的信心，并促进了质量保障体系与认证体系的相互认可。（2）博士教育的发展。欧洲高等教育区与欧洲研究区的关系进一步密切，对博士教育的拨款提升了欧洲的研究能力，为博士生及研究人员的发展提供了更多的职业道路选择。欧盟继续支持高等教育机构创新博士课程，鼓励欧洲范围内的政府交流经验，寻求更多提升就业能力的方法。（3）社会层面参与高等教育的现状。高等教育在促进社会凝聚力、减少不平等现象、提高知识能力水平方面发挥着重要作用。《伦敦公报》赞同高等教育中学生群体的多样性，鼓励减少学生进入高等教育完成学业的障碍，建议在机会平等的基础上鼓励各级参与，促进个人发展，为建立可持续和民主的知识型社会做出贡献。（4）全球化背景下欧洲高等教育区的发展。博洛尼亚进程在全球引起了极大的关注，促进了欧洲与国际伙伴的合作，在欧洲以外区域的部分国家也做出努力，积极融入博洛尼亚框架。"全球背景下的欧洲高等教育区"已经被纳入欧盟的核心政策领域，提升了欧洲高等教育的吸引力和竞争力，加强了与全球伙伴的合作。《伦敦公报》同时明确了未来两年的优先发展事项：（1）推进在国家层面为学生、教师和研究人员流动采取的行动，并评估相关政策的有效性。（2）提高与博洛尼亚进程相关数据的可用性，进一步提升全球化背景下博洛尼亚进程相关数据的定性分析，涵盖学位制度、毕业生就业能力、学位认可及 ESG 实施的相关信息，改进欧洲高等教育区相关的可用信息，同时促进评估机构对全球其他地区的评估和认可。

8.《布加勒斯特宣言》——欧洲质量保障机构持续发挥作用

2012 年 4 月，47 位欧洲国家的高等教育部部长在布加勒斯特举行会议，评估了博洛尼亚进程取得的成果，并就欧洲高等教育的未来优先发展事项达成一致。当时欧洲经历了金融危机，高等教育被视为解决困难的重要组成部分。会议承诺为高等教育争取公共资金，支持高等教育机构培养有创新性、有批判性思维和责任感的毕业生，减少青少年失业率。《布加勒斯特宣言》指出，与过去相比，欧洲高等教育机构更具兼容性和可比性，质量保障体系加强了不同国家之间的相互信任，高等教育学历更容易被跨境认可，学生受益于各种各样的教育机会，流动性不断增强，对高等教育的参与度显著提升。会议明确了以下工作目标：（1）为所有人提供优质高等教育。会议同意在国家层面采取不同措施，扩大接受优质高等教育的机会，确保欧洲高等教育区签署国高等教育的发展。增强进入高等教育机构学生群体的多样性，减少不平等现象，为学生提供支持、咨询和指导等方面的服务；同时促进以学生为中心的学习，采用创新的教学方法，营造支持性和鼓励性的学习环境，帮助学生在学习中形成批判性思维。（2）推进质量保障标准与指南的实施。质量保障是增强欧洲高等教育区吸引力的重要因素。会议承诺让利益相关者积极、广泛地参与该体系的发展，同时确认 ESG 在不同国家的实施与应用，并根据实施情况对 ESG 进行修订，提高标准与指南的清晰度、实用性和适用性。鼓励外部质量保障体系的发展，特别鼓励 EQAR 注册机构在欧洲高等教育区范围内开展活动，并致力于认可 EQAR 注册机构对联合学位及双学位课程的质量保障评估结果。会议支持学生和研究者参与高等教育机构的治理，并支持高等教育机构的学术自由。（3）提高毕业生就业能力以满足欧洲需求。当前毕业生需要将多学科知识与创新能力相结合，以便满足社会和劳动力市场的需求。会议指出，高等教育的发展目标是在毕业生学习期间提高就业能力、个人及专业能力，通过改善雇主、学生和高等教育机构之间的合作实现这一目标。高等教育必须确保学习、教学和研究之间建立紧密的联系，学习计划必须反映不断变化的研究重点和新兴学科，研究应该成为教学的基础。要保持博士课程的多样性，提高博士教育质量、透明度、就业能力及流动性，同时进一步探索欧洲高等教育区内硕士课程的共同建设原则。（4）加强流动性，促进更好地学习。流动性对于确保高等教育质量、提高学生就业能力以及扩大欧洲高等教育区内外的跨境合作至关重要。学位的相互认可直接关系到学生的学术流动性。会议提出要进一步消除学位认可中存在的障碍，致力于实现可比学位的相互认可，这也成为欧洲高等教育区发展的长期目标。

9.《巴黎公报》——进一步消除欧洲质量保障体系运行障碍

2018 年 5 月，欧洲各国高等教育部部长在巴黎共同庆祝 20 年来欧洲高等教育区建设取得的成果。欧洲高等教育区是在欧盟超国家层面商定的目标，之后在签署国国家教育系统和高等教育机构中实施，成为高等教育机构和利益相关者共同塑造的高等教育格局。欧洲高等教育区的建设，提高了高等教育体系的可比性和透明度，增强了高等教育竞争力和吸引力，加强了欧洲国家高等教育体系之间的合作。

（1）进一步消除 ESG 执行中存在的障碍。2018 年的《博洛尼亚进程报告》指出，在整个欧洲高等教育区中，质量保障是发展互信、提高流动性和学历互认的关键，因此《巴黎公报》回顾了大多数国家和高等教育机构实施 ESG 所取得的进展，承诺在国家立法层面消除这一标准和指南执行中剩余的障碍。鼓励发展更多的联合课程和联合学位，推动在整个欧洲高等教育区内使用"欧洲联合课程保障方法"，促进外部质量保障结果数据库（DEQAR）的开发。

（2）进一步发展欧洲高等教育区的流动性和认可度。《巴黎公报》确保获得的高等教育资格在欧洲高等教育区范围内得到认可，以便进入学习和劳动力市场。

（3）修订文凭补充协议。为了进一步促进学生的流动性，《巴黎公报》承诺支持高等教育机构交换学生数据，扩大对"欧洲学生卡"试点项目的关注，以促进整个高等教育区内的学生流动。

10.《罗马公约》——消除联合项目质量保障的欧洲方法

疫情在全球蔓延，高等教育面临前所未有的挑战，这表明人类团结是必不可少的。在这样的特殊时期，2020 年 11 月，欧洲高等教育部部长在网上举行会议，庆祝《博洛尼亚宣言》签署 21 年来取得的成就，重申发展更具包容性、创新性、互联性欧洲高等教育区的目标。由于欧洲文化、语言和环境多样性，欧洲高等教育区做出质量、透明度和流动性的共同承诺，为高等教育体系中的学习、教学、研究和创新提供了无与伦比的机会。会议承诺确保高等教育机构拥有适当的资金，为面临的疫情危机、危机后的复苏，以及绿色、可持续和有弹性的经济和社会过渡制订解决方案。

《罗马公约》明确了欧洲高等教育区未来的发展方向：（1）加强欧洲高等教育区的社会包容性。社会包容性是欧洲高等教育区的核心，让具有不同经济、专业、文化和教育背景的学习者平等参与高等教育是重点推进的内容之一。（2）推进创新型欧洲高等教育区的建设。未来欧洲高等教育区的建设更关注知识、技能和能力的更新，为新的十年带来的挑战做好准备，高等教育机构将继续提供多样化的学习机会，在内容与方式上进行创新，满足社会对创新性、批判性思维、领导力、团结合作和解决问题能力日益增长的需求。（3）互联的欧洲高等教育区。区域内的高等教育合作与人员的流动要求不同高等教育系统之间加强协作，有助于提升高等教育的卓越性、吸引力和竞争力。尽管当时高等教育受到疫情的影响，会议仍制定了至少 20% 欧洲毕业生应有国外学习经历的目标，并要求通过课程国际化或高等教育机构创设国际环境等方式，帮助毕业生获得跨文化能力，体验区域内的多元文化。

《罗马公约》回顾了巴黎会议以来在质量保障体系方面取得的进展，承诺将进一步消除在 EQA 注册机构跨境运行和联合项目质量保障方面仍然存在的障碍，并承诺外部质量保障体系将涵盖欧洲高等教育区内的跨国高等教育质量评估，鼓励区域内 ESG 标准与指南的使用，支持高等教育创新及质量保障。

（五）欧洲高等教育区质量保障体系相关政策的目标

1. 重视质量保障体系监督下的高等教育质量提升

20 世纪以来，随着高等教育规模的不断扩大，高等教育质量成为全球教育领域关注的重要内容。通过对联合国教科文组织和经济合作与发展组织的文献文本分析可以看出，"公平"与"质量"是出现频率非常高的关键词。[①] 分析欧盟多个高等教育基本性政策也会发现，为欧洲公民提供"优质"或"高水平"教育是欧盟的重要发展目标。欧盟一直重视高等教育质量问题，《博洛尼亚宣言》的核心内容是加强在质量保障领域的欧洲合作。经过十年的发展，欧洲高等教育体系更具兼容性和互比性，使学生流动更容易。另外，欧盟于 2002 年颁布的《欧洲教育与培训发展战略 2010》中提出了在 21 世纪使欧洲教育成为"世界教育质量的参照系"的远大目标，2009 年颁布的《欧洲教育与培训合作战略框架 2020》将提升教育与培训的质量作为欧洲教育与培训的核心战略之一。由此可以看出，提升高等教育质量是欧盟过去及未来的重要政策。[②]

---

① 教育部教育发展研究中心：《近年来世界各国教育政策的趋势及特点》，《教育研究》2011 年第 1 期。

② 陈时见、冉源懋：《欧盟教育政策的历史演进与发展走向》，《教师教育学报》2014 年第 5 期。

2. 突出质量保障体系政策执行的灵活性

欧盟高等教育质量保障政策的执行处于一个多元化的外部环境中，不断与外部环境进行能量交换。① 因此，质量保障政策的运行与发展和区域内国家的经济、文化、观念等诸多因素相关，这些复杂多变的外部因素决定了政策执行过程中的不确定性和复杂性。为了克服这种不确定性和复杂性带来的政策执行障碍，在充分考虑国家和区域差异性的基础上，欧盟通过拟定"指导意见"或"参考标准"的方式，让每个成员国根据自身的特定情况，将其转化为具体的行动计划。经过 20 多年的实践与完善，这样的政策执行模式对政策的有效性保障起决定性作用。一方面，欧盟通过高等教育质量保障体系相关政策对成员国的质量保障活动进行了间接的干预与引导，在一定程度上消除了超国家与国家间政策目标的冲突；另一方面，成员国政府和高等教育机构通过实施 ESG 加快了本国教育改革与发展的步伐，同时加强了与超国家机构之间的合作。这种顶层设计与渐进调试相配合的模式，成为欧盟高等教育质量保障体系政策取得成效的重要保障。②

3. 明确了质量保障体系参与者的角色分工

欧盟通过一系列政策与合作，在经济、贸易领域形成了实质性的国家同盟，它也成为超国家组织，但是在教育方面的合作还只是松散的协议形式。为了推进高等教育领域的务实合作，明确参与者的角色分工是欧盟采用的有效策略。③ 在高等教育质量保障体系构建中，欧盟首先明确了高等教育部长会议作为决策制定者的角色，对博洛尼亚进程报告等研究报告进行审议，最终采纳、形成和发布相关政策。其次，ENQA 与 EUA、EURASHE 和 ESIB 等特定的质量保障机构作为研究者，对政策在欧盟层面、国家层面和高等教育机构层面进行确认、分析和判断，对进程实施状况进行监测与评估，制定解决的策略和方式，以工作报告的形

---

① 蒋园园：《教育政策执行复杂性研究：复杂理论的视角》，《教育发展研究》2011 年第 7 期。

② 刘爱玲、褚欣维：《博洛尼亚进程 20 年：欧盟高等教育一体化过程、经验与趋势》，《首都师范大学学报》（社会科学版）2019 年第 3 期。

③ 陈时见、冉源懋：《欧盟教育政策的历史变迁与发展趋势》，高等教育出版社 2016 年版，第 251 页。

式通过后续小组向高等教育部长会议提交。EQAR 的注册机构和利益相关者是研究者与决策者之间的中介组织，负责高等教育质量保障相关政策的实际运行，提高高等教育质量评估活动的可靠性和有效性。[①] 通过"三边"模式，不同的角色在高等教育质量保障体系中充分发挥各自的功能，促进基础性政策决策的科学性和运行的有效性，实现高等教育质量的持续提高。

---

① 陈寒：《欧洲高等教育区质量保障标准：发展与启示》，《中国高教研究》2018 年第 6 期。

第二章

欧盟高等教育质量保障体系的
运行机制

完善的运行机制是推动欧盟高等教育质量保障体系实施的重要因素。这一运行机制包括制定欧盟层面的质量保障体系标准、建立质量保障机构和制定质量保障辅助性政策，在欧盟层面、国家层面和高等教育机构层面推进质量保障体系的协调运行。

一 欧洲区域一体化高等教育质量保障
体系的标准

博洛尼亚进程设定的两个目标是在成员国中创建可比的课程和学位以及提高欧洲高等教育的竞争力，成员国高等教育机构间的相互认可在博洛尼亚进程的推进中始终处于重要地位。在布拉格峰会上，部长们鼓励安排后续的研讨会，就博洛尼亚进程中机构互认与学分互认的问题开展进一步的讨论。基于这样的共识，欧洲区域一体化高等教育质量保障体系标准的建立被提上了工作日程。

2002 年，欧洲大学协会（EUA）开始着手起草高等教育质量可比标准。2002 年 4 月，关于高等教育质量标准的研讨会在里斯本召开。2003 年，《柏林公报》宣布："进一步加强改进学位与学制的相互认可。"[1]

---

① Berlin Communiqué, "Realizing the European Higher Education Area. Communiqué of the Conference of Ministers Responsible for Higher Education in Berlin", 2003 – 09 – 19, http: //www. bolognabergen2005. no/Docs/00 – Main_ doc/030919Berlin_ Communique.

2005 年，《卑尔根公报》指出，博洛尼亚进程以来在学位与学位互认中取得了进展，36 个成员国已经批准了《里斯本公约》，并承诺充分执行公约中的条款，将其纳入国家立法，制订国家行动计划，呼吁成员国和利益相关者承认欧洲高等教育区中两个或两个以上国家授予的联合学位，同时将学位与学制的认可确认为优先发展事项，强调了提升欧洲联盟高等教育领域的吸引力。在这一基础上，2005 年，欧洲高等教育质量保障协会（EAQA）发布了《欧洲高等教育区质量保障标准与指南》（ESG）。该标准旨在解决两个层面的问题，即质量问题与质量保障问题，并指出质量保障的实施只能由参与博洛尼亚进程的所有国家的认证体系提供。这项政策的发布成为欧洲高等教育质量保障体系构建与运行的政策依据和方法。在博洛尼亚进程之前，欧洲大陆没有统一的高等教育质量保障体系，博洛尼亚进程的实施是在国家层面对欧洲高等教育保障体系的重组。正如 Westerheijden 所述，欧洲高等教育保障体系是嵌入国家教育政策体系中的，是在国家层面的控制实施，对透明度与可比性产生了影响。[①] 博洛尼亚进程有效促进了高等教育机构对质量保障与质量提升的关注。事实上，在欧洲一些地区"质量保障似乎正在取代学位结构改革，逐渐成为博洛尼亚进程中关注的主要话题"[②]。2015 年，欧盟对《欧洲高等教育区质量保障标准与指南》（ESG）进行修订，主要对欧洲高等教育区外部质量保障活动和外部质量保障机构的标准进行了调整。通过指南的实施，欧洲高等教育区高等教育质量保障体系建立，在全球教育中的竞争力和吸引力持续提升。

（一）2005 版《欧洲高等教育区质量保障标准与指南》

2003 年 9 月发布的《柏林公报》中，博洛尼亚进程签署国的部长们邀请欧洲高等教育质量保障协会（ENQA）的成员机构与 EUA、EU-RASHE 和 ESIB 合作，制定了一套质量保障标准，用于确保质量保障或认

---

① Westerheijden D. F. , "Ex Oriente lux?: National and Multiple Accreditation in Europe After the Fall of the Wall and After Bologna", *Quality in Higher Education*, No. 1, 2001, pp. 65 – 75.

② Crosier D. , Purser L. , Smidt H. , *Trends 5: Universities Shaping the European Higher Education Area*, EAU, 2007.

证机构有一个适当的同行审查制度，同时还要求 ENQA 适当考虑其他质量保障协会的专业知识。作为对《柏林公报》任务的回应，2005 年欧洲高等教育质量保障协会发布了《欧洲高等教育区质量保障标准与指南》（ESG）。该指南只是在欧洲高等教育区建立一套广泛共享、与质量保障相关的基础价值观和良好实施的艰巨道路的第一步，未来仍然需要持续发展，才能为博洛尼亚进程实施提供全面的质量保障。指南从真正意义上在欧洲层面开展质量保障，切实增强欧洲高等教育区的吸引力。报告指出，高等教育质量保障不仅仅是欧洲面临的问题，全世界对高等教育质量和标准的兴趣与日俱增，若欧洲想要实现成为世界上最具活力的知识经济体的愿望，欧洲高等教育必须认真对待开设的课程与开展的项目，并采取措施确保质量。面对高等教育国际化，欧洲内外涌现出对于高等教育质量保障的要求，建立一套在欧洲通行的质量保障标准势在必行。

1. 2005 版《欧洲高等教育区质量保障标准与指南》概述

2005 版《欧洲高等教育区质量保障标准与指南》（ESG）就是在这样的历史背景下发布的。该指南共分为四部分：首先列明了指南起草的背景、目标与原则，在之后的三个章节中分别阐述欧洲标准与指南、质量保障机构同行评审制度以及未来的前景与挑战。第一部分中：（1）指出了起草的背景。指南的起草依赖于不同的组织与利益相关者的支持与贡献，其中包括 ENQA 成员在工作组中的广泛参与，EUA、EURASHE、ES-IB 和欧洲委员会定期召开的"E4 小组会议"，欧洲认证联合会（ECA）和中东欧质量保障机构网络（CEE Network）的宝贵经验，以及对国际伙伴观点的采纳，最终形成了指南。（2）列明了指南制定时遵循的基本原则：关注学生、雇主和社会对高等教育质量的兴趣；关注机构自治的重要性；明确外部质量保障需要实现的目的。（3）强调了指南制定的多元化与多样化背景。考虑到欧洲高等教育区的成员国超过 40 名，成员国的政治制度、高等教育制度、社会文化、教育传统、语言呈现多样化，欧洲高等教育质量保障体系无法采用单一的质量标准与质量保障方法，鉴于多元化与多样化的背景，该报告并未采取高度统一、规范化的标准，并未提出具体要求，而是采用通用原则。之所以这样做，是因为这种方法容易在指南制定初期得到接受与认可，为欧洲高等教育区不同高等教育机构联合提供坚实的基础，在欧洲高等教育区成员国层面引起了普遍共鸣。（4）提出确保高等教育机构与外部质量保障机构之间建立质量文化的建议。

2. 2005 版《欧洲高等教育区质量保障标准与指南》的形成

第二部分为欧洲标准与指南，包括标准与指南的背景，欧洲高等教育内部、外部质量标准与指南，以及欧洲外部质量保障机构的标准与指南三部分内容。首先阐述了不同机构可能存在差异性，但是指南仍然适用于欧洲所有高等教育机构和质量保障机构，而且后续实践将由各机构自行决定，突出了机构自治的重要性。其次，指出了指南制定时对其他机构质量保障经验与标准的吸纳和融合。2003 年 7 月，欧洲大学协会（EUA）在发布的《格拉茨宣言》中明确指出建立欧洲层面质量保障体系的目的是促进相互信任和提高透明度，同时尊重国家背景和文化的多样性，因此指南制定过程中承认国家高等教育体系的首要位置，同时关注高等教育机构自治的重要性。ENQA 发布了协调试点项目"欧洲跨国评估项目"（TEEP），试点项目在三个学科中调查了欧洲跨国质量评估过程的影响因素，在很大程度上为指南的制定提供了参考标准。2005 年 3 月，ENQA 发布了质量趋同研究，考察了不同国家开展外部质量保障方法之间的差异以及趋同的制约因素。这项研究印证了《柏林公报》声明中的内容，即"高等教育质量保障的主要责任是高等教育机构本身，为国家框架内的问责制提供了基础"。这项研究为寻求内部质量保障文化与外部质量保障程序之间的平衡提供了新的思路。此外，ESIB 的"欧洲层面商定的一套标准、程序和指南声明"（2004 年 4 月）、"关于质量保障和认证机构同行审查的声明"（2004 年 4 月）、EUA 的"柏林公报背景下的质量保障政策立场"（2004 年 4 月）、EURASHE 的"博洛尼亚过程政策声明"（2004 年 6 月）和欧洲认证联合会（ECA）（2004 年 12 月）发布的"良好实践规范"中包含的观点，使标准和指南受益匪浅。最后，通过将外部质量保障标准与国际网络 INQAAHE 正在实施的"良好实践指南"进行比较，纳入了国际视角。

3. 2005 版《欧洲高等教育区质量保障标准与指南》的目标与原则

指南适用于欧洲高等教育区内的高等教育机构和质量保障机构，目的是为高等教育机构提供援助和指导，帮助它们建立质量保障体系及开展外部质量保障，并强调这项内容并非强制性的实践措施。指南的基本原则主要涵盖以下几个方面：高等教育提供者对教育质量及质量保障负有主要责任；维护高等教育质量和标准方面的社会利益；为欧洲高等教育区内的学生和高等教育受益人制定学术标准和改进学术质量；建立高效的组织结构支持学术改进；重视质量保障过程中的透明度；鼓励在高等教育机构内建立优质的质量文化；制定问责程序，同时强化用于问责目的的质量保障与质量提升的质量保障之间的兼容性；提升高等教育机构在国内和国际中的质量；标准与指南的使用不应扼杀多样性和创新性。指南的目标为：鼓励发展高等教育机构的质量和教育成就；为高等教育机构发展质量保障文化提供指导；提高高等教育机构、学生、雇主和其他利益相关者对高等教育过程的期望；为欧洲高等教育区内的高等教育质量保障提供共同的参考框架。

4. 2005 版欧洲高等教育内部质量保障标准与指南的具体内容

指南作为欧洲高等教育质量保障协会发布的第一部通用的质量保障标准和准则，内部质量保障标准的内容主要包括七个方面，见表 2－1。

表 2－1　　　　2005 版欧洲高等教育内部质量保障标准与指南

	标准	准则
1.1 质量保障战略、政策与程序	1. 制定政策和相关程序，以确保其课程和项目的质量与标准 2. 发展质量和质量保障文化 3. 制定并实施持续提高质量的战略 4. 公开制定提升质量的战略、政策和程序 5. 重视学生和其他利益相关者的角色	1. 建立政策与程序框架，高等教育机构在此框架内监测质量保障体系的有效性，通过框架提升公众对高等教育机构自治的信心 2. 政策框架应该包含意向声明和实现这些目标的主要手段，为政策实施提供有用的参考信息 政策框架应包含：（1）学院教学与研究之间的关系；（2）高等教育机构的质量标准战略；（3）质量保障体系的组织；（4）明确各部门、学校、学院及其他组织单位和个人对质量保障的责任；（5）学生参与质量保障；（6）政策的实施、监控和修订方式

续表

	标准	准则
1.2 制订计划和奖励、开展监测和定期审查	高等教育机构应建立正式机制，批准并开展定期审查和监测，实施奖励	通过有效的质量保障活动来建立和维持学生及其他利益相关者对高等教育的信心，质量保障活动可以确保课程得到精心设计、开展定期监测和定期审查，从而确保其持续性和通用性 质量保障应该包括：（1）制定和公布明确的预期学习成果；（2）认真关注课程和方案设计及内容；（3）关注不同教学模式（如全日制、非全日制、远程教育）和不同高等教育类型（如学术学习、职业教育）的具体需求；（4）提供适当的学习资源；（5）由课程教学机构以外的机构批准教学的程序；（6）监测学生的进步和成就；（7）开展定期审查（包括外部小组成员）；（8）雇主、劳动力市场代表和其他相关组织开展定期反馈；（9）学生参与质量保障活动
1.3 学生评价	使用一致、通用、已发布的标准、法规和程序对学生进行评估	1. 学生评价是高等教育的重要内容，评估结果对学生未来的职业生涯有着深远的影响。因此，始终以专业的方式进行评估，并广泛考虑到评估的相关知识非常重要。评估还为各机构提供了教学有效性和学习者支持的宝贵信息 2. 学生评估程序应包括：（1）衡量预期学习成果和其他方案目标的实现情况；（2）是否适合学习目的，开展诊断性的、形成性的或总结性的评估；（3）明确且公开评估标准；（4）由专业人员开展评估；（5）在可能的情况下，不依赖单一评估方的判断；（6）考虑考试规定的所有可能后果；（7）有明确的评估规定，涵盖学生缺勤、生病和其他情况；（8）确保按照机构规定的程序开展评估；（9）接受行政检查，以确保评估程序的准确性。（10）学生应清楚地了解课程所采用的评估策略、他们将接受的考试或其他评估方法，学生应该明确评估标准

续表

	标准	准则
1.4 教学人员的质量保障	高等教育机构应该确保参与学生教学的工作人员有符合要求的资格和能力。高等教育机构应向外部审查机构提供该信息	教师是大多数学生可利用的重要的学习资源，教师应该对他们所教的科目有充分的理解，有必要的技能和经验在各种教学环境中有效地将知识传递给学生，并且能够获得关于教师自己表现的反馈。（1）高等教育机构应在招聘中确保新工作人员应具备该工作岗位必要的能力水平；（2）应给予教师发展与提升教学能力的机会，并鼓励教师重视自身技能提升；（3）应为能力不足的教师提供发展与提升的机会，如果无法改善，应该具备解除教学工作的制度
1.5 学习资源和学生支持	高等教育机构确保为学生提供适当和充分的学习资源，支持学生的学习	1. 学生需要获得物质资源和人力支持 2. 学习资源和其他支持机制应便于学生使用，设计应充分考虑学生的需求，并对反馈做出积极响应 3. 高等教育机构应该定期监测、审查和改进支持服务的有效性
1.6 信息系统	高等教育机构应确保收集、分析和使用相关信息，以便有效管理学习方案和其他活动	1. 高等教育机构必须有收集和分析自身活动信息的手段 2. 个别机构所需的与质量相关的信息系统在一定程度上取决于当地情况，但至少应包括：（1）学生进步和成功率；（2）毕业生的就业能力；（3）学生对其课程的满意度；（4）教师的效力；（5）学生人口概况；（6）可用的学习资源及其成本；（7）机构自身的关键绩效指标
1.7 信息公开	各机构应定期发布有关其提供的课程和项目的最新、公正和客观的定量和定性信息	1. 高等教育机构在履行其公共角色时，有责任提供有关课程、课程的预期学习成果、授予的资格、教学、学习和评估程序以及学生可获得的学习机会的信息 2. 公布的信息还可能包括过去学生的观点和就业目的地以及当前学生群体的概况。这些信息应准确、公正、客观且易于获取 3. 机构应核实其在公正性和客观性方面符合自己的期望

　　资料来源：欧洲高等教育质量保障协会 2005 年发布的标准和准则——欧洲高等教育区的质量保障。

5. 2005 版欧洲高等教育外部质量保障标准与指南的具体内容

欧洲高等教育区的外部质量保障是指高等教育机构在开展内部质量保障的基础上，由外部质量保障机构以学科、学位项目、院校和专题为评估对象，帮助高等教育机构达成既定的教育教学目标或提升教育教学质量。外部质量保障标准的实施促进了欧洲高等教育吸引力和竞争力在全球高等教育中的不断提升。[①] 外部质量保障标准的内容主要包括八个方面，见表 2 - 2。

表 2 - 2　　　　　2005 版欧洲高等教育外部质量保障标准与指南

	标准	准则
2.1 外部质量保障程序的使用	外部质量保障程序应考虑欧洲标准与指南第一部分所述内部质量保障过程的有效性	1. 内部质量保障标准为外部质量评估提供了有价值的基础 2. 外部质量保障程序应仔细评估各机构自身的内部政策和程序，以确定在多大程度上符合标准 3. 如果高等教育机构能够证明其内部质量保障程序的有效性，并且这些流程能够适当地保障质量和标准，那么外部质量保障程序的强度可以适度降低
2.2 外部质量保障过程的制定	质量保障过程的目的和目标应由负责人（包括高等教育机构）在制定质量保障过程之前确定，并公布使用的程序说明	1. 为了确保目的明确和程序透明，应通过关键利益相关者参与的过程来设计和开发外部质量保障方法。最终商定的程序应予以公布，并包含对程序目的和目标的明确说明，以及对拟使用程序的说明 2. 由于外部质量保障对相关院校提出了要求，因此应进行初步影响评估，以确保所采用的程序是适当的，不会对高等教育院校的正常工作造成过多的干扰

---

① 蒋洪池、夏欢：《欧洲高等教育区外部质量保障：标准、方式及程序》，《高教探索》2018 年第 1 期。

	标准	准则
2.3 决定的标准	外部质量保障活动做出的任何正式决定都应基于适用、明确发布的标准	1. 质量保障机构做出的正式决定对被评判的机构和计划有重大影响。为了公平和可靠，决策应基于公布的标准，并以一致的方式进行解释 2. 结论应以记录的证据为基础
2.4 适合目的的过程	所有外部质量保障过程应专门设计，以确保适合实现设定的目标和目的	1. 欧洲高等教育区内的质量保障机构以不同的目的和方式执行不同的外部质量保障流程 2. 高等教育机构应运行适合其自身和已公布目的的程序 3. 经验表明，外部审查过程存在一些广泛使用的要素，这些要素不仅有助于确保其有效性、可靠性和有用性，而且为欧洲层面的质量保障提供了基础 4. 外部质量保障要素应包括：（1）从事外部质量保障活动的专家应具有适当的技能，能够胜任其任务；（2）谨慎选择专家；（3）为专家提供适当的简报或培训；（4）使用国际专家；（5）学生的参与；（6）确保所使用的审查程序可以提供足够的证据支持所达成的调查结果和结论；（7）使用自我评估/现场考察/报告草稿/公布的报告/后续审查模式；（8）体制改进和加强政策作为质量保障的基本要素
2.5 报告	报告应以清晰、易懂的风格发表，并以预期读者易于阅读的方式撰写。报告中所载的任何决定、赞扬或建议都应便于读者查找	1. 为了确保从外部质量保障过程中获得最大利益，报告应满足预期读者的既定需求。报告有不同的读者群体，需要仔细注意结构、内容、风格和语调 2. 报告的结构应包括描述、分析（包括相关证据）、结论、推荐和建议，应提供充分的初步解释，使非专业读者能够理解审查的目的、形式以及做出决策时使用的标准 3. 读者应容易找到主要发现、结论和建议 4. 报告应以易于获取的形式发布，报告的读者和用户应有机会对报告有效性发表评论

续表

	标准	准则
2.6 后续程序	包含行动建议或需要后续行动计划的质量保障过程应与之前的程序具有一致性	质量保障不是某个单次的外部审查事件，而应该不断尝试做得更好 外部质量保障不会随着报告的发布而结束，应包括一个结构化的后续程序，以确保建议得到适当处理，并制订和实施任何必要的行动计划。这可能涉及与机构或方案代表进一步会晤 目标是确保迅速处理已确定需要改进的领域，并鼓励进一步的提升
2.7 定期审查	外部质量保障应周期性进行，明确规定并提前公布周期长度和拟采用的审查程序	1. 质量保障不是一个静态的过程，而是一个动态的过程。它应该是连续的，而不是"一生一次"。它不会随着第一次审查或后续程序的完成而结束，必须定期更新 2. 后续外部审查应考虑自上次审查以来所取得的进展 3. 外部质量保障机构应明确规定所有外部审查中使用的流程，其对机构的要求不得超过实现目标所需的要求
2.8 全系统分析	质量保障机构应定期编制总结报告，描述和分析审查、评估的结果	1. 所有外部质量保障机构应收集课程、机构的信息，为整个高等教育系统结构化分析提供材料 2. 这种分析可以成为制定政策和提高质量的有用工具 3. 外部质量保障机构应考虑研究和开发活动

资料来源：欧洲高等教育质量保障协会 2005 年发布的标准和准则——欧洲高等教育区的质量保障。

6.2005 版欧洲高等教育区外部质量保障机构的保障标准与指南

20 世纪 90 年代以来，外部质量保障机构之间的合作日益密切，机构数量持续增加。1994 年，欧盟委员会开展的欧洲试点项目形成了相互承认质量保障的基本方法：机构的独立性、开展自我评估、开展实地考察和公开报告。2000 年 ENQA 成立，在之前达成的共识基础上进一步推进外部质量保障机构的运行与合作，欧洲高等教育区外部质量保障机构的标准与指南应运而生。这一标准既不过于详细，也不过于规范，不能削弱不同国家和地区在质量保障流程中的期望与自由，同时也确保了质量保障机构的专业性、可信度和完整性，突出了不同机构之间在欧洲层面的可比性，促进了各机构之间对评估或认证结果的相互认可。标准与指南包含八方面的内容，见表 2 - 3。

表 2 - 3   2005 版欧洲高等教育外部质量保障机构的质量保障标准与指南

	标准	准则
3.1 高等教育外部质量保障程序的使用	机构的外部质量保障应考虑欧洲质量保障标准与指南第二部分所述外部质量保障过程的存在和有效性	1. 第二部分中包含的外部质量保障标准为外部质量评估过程提供了有价值的基础。这些标准反映了自 20 世纪 90 年代初以来欧洲通过发展外部质量保障所获得的最佳实践和经验。因此，重要的是将这些标准纳入外部质量保障机构对高等教育机构应用的流程中 2. 外部质量保障标准应与外部质量保障机构标准一起构成高等教育机构开展外部质量保障的基础
3.2 官方地位	欧洲高等教育区的管理方应正式承认机构为负责外部质量保障的机构，并应具有相应的法律基础。但是这些机构应遵守其所在立法管辖区的法律要求	
3.3 活动	各机构应定期开展外部质量保障活动	这些活动可能涉及评价、审查、审计、评估、认可或其他类似活动，并应成为机构核心职能的一部分

	标准	准则
3.4 资源	各机构应拥有充足的人力和财力资源，使其能够以有效和高效的方式组织和运行其外部质量保障流程，并为其流程和程序的开发提供适当的准备	
3.5 任务说明	各机构应在公开声明中明确其工作目标	这些声明应说明各机构质量保障过程的目标和目的、与高等教育相关利益相关者（特别是高等教育机构）的分工，及其工作的文化和历史背景。声明应明确指出，外部质量保障过程是质量保障中的一项主要活动，并且存在实现其目标的系统方法。还应提供文件证明如何将声明转化为明确的政策和管理计划
3.6 独立性	各机构应具有独立性，既要对其业务自主负责，又要确保其报告中的结论和建议不受第三方（如高等教育机构、部委或其他利益相关者）的影响	机构需要通过以下措施证明其独立性：（1）独立于高等教育机构和政府的运作应在官方文件中得到保证。（2）运行程序和方法的定义与操作、外部专家的提名和任命以及质量保障结果是独立于政府或高等教育机构自主进行的。（3）尽管在质量保障过程中咨询了高等教育的利益相关者，特别是学生/学习者，但质量保障过程的最终结果仍由机构负责

续表

	标准	准则
3.7 机构使用的外部质量保障标准和流程	各机构使用的程序和标准应预先确定并公开 这些程序和标准通常包括 （1）质量保障过程主体的自我评估或同等程序 （2）由专家组进行的外部评估，包括学生成员（视情况而定）以及机构开展的现场考察 （3）发表报告，包括任何决定、建议或其他正式结果 （4）报告中的建议，审查质量保障过程主体所采取行动的后续程序	（1）机构可为特定目的开发和使用其他流程和程序 （2）各机构应始终认真关注其宣布的原则，确保要求和流程得到专业管理，并确保以一致的方式达成结论和决定 （3）做出正式质量保障决定或具有正式后果结论的机构应具有上诉程序。上诉程序的性质和形式应根据每个机构的章程确定
3.8 问责程序	各机构应制定自己的问责程序	这些程序预计包括以下内容： （1）在其网站上公布机构自身质量保障政策；（2）证明以下内容的文件 ●机构工作的过程和结果反映了其质量保障的使命和目标 ●该机构在外部专家的工作中建立并实施了无利益冲突机制 ●如果质量保障程序中的部分或全部要素分包给其他方，管理局有可靠的机制确保分包商产生的任何活动和材料的质量 ●管理局制定内部质量保障程序，包括内部反馈机制（即从自身员工和理事会/董事会收集反馈，对内部和外部的改进意见做出反应），以及一个外部反馈机制（即从专家和被审查机构处收集反馈以供未来发展），以便为其自身的发展和改进提供信息和支持 （3）至少每五年对机构活动进行一次强制性周期性外部审查

资料来源：欧洲高等教育质量保障协会2005年发布的标准和准则——欧洲高等教育区的质量保障。

（二）2005 版《欧洲高等教育区质量保障标准与指南》政策内容分析

1. 2005 版欧洲高等教育内部质量保障标准与指南的政策内容分析

《欧洲高等教育区质量保障标准与指南》阐明了高校内部质量保障标准的三个重要环节：①制定有关质量保障战略、政策和程序，明确在高等教育机构建立质量保障文化的重要性，以及指出定期开展质量监测、评估与审核的必要性；②明确学生参与学习过程的重要性，突出学生参与质量评价是质量保障的关键点；③提出信息公开有利于教育质量保障，把它作为改进质量保障工作的有效形式，重视信息收集和分析。通过这三个环节，可以向利益相关者保障质量。2005 版指南内部质量保障主要体现了以下两方面的理念。

（1）内部质量保障的新理念：质量文化

质量文化作为内部质量保障的新理念，但在许多文献中并没有给出十分清晰的定义。赛拉弗和塞巴斯汀认为，质量文化是机构在发展自己适应外部环境和管理内部事务能力的过程中形成的关于质量价值的共同观念与认识。① 欧洲大学联合会（EUA）在 2002—2006 年 实施了"质量文化课题"研究。这项研究工作涉及欧洲 134 所高校，将质量文化定义为一种永久性提高质量的机构文化，并指出质量文化特有的两种要素：一是文化或心理要素，关于质量共同的价值观、信仰、期望和承诺；另一个是结构或管理要素，即提高质量和协调个人努力的既定程序，通过良好的沟通、交流和机构的参与，将两者紧密联系起来。②

将质量文化的概念纳入指南，旨在欧洲高等教育区的成员国内达成共识：质量保障是重要的，而共同的理解、政策和质量保障文化是必需的。③ 质量文化的提出和培育成为欧洲高等教育质量保障体系的新理念，

① Saraph J. V. and Sebastian R. J. , "Developing A Quality Culture", *International Journal of Education Management*, No. 2, 1997, pp. 52 - 64.

② Jensen H. T. , Aspelin M. , Devinsky F. , et al. , "Quality Culture in European Universities: A Bottom-Up Approach: Report on the Three Rounds of the Quality Culture Project 2002 - 2006", No. 7, 2006, p. 660.

③ Kecetep I. , Özkan İ. , "Quality Assurance in the European Higher Education Area", *Procedia-Social and Behavioral Sciences*, No. 11, 2014, pp. 660 - 664.

欧洲高等教育质量保障体系为质量文化理念的发展提供了条件。质量文化列入指南最大限度地利用了大学自治与自由的权利，确保内部质量文化与大学教育质量提升的一致性，同时也为高等教育利益相关者赋予了参与决策和自身发展事务的权利。质量文化最终建设目标将超越日常性的质量保障措施，确保教学资源的有效利用、内外部利益相关者的合作、履行大学责任和实施发展策略。①

（2）内部质量保障的新手段：学生参与

自从《柏林公报》对学生全面参与高等教育质量保障第一次做出明确规定之后，《卑尔根公报》《伦敦公报》等一系列政策都在倡导学生参与质量保障，指南首次对学生参与高等教育质量保障提出了基本原则和统一标准。学生参与评价成为内部质量保障的标准之一，将学生放在利益相关者的角度保障其作用，指出质量保障是面向学生和其他利益相关者的，同时对学生如何参与质量保障的具体内容进行了规定。② 由此可以看出，学生在高等教育质量保障中的作用在全欧洲层面获得了认可，得到了相关规定的保障，并在博洛尼亚进程中被积极推广。学生作为大学教育质量的体验者、参与者和体现者，在大学质量保障中的地位得到了充分的重视。③ 学生在欧洲高等教育区的作用得到越来越多的关注，而学生作为利益群体，在质量保障中发挥着日益重要的作用。高等教育机构的教育质量是学生学习的质量，是学生积极参与学习过程的质量，是学生在知识、技能和能力方面所产生的增值，学生在学习过程中所产生的变化都应该是质量保障关注的要素。因此，吸引学生参与高等教育机构教育质量保障，重视学生价值，关注学生参与质量保障体系建设的作用，成为欧盟层面内部质量保障体系构建的重要因素。

2. 2005 版欧洲高等教育外部质量保障标准与指南的政策内容分析

《欧洲高等教育区质量保障标准与指南》阐明了外部质量保障标准的

---

① 王保星：《质量文化与学生参与：新世纪十年英国大学教育质量保障的新思维》，《杭州师范大学学报》（社会科学版）2012 年第 1 期。

② 赵叶珠：《学生参与：欧洲高等教育质量保障中的新维度》，《复旦教育论坛》2011 年第 1 期。

③ 王保星：《质量文化与学生参与：新世纪十年英国大学教育质量保障的新思维》，《杭州师范大学学报》（社会科学版）2012 年第 1 期。

重要环节：明确了内部与外部质量保障程序的关系，指出设计外部质量保障活动的方法与过程，同时突出了评估报告的公开性与透明度。2005版指南外部质量保障主要体现了以下两方面的理念。

（1）外部质量保障的新机制：树立统一的内外部质量保障理念

首先，欧洲高等教育外部质量保障标准树立了统一的内外部质量保障理念，将内外部质量保障标准进行了有机的结合，着力构建相互呼应和联系的质量保障体系。内部质量保障标准要求高等教育机构接受周期性的外部质量评价，对内部质量保障的效果开展定期审查，而外部质量保障标准要求以内部质量评估标准为基础，不仅对高等教育机构的教育质量进行评价，还需要对内部质量保障情况进行分析和指导，促进内外部质量保障体系的相互作用和相互影响。其次，加强内外部质量保障的对应和衔接，制定合理的质量保障政策和程序，采用科学、客观的评价方式，强化外部质量实践中的可操作性和多样性，在完善和调整外部质量保障体系的基础上，持续改进人才培养质量。最后，在外部质量保障标准中厘清了内外部质量保障体系的关系，内部质量保障体系重在自我反思与管理，外部质量保障体系的职能为客观评价与改进，内部质量保障是基础，外部质量保障体系是手段。[①] 外部质量保障标准的制定，促进了内部质量控制与外部质量保障体系的有机结合，提升了欧盟高等教育质量，有效保障了人才培养质量。

（2）外部质量保障的支撑举措：数据信息的公开与透明

欧洲高等教育外部质量保障标准首次明确了质量报告的编写与发布要求，并且明确了质量报告是高等教育机构后续行动的基础和指南，列明了质量报告应该包含高等教育机构的现状分析以及改进的方向与建议，通过对已开展的质量保障进行反思，指导教育质量的持续提升。其次，外部质量保障数据的共享提供了衡量高等教育质量的新方法，基于已有的数据和事实，为高等教育政策制定者做出决策提供了依据。最后，数据信息的公开推进了透明化工作机制的构建，高等教育利益相关者能够基于评估报告的数据实现高等教育机构间的横向对比，提升高等教育领

[①] 陈凡：《欧洲高等教育质量保障新标准：理念与启示》，《中国高教研究》2016 年第 6 期。

域质量保障信息以及质量管理方式的公开化与透明化，加强对质量保障体系的认知与理解，是实现在欧洲高等教育区内提升质量保障评估与认证方案有效度的重要举措。[①]

3. 2005 版欧洲高等教育区外部质量保障机构保障标准的政策内容分析

（1）外部质量保障机构保障标准促进构建独立自主的质量保障机构

欧洲高等教育区外部质量保障机构保障标准明确了高等教育质量保障机构运行的基本原则：独立自主。该特点主要表现在：组织机构的独立性，通过在国家层面制定相关法规明确机构的评估工作独立于第三方，明确高等教育质量保障机构的合法性和为官方认可的地位。例如，在欧洲高等教育区层面，欧洲高等教育质量保障注册中心（EQAR）是对外部质量保障机构开展认证和予以承认的机构，根据外部质量保障机构保障标准对申请机构予以认证和审核，并在网络平台共识注册机构信息，对这些机构进行管理。这些举措促进了外部质量保障机构之间、高等教育机构之间的相互信任，促进了国际学生的流动与学历互认。

（2）外部质量保障机构保障标准明确机构的运行机制

2005 版标准明确了外部质量保障体系如何在欧洲高等教育区实现协同发展，并且指出外部质量保障机制在很大程度上依赖欧盟高等教育机构内部质量保障策略的有效性，在运行外部质量保障机制的过程中，关注利益相关者的协商与认同，尊重高等教育机构的自治。不同国家可以根据自身的国情采用不同的外部质量保障机制。欧盟层面采用撤销不合要求的高等教育机构和项目，优胜劣汰，同时通过提供具体的改进意见和方案，使欧盟高等教育质量整体提高。欧盟教育与研究部门提供申诉委员会，如果高校或个人对于评估或认证注册结果不满意可以提起申诉。这从工作机制上确保了外部质量保障机制在欧洲高等教育区内不同国家的运行。

---

① 郑淳：《全球化背景下欧洲高等教育质量保障体系建构与启示》，《现代教育论坛》2020年第 1 期。

（三）2015 版《欧洲高等教育区质量保障标准与指南》的变化

自 2005 版《欧洲高等教育区质量保障标准与指南》颁布以来，它对欧洲高等教育质量保障体系的形成发挥了巨大的推动与指导作用。该标准充分尊重欧洲高等教育区内国家背景的多元化与学科领域的多样性，促进了教育区内成员国在高等教育质量保障领域的合作，提升了高等教育质量的透明度，同时也为成员国的高等教育机构和质量保障机构提供了帮助与指导。[1] 在博洛尼亚进程的推动下，2008 年 3 月，欧洲高等教育质量保障机构注册局（EQAR）正式成立，2005 版标准成为评判质量保障机构能否注册的主要依据。至今超过 40 个国家与地区的质量保障机构已经正式注册。[2] 2009 年，33 个博洛尼亚进程成员国和地区建立了良好的外部质量保障体系。[3]

然而，面对高等教育机构人才培养质量不断提升的新形势，进一步完善和构建更加清晰完整的高等教育质量保障体系势在必行。博洛尼亚成员国部长会议邀请 EQAR 等机构对 2005 版标准进行修订，进一步明确标准的适用性和有效性，建立新的高等教育质量保障框架。2015 年 5 月，新修订的《欧洲高等教育区质量保障标准与指南》（*European Standards and Guidelines for Quality Assurance in European Higher Education Area*，ESG，以下简称新标准或 2015 版标准）发布，在 2005 版标准运行十年之后进行了修订。新标准适应新的欧洲高等教育改革与发展形势而产生，体现了欧洲高等教育质量保障新的发展理念和目的，为构建新时代的欧洲高等教育质量保障框架提供了指导性方案。[4]

1. 2015 版《欧洲高等教育区质量保障标准与指南》概述的变化

2015 版新标准在导言部分，从背景、范围、宗旨和原则四个方面

① 周满生、褚艾晶：《成就、挑战与展望——欧洲高等教育区质量保证十年发展回顾》，《北京大学教育评论》2011 年第 4 期。

② "Quality Assurance Agencies Registered on EQAR"，2021 - 10 - 13，http：//www. eqar. eu/register/search. html.

③ Rauhvargers A. , Deane C. , Pauwels W. , *Bologna Process Stocktaking Report* 2009，Leuven and Louvain-la-Neuve，2009，p. 20.

④ 陈凡：《欧洲高等教育质量保障新标准：理念与启示》，《中国高教研究》2016 年第 6 期。

阐述了它的变化。在背景部分，新标准考虑了 2005 年以来欧洲高等教育发展的变化，重点关注了以学生为中心的学习、多样化学习途径和认可正规学历教育以外的能力等方面，同时也兼顾了国际化、数字化学习的普及和新的教学形式在高等教育中产生的影响，并且融入了学位资格框架、欧洲学分互认体系和《文凭补充说明》等提升高等教育透明度和信任度的新工具。新标准涉及的范围部分涵盖了高等教育发展出现的新变化，强调适用于欧洲高等教育区内多样化的学习方式与授课模式，包括跨境和跨国高等教育以及不同的学习方式，如在线学习或不授予学位的学习项目。2015 版新标准依旧着眼于与教学相关的质量保障，但是同时也关注与学习环境相关的研究与创新，强调了开展质量保障活动的问责制与质量提升的双重目的。2005 版标准的修订主要基于以下三个原因：（1）利益相关者表示部分标准或准则含糊不清；（2）标准与指南之间的区别并不明确；（3）需要更新现有的标准与方法来适应欧洲不断变化的高等教育环境。新标准的制定主要基于以下四项原则：（1）高等教育机构对其提供的质量和质量保障负有主要责任，明确高等教育机构是开展质量保障活动的主体；（2）质量保障体系需要支持质量文化创建，明确了质量保障体系与质量文化构建之间的关系；（3）质量保障需要回应高等教育机构、课程和学生的多样性，充分关注了欧洲范围内国家背景、学生与学科的多样性；（4）质量保障考虑学生、社会和其他利益相关者的需求与期望，明确了利益相关者在质量保障体系构建中的重要性。

在欧洲质量保障方面达成的共识是标准的设立必须适用于欧洲层面所有的高等教育机构及质量保障机构，因此，新标准的设立目标仍然是为欧洲质量保障体系建立提供一个共同适用的框架，确保和提升高等教育质量，支持不同成员国高等教育机构间的相互信任，并为欧洲高等教育区提供质量保障相关的信息。所谓的普适原则，是允许在标准的实施中出现多样性，承认欧洲高等教育系统、机构和质量保障机构的多元化。新标准与 2005 版标准一样，并没有详细规定如何实施质量保障过程，而是在高质量高等教育领域提供指导，并承认"单一的高等教育质量保障方法是不合适的"。

2. 2015 版《欧洲高等教育区质量保障标准与指南》内部质量保障标准的变化（见表 2 - 4）

表 2 - 4　　　　　　　　　　质量保障政策

2005 版	2015 版
各院校应制定政策和相关程序，以确保其课程和奖项的质量和标准。他们还应明确承诺发展一种文化，在工作中认识到质量和质量保障的重要性。为了实现这一目标，各机构应制定并实施一项持续提高质量的战略。战略、政策和程序应具有正式地位，并可公开获取。它们还应包括学生和其他利益相关者的角色	各机构应制定质量保障政策，该政策应公开，并构成战略管理的一部分。内部利益相关者应通过适当的结构和流程制定和实施本政策，同时让外部利益相关者参与其中

2015 版新标准强调了质量保障政策作为机构战略管理一部分的重要性，同时列出了有效质量保障政策的特征，例如"支持学术诚信和自由，警惕学术欺诈""防止不容忍""任何形式的歧视"。此外，该政策需要反映研究、学习和教学之间的关系，并考虑到国家和机构背景。在 2015 版新标准中，学生被列为质量保障机构的参与者。在 2005 版标准中，虽然要求学生参与质量保障活动，但并未指出学生与其他利益相关者共同负责内部质量保障。

表 2 - 5　　　　　　　　　　学习项目的设计和审批

2005 版	2015 版
各机构应建立正式机制，批准、定期审查和监测其方案和奖励	各机构应当有自己的学习项目设计和审批程序。学习项目的设计应达到预期的目标以及预期的学习成果。项目学习结束后所获得的资格应明确规定并清楚表述，参考国家高等教育资格框架的等级，以及在欧洲高等教育区资格框架中的等级

2005 版标准并未提及欧洲高等教育区资格框架，但是 2015 版新标准中明确所有的学习项目所获得的资格认证不但需要参考国家高等教育资格框架，也应该关注欧洲高等教育区资格框架。新标准还特别提到了学生和其他利益相关者必须参与到学习项目设计中，要求学习项目符合欧洲理事会对高等教育所设定的目标。

表 2 - 6   以学生为中心的学习、教学和评估

2005 版	2015 版
应使用一致适用的已发布标准、法规和程序对学生进行评估	高等教育机构应确保学习项目的实施方式能够鼓励学生在学习过程中发挥积极作用，并确保对学生的评估反映了这一方法

标准 1.3 是一项新标准，涵盖了高等教育机构实施以学生为中心的学习和教学方法的必要性。虽然这项标准也被纳入了 2005 版标准，但新标准是让学生作为学习过程的共同创造者发挥积极作用，激发学生的学习动机，进行自我反思及参与学习过程。同时，新标准指出了学校如何实施以学生为中心的学习，并考虑到质量评估对学生进步和未来职业生涯的重要性。

表 2 - 7   学生入学、升学、认可和认证

2005 版	2015 版
应使用一致适用的已发布标准、法规和程序对学生进行评估	高等教育机构应始终如一地适用于定义和公布的规定，涵盖学生"生命周期"的所有阶段，例如学生入学、升学、认可和认证

2015 版新标准增加了涵盖整个学生"生命周期"的概念。这一概念包含学生入学、学业发展、获得认可和取得证书，这些元素并未出现在 2005 版标准中。此外，新标准对高等教育资格、学习时间和优先学习领域的认可也是重视的方面。指南还指出认可程序需要：（1）遵循《里斯本公约》的原则；（2）依赖与其他机构、质量保障机构以及国家层面的欧洲信息中心、国家学术认证信息中心（ENIC-NARIC）合作，以保障跨

国认证的一致性。

表 2 - 8　　　　　　　　　　　　　　教学人员

2005 版	2015 版
各院校应设法使自己确信，参与学生教学的工作人员有资格并有能力这样做。应向进行外部审查的人员提供这些报告，并在报告中予以评论	各机构应确保其教师的能力。它们应为工作人员的征聘和发展采用公平和透明的程序

教师标准（以前称为"教师质量保障"）的范围比 2005 版标准的范围更广，强调了教师在实施以学生为中心的学习中发挥的关键作用。指导方针强调教师角色的变化，并期望为教师提供一个支持性的环境，以促进他们的工作。教师持续发展的重要性被赋予了更广泛的含义：院校需要"为教师提供机会并促进其专业发展"。各机构也应"鼓励学术活动"，以支持教育与研究之间的联系，并鼓励教学方法创新和新技术的使用。准则还包括需要为工作人员的征聘和发展制定公平和透明的程序。

表 2 - 9　　　　　　　　　　　　　　学习资源和学生支持

2005 版	2015 版
各院校应确保可用于支持学生学习的资源对于所提供的每个课程都是充分和适当的	各院校应为学习和教学活动提供适当的资金，并确保提供充足且易于获取的学习资源和学生支持

与 2005 版标准相比，2015 版新标准的文本仍然非常相似，并明确提到需要为学习和教学分配足够的资金。但是新标准特别提到了支持高等教育系统内和系统间学生流动的重要性，列出了可能需要特殊支持的不同学生群体，包括成年、兼职、就业、国际学生以及残疾学生。通过这一点，人们注意到，转向以学生为中心的学习可能会进一步影响所需的学习资源和支持。指导方针期望学校对学生发挥更积极的作用：2005 年

的期望是服务必须"可获得",2015 年的指导方针则提到学生"了解"他们可以获得的服务。

表 2 – 10   信息管理

2005 版	2015 版
各机构应确保收集、分析和使用相关信息,以便有效管理其学习方案和其他活动	各机构应确保收集、分析和使用相关信息,以便有效管理其方案和其他活动

2005—2015 年,标准 1.7 及其指导方针基本没有发生变化。

表 2 – 11   公共信息

2005 版	2015 版
各机构应定期发布有关其提供的课程和奖项的最新、公正和客观的定量和定性信息	各机构应公布关于其活动,包括方案的信息,这些信息应清晰、准确、客观、及时且易于获取

两版标准与指南的文本没有实质性变化。

表 2 – 12   持续监测和定期审查方案

2005 版	2015 版
各机构应建立正式机制,批准、定期审查和监测其方案和奖励	各院校应监测并定期审查学习项目,以确保实现既定目标,满足学生和社会的需要。这些审查应促进方案的不断改进,并且计划或采取的任何行动都应传达给所有相关人员

2015 年新标准强调了持续改进和监测活动后续行动的重要性,强调了从学生和其他利益相关者处收集反馈信息的重要性。特别是审查机制应满足学生的期望、需求以及学习项目的满意度。对方案的内部评价包

括以下问题，例如学习项目应吸收学科领域的新研究，社会不断变化的需求，学生的工作量、进度和完成率，学生评估程序的有效性，以及学习环境和支持服务与学习项目目标的匹配度。

表 2–13 周期性外部质量保障

2005 版	2015 版
应周期性地对机构和/或方案进行外部质量保障。应明确规定并提前公布周期长度和拟采用的审查程序	各机构应根据新标准定期接受外部质量保障

周期性外部质量保障的标准从 2005 版标准的第二部分移至 2015 版新标准的第一部分，这一变化表明，确保开展定期审查的责任在于高等教育机构，而不是外部质量保障机构，高等机构能够从 EQAR 注册的质量保障机构中自由选择。虽然准则没有发生重大变化，但凸显了内部质量保障活动中高等教育机构的责任。

（1）2015 版《欧洲高等教育区质量保障标准与指南》外部质量保障标准的变化

表 2–14 考虑内部质量保障

2005 版	2015 版
外部质量保障程序应考虑第一部分所述内部质量保障过程的有效性	外部质量保障应当指出第一部分所述内部质量保障的有效性

标准 2.1 的文本没有实质性变化，2015 版新标准强调了质量保障中高等教育机构的责任。虽然 2005 版标准提到第一部分为"外部质量评估过程提供了宝贵的基础"，但 2015 版新标准更明确地提到了外部质量保障需要"包括对第一部分标准的考虑"。

表 2 – 15 依据目标制定合适的方法

2005 版	2015 版
2.2：质量保障过程的目标应由所有负责人（包括高等教育机构）在制定过程之前确定，并应公布所用程序的说明 2.4：所有外部质量保障过程应专门设计，以确保实现目的	外部质量保障的定义和设计应确保实现设定的目标，同时考虑相关法规，利益相关者应参与设计和持续改进

　　标准 2.2 涵盖了 2005 版标准 2.2 和 2.4 的部分内容，以及 2.6 的要素。标准描述了所设立的目标必须明确且获得利益相关者认可的主要特征，在实施过程中必须牢记高等教育机构的工作量和成本，考虑支持机构在提高质量方面的需要，允许机构展示其改进，以产生的结果和后续行动的信息结束。该指导方针还提到，如果机构能够证明自己拥有有效的内部质量保障体系，在开展外部质量保障活动时可以以一种"更灵活方式"运行。

表 2 – 16 实施过程

2005 版	2015 版
3.7：各机构使用的程序和标准应预先确定并公开 这些程序和标准通常包括 （1）质量保障过程主体的自我评估或同等程序 （2）由专家组进行的外部评估，包括学生成员（视情况而定）以及机构开展的现场考察 （3）发表报告，包括任何决定、建议或其他正式结果 （4）报告中的建议，审查质量保障过程主体所采取行动的后续程序	外部质量保障过程应可靠、有用、预设、一致实施并发布 应包括：自我评估或同等评估报告；外部评估报告，通常包括现场考察；外部评估的结果报告；持续的后续行动
2.6：包含行动建议或需要后续行动计划的质量保障过程应与之前的程序具有一致性	

　　新标准 2.3 涵盖了 2005 版标准 3.7 的大部分内容，以及 2.6 中包含的后续程序。准则强调了机构自我评估是外部质量保障程序的重要组成部分，还为机构的后续行动提供了明确的指导意见。

表 2 – 17 　　　　　　　　　　　　**同行审查专家**

2005 版	2015 版
3.7：由专家组进行的外部评估，酌情包括：学生成员 […]	外部质量保障应由包括名学生成员在内的专家组执行

为了强调欧洲外部质量保障是基于同行专家评审的，对专家的重要性的论述出现在一个单独的标准中，而在 2005 版标准中这项被纳入标准 3.7。2015 版新标准明确规定专家组需要从各个角度开展评估工作，包括机构、学术人员、学生、雇主、专业人员等角度，并且明确提到了机构需要实行无利益冲突机制，确保专家的独立性。新标准还提到使用国际专家是值得提倡的，因为它为评估进程提供了更深更广的维度，而 2005 版标准将使用国际专家列为"外部审查过程中广泛使用的要素"之一。另外，在外部专家组中使用学生成员是所有程序的一项要求，2005 版标准规定"酌情而定"，这项标准明确了外部质量保障包括学生代表的要求。

表 2 – 18 　　　　　　　　　　　　**成果标准**

2005 版	2015 版
由于外部质量保障活动而做出的任何正式决定应基于一致适用的明确发布标准 3.7.［…］标准［…］应预先确定并公开提供	无论外部质量保障能否达成正式决议，任何结果或判断可以作为外部质量保障的结果，并且应基于一致适用的、明确的和已经公布的标准

2015 版新标准提及"无论外部质量保障能否达成正式决议，任何结果或判断可以作为外部质量保障的结果"，明确其适用于质量保障程序的所有结果。对不同可能结果的举例，进一步明确了本标准的范围。

表 2 – 19 　　　　　　　　　　　　**报告**

2005 版	2015 版
报告应以清晰易懂的风格发表，并以预期读者易于阅读的方式撰写。报告中所载的任何决定、赞扬或建议都应便于读者查找	专家的报告应全文公开，供学术界、外部合作伙伴和其他感兴趣的个人查阅。如果机构做出任何正式决定，决定应与报告一同公布

标准 2.6 规定应出版完整的报告，从而解决了以前出版报告不完整的问题，并规定质量保障机构产生的任何决定应与报告一起公布。2015 版新标准对 2005 版标准中的"预期读者"进行了明确的阐述，以确保质量保障机构意识到并考虑不同潜在用户群体的需求。新标准还列明了在报告中必须涵盖的主题及内容，首次提到了报告摘要的有用性，以及定稿前与各机构沟通，提高报告准确率的优势。

表 2 – 20 投诉和上诉

2005 版	2015 版
做出正式质量保障决定或具有正式后果的结论的机构应具有上诉程序。上诉程序的性质和形式应根据每个机构的章程确定 周期性地对机构和/或方案进行外部质量保障。应明确规定并提前公布周期长度和拟采用的审查程序	投诉和上诉程序应得到加强。投诉和申诉程序应明确定义为外部质量保障程序中的一部分，并传达给各机构知悉

这点最重要的变化除了上诉程序外，还包括了投诉与质疑的程序，将投诉与上诉的范围扩大到所有质量保障程序，包括那些没有做出正式决定的程序。

（2）2015 版《欧洲高等教育区质量保障标准与指南》外部质量保障机构保障标准的变化

表 2 – 21 质量保障活动、政策和过程

2005 版	2015 版
3.1：机构的外部质量保障应考虑标准第二部分中外部质量保障过程的存在和有效性 3.3：各机构应定期开展外部质量保障活动（在机构或方案层面） 3.5：各机构应在公开声明中明确其工作目标	各机构应定期开展新标准第二部分规定的外部质量保障活动。活动应该有明确的目标，这些目标是公开的使命宣言中的构成部分，并应将其转化为日常工作。各机构应确保利益相关者参与其治理工作

新标准 3.1 包含了 2005 版标准中 3.1、3.3 和 3.5 的要素，将政策、活动和流程集中在同一标题下，明确了第二部分和第三部分之间的联系。

新标准指出，公布机构的目标和宗旨以及开展与利益相关者互动对于增强公众对质量保障机构的信任非常重要。新标准十分重要的一点是首次列明了机构可能采取的不同类型的质量保障活动，如审计、评估、审查、评价、认证等。同时，要求各机构明确区分质量保障活动和其他相关工作领域。

表 2 - 22　　　　　　　　　　　　　官方地位

2005 版	2015 版
3.2：欧洲高等教育区的主管公共当局应正式承认负责外部质量保障的机构，并具有既定的法律基础。它们应遵守其经营所在的立法管辖区的任何要求	机构应具有既定的法律基础，并应被主管公共当局正式认可为质量保障机构

新标准 3.2 中，机构不再需要得到欧洲高等教育区公共当局的认可，确保了质量保障机构的官方地位，同时还指出，高等教育机构应该确保外部质量保障机构的评估结果得到其所在的高等教育系统、国家、利益相关者和公众的接受。

表 2 - 23　　　　　　　　　　　　　独立性

2005 版	2015 版
3.6：各机构应具有独立性，既要对其业务自主负责，又要确保其报告中的结论和建议不受第三方（如高等教育机构、部委或其他利益相关者）的影响	各机构应独立并自主行事。他们应在不受第三方影响的情况下对其运营和运营结果负全部责任

与 2005 版标准相比，新标准更详细地阐明了机构独立性的含义，将独立性分为三个方面：组织独立性、运营独立性和正式成果的独立性。新准则还要求，受到第三方提名为质量保障机构工作的个人，并非代表所在组织，而只能以个人身份行事，以便"任何程序和决定都完全基于专业知识"。

表 2 - 24 专题分析

2005 版	2015 版
2.8：质量保障机构应不时编制总结报告，描述和分析其审查、评估等的一般结果	各机构应定期发布报告，描述和分析其外部质量保障活动的一般结果

新标准的名称已从 2005 版标准的"全系统分析"改为"专题分析"，以便更好地涵盖不在"一个系统"中运行或在几个不同系统中运行的质量保障机构。对开展分析的频率要求也越来越高，从以前的"不时"到现在的"定期"发布。同时提到这些分析结果不仅能够在国家范围内，而且能够在国际范围内促进质量保障过程。

表 2 - 25 资源

2005 版	2015 版
3.4：各机构应拥有充足且成比例的人力和财力资源，使其能够以有效和高效的方式组织和运行外部质量保障程序，并为流程和程序的开发提供适当的准备	各机构应拥有足够和适当的人力和财力资源来开展工作

新标准指出，资源应该确保质量保障机构开展工作，同时指出资源能够让质量保障机构高效率地组织质量保障活动，也能够让他们改善和反思做法，公开活动内容。

表 2 - 26 内部质量保障和专业行为

2005 版	2015 版
3.8：各机构应制定自己的问责程序	各机构应在内部质量保障界定、保障和提高活动的质量和完整性相关的内部质量保障流程中起作用

新标准 3.6 明确规定，各机构不仅应该有自己的问责程序，还应该不断提高质量保障活动的专业性和完整性，并强调质量保障机构服务水平持续改进的重要性。鉴于许多质量保障机构将其活动扩大到质量保障系

统外，如建立教育机构的身份，新标准引入了具体的准则：（1）需要概述其经营所在司法管辖区进行沟通的大纲；（2）如果质量保障活动分包，需要确立分包商开展外部质量保障活动的地位，需要符合欧洲标准化组织的要求。

表 2 - 27　　　　　　　　机构的周期性外部审查

2005 版	2015 版
3.8 准则：［……］至少每五年对机构活动进行一次强制性的外部审查	机构每五年应至少接受一次外部审查以保证其行为与标准相符合

2005 版标准与 2015 版新标准都反映出一个事实，自标准颁布以来的十年中，接受周期性的外部审查已经成为标准做法。

（四）2015 版《欧洲高等教育区质量保障标准与指南》政策内容分析

1. 强调学生的核心地位，明确以学生为中心学习、教学和评估

新标准强调了"以学生为中心的学习"的评估要求，明确了在学习项目设计、学习路径的灵活性、学生个性化需求的满足度、教学方法多样化与创新性等方面的要求，学生越来越多地参与到质量保障体系的建立中，参与教学与学习过程的反馈机制，促进教师对质量保障的理解，学生的参与已经成为质量保障的推动力。新标准中学习成果也从机构描述转变为设计学习和教学项目的话语体系，以学生为中心的概念基础也从学生参与转变为学生自主。[1] 欧洲学生联合会发布的报告明确了实施新标准的优先事项为"以学生为中心"进行课程改革，提升教学质量，重申了高等教育机构教学任务的重要性，以及为发展学习成果而进行的课程改革的必要性。以"学生为中心"的学习需要增强个体学习者的能力、新的教学方法、有效地支持和指导结构，以及在三个学习周期中更明确地以学习者为中心的课程。课程改革将是一个持续的过程，是高质量、灵活和更个性化的教育途径。该报告"既是特定高等教育机构的一种观

---

① 刘海燕：《欧洲高等教育政策视域下"以学生为中心学习"改革新动向》，《比较教育研究》2021 年第 7 期。

念和文化，也是建构主义学习理论所支持的一种学习方法"，把学生看作学习过程的积极参与者，强调学生在教学过程中的主体地位，成为一种与"以教师为中心的传授范式"相对应的新的教育教学范式。[1]

2. 质量保障目的多样化，质量保障机构方法多元化

新标准明确了外部质量保障的过程，强调外部质量保障过程的规范性与科学性，对外部质量保障的形式进行了阐述，指出外部质量保障的形式包括评估、认证、审计、授权、审查，以及提供联合方案的欧洲质量保障方法，逐渐将欧盟成员国高等教育外部质量保障体系有机地结合起来，在各国已实施的基础上达成一种共识与认同。对 49 家 EQAR 注册质量保障机构开展的外部质量保障活动的调查表明，25% 的质量保障机构有 1—3 种形式的评估，而 30% 的注册质量保障机构进行 9—15 种类型的审查。EQAR 注册的机构提供了 300 多个外部质量保障活动。总的来说，质量保障机构的评估工具以及它们运作的质量保障体系比以往任何时候都更加复杂和多样化。虽然各质量保障机构在基本方法和程序（自我评价、发表报告和评价标准）方面取得了趋同的进展，但所开展活动的形式和类型的多样性已成为欧洲质量保障框架的一个特点。[2] 另外，在新标准的基础上，欧盟将质量保障活动拓展到注册、质量标准、排行和协商论坛等模式。可以看出，欧盟在新标准颁布后已经不再满足于内部质量保障形式与一般的外部认证相结合的传统范式，而是向外部、全欧洲乃至全世界要求获取社会认同与品牌认可。欧洲排行和协商论坛是提升欧洲大学竞争力的有效手段，也是打造世界一流大学的有效模式。

3. 明确质量保障机构责任，强调机构独立的三项标准

新标准对机构独立的标准进行了阐述，首先是官方认可的独立组织，质量保障机构必须具备官方文件，得到欧洲高等教育区内各教学机构的正式认可，能够从事外部质量保障活动，并且拥有法律基础。其次，有评估步骤、专家提名和委任的运作独立。最后，是质量保障机构能够自

---

[1]　刘海燕：《"以学生为中心的学习"：欧洲高等教育教学改革的核心命题》，《教育研究》2017 年第 12 期。

[2]　Eurydice, *Audiovisual & Culture Executive Agency. The European Higher Education Area in* 2020：*Bologna Process Implantation Report*，Ministerio de Educación，2020，p. 37.

主开展质量评估活动，同时也要确保质量评估报告的结论和建议不会受到高校、政府机构和其他利益相关者的干扰。这三条标准成为保证高等教育质量评估结果具有权威性、客观性的基本条件。[①]英国高等教育质量保障署（QAA）是英国高等教育质量保障体系中权威和重要的机构，它独立于政府与高等院校，经费主要来源于政府组建的高等教育拨款委员会，董事会履行各项管理职能，拥有独立的官方地位。其评估结果受到社会各界广泛认可和关注，为质量保障活动的开展提供了保障。

二　欧盟及欧洲高等教育区质量保障机构

（一）欧盟高等教育质量保障政策制定机构

为推进博洛尼亚进程达成质量目标，完成 ENQA 的使命，ENQA 一方面加强与高等教育机构、学生之间的联系，另一方面加强与欧洲学生联盟（ESU）、欧洲高等教育机构协会（EURASHE）和欧洲大学协会（EUA）合作，形成了 E4 集团。

1. 欧洲高等教育质量保障协会（ENQA）

欧盟理事会在 1998 年 9 月颁布了《关于欧洲高等教育质量保障合作的建议》。欧洲高等教育质量保障协会（ENQA）于 2000 年成立，作为欧洲高等教育质量保障网络，旨在为维持和提高欧洲高等教育质量做出贡献，成为博洛尼亚进程签署国发展质量保障体系的主要推动力。协会章程指出，协会的宗旨在于提高欧洲高等教育区的教育质量，在欧洲高等教育区开发质量保障系统与流程，成为欧洲层面与国际层面的代表，开展欧洲层面有关高等教育质量和质量保障的政策制定活动，鼓励欧洲和全世界质量保障机构之间的合作，提供欧洲层面的高等教育质量保障。欧洲高等教育质量保障协会（ENQA）的主要目标是：（1）代表质量保障机构的利益；（2）向成员和其他利益相关者提供服务；（3）推动外部质量保障体系的发展。协会成员是欧洲高等教育区的高等教育质量保障机构。为了成为协会成员，各机构必须证明其遵守欧洲高等教育区的质

---

①　王新凤：《博洛尼亚进程的终结还是开始？——对欧洲高等教育区域整合的反思》，《高教探索》2010 年第 3 期。

量保障标准与指南。

欧洲高等教育质量保障协会（ENQA）开展一系列的项目推进全欧范围内质量保障体系的构建，具有代表性的试点项目是 2002 年 6 月至 2003 年 10 月实施的跨国欧洲评价项目（TEEP）。该项目旨在开发跨国外部评价方法，以及如何在不同学科的评估过程中制定共同标准。TEEP 项目探讨了对历史、物理学和兽医学三个领域的跨国质量评估，评估在 11 个不同欧洲国家的 14 所高等教育机构中进行。该试点项目通过开展联合质量保障的倡议，确定开发在共同商定基础上的跨国评估方法，指出跨国评估可能遇到的障碍，提升跨境质量保障方案的透明度与可比性，通过与其他同行分享经验，确保质量保障方案的质量，提高欧洲高等教育的知名度、透明度和兼容性。

2. 欧洲学生联盟（ESU）[①]

欧洲学生联盟是由来自 39 个国家的 47 个全国性学生联盟组成的，联盟的目标是在欧洲层面代表和促进教育、社会、经济和文化利益，根据学生的需求实施以变革为导向的质量保障，确保各种高等教育形式根据共有的标准，在持续改进周期内提升教育质量，强化利益相关者之间的密切合作。

1982 年 10 月，7 个国家的学生联盟（英国、法国、奥地利、丹麦、瑞典、挪威和冰岛）在斯德哥尔摩建立了西欧学生信息局（WESIB），目标是加强西欧国家之间、西欧国家与其他国际团体之间的信息流动，通过召开年度的研讨会探讨高等教育的相关问题。1990 年 2 月，西欧学生信息局更名为欧洲学生信息局（ESIB），开始接收东欧国家的学生协会成为成员，成员数从 16 个增加到 31 个。1993 年 5 月，第 24 届会议将该局更名为欧洲学生联合会（ESIB），将欧洲学生信息局从共享信息的机构变成政治机构，赋予机构制定政策的权力，在全欧洲层面代表欧洲高校学生的观点。欧洲学生联合会的主要决策机构是董事会，通过每年两次的会议决定所有的政策，解决机构内部的问题。[②] 自欧洲学生联合会加入博

---

① https：//www.eurashe.eu/about/partners/esu/.

② Manja Klemencic, "European Students in the Bologna Process", 2007 – 10 – 01, http：//www.bc.edu/bc_ org/avp/soe/cihe/newsletter/Number50/p23_ Klemencic. htm.

洛尼亚进程以后，持续倡导平等的教育机会和优质课程的多样性，同时倡议建立基于工作量的学分体系、共同的欧洲认证标准框架和兼容的学位体系。2007 年 5 月，在第 52 届会议上提议更名为欧洲学生联盟（ESU），工作目标是与相关团体尤其是欧洲共同体、博洛尼亚进程工作组、欧洲理事会和联合国教科文组织密切联系，以代表和提升欧洲学生的教育、社会、经济和文化的兴趣。①

欧洲的学生组织从中世纪以来一直在大学中扮演着重要角色。欧洲学生联盟自从被纳入博洛尼亚进程以后，致力于对博洛尼亚进程所讨论的问题提出解决对策，收集欧洲贯彻博洛尼亚行动方针的信息，代表欧洲学生和官方的博洛尼亚机构为欧洲学生联盟成员提供博洛尼亚进程即时信息等。欧洲学生联盟通过公布一系列报告，着力促进"以学生为中心"，从学位结构、质量保障、认可、社会层面、学分体系、学生参与、欧洲高等教育吸引力、博士研究、欧洲层面、终身学习等方面对博洛尼亚进程进行调查与报告。在质量保障方面，联盟于 2004 年 4 月发表了《关于在欧洲层面达成一致的标准、程序和指导方针的声明》和《关于质量保障和认证机构同行审查的声明》等重要文件，着力促进学生参与的质量保障体系的构建。

3. 欧洲高等教育机构协会（EURASHE)②

欧洲高等教育机构协会（EURASHE）成立于 1990 年的帕特拉斯（希腊），是一个促进和强调高等职业教育（PHE）的国际协会。③ 虽然协会最初只接纳国家组织为成员，但后来向个别机构开放了成员资格。如今，在 33 个国家拥有 1200 多所高等职业教育机构，其成员涵盖学院、理工学院、大学学院、应用科学大学和开展职业培训的大学。协会主要在国家和欧洲层面促进高等职业教育发展，并在高等职业教育发展方面开展合作，同时促进成员机构在高等职业教育方面的国际化，当前已经发展成为欧洲高等教育论坛上公认的高等职业教育的代表。协会成立的初

---

① https：//www. esu-online. org/about/history-of-esu/.

② "European Association of Institutions in Higher Education. Highlights in EURASHE's 20 Year History 1990 – 2010 ", 2010 – 10, https：//www. eurashe. eu/library/mission-phe/EURASHE% 20History% 20brochure_ october_ 2010.

③ http：//www. eurashe. eu/about/.

衷是建立区别于欧洲学术类高等教育的机构，倡导职业教育及其相关机构的利益。① 协会通过高等职业教育支持欧洲社会的发展和转型。2012 年启动了 HAPHE 项目，该项目致力于协调欧洲高等职业教育方法，支持成员国在国家和欧洲层面加强高等职业教育。

终身学习是欧盟高等教育中的重要组成部分，也是博洛尼亚进程的优先领域，是将生活的各个阶段和所有模式（正式、非正式）中的学习系统化。终身学习的概念通常与提升竞争力和就业能力相关，同时有助于个人在社会中发挥更积极的作用。终身学习已经从最初的理念发展成为许多国家教育体系发展的主导原则和方向，其重要性在许多国际行动计划、宣言、文件和会议中显而易见。欧洲高等教育机构协会一直是该进程的主要倡导者之一，通过组织年度终身学习研讨会，培育创新方法、自我评估工具，评估持续教育和持续职业发展方面的创新。②

在质量保障方面，欧洲高等教育机构协会通过认证、透明的认证工具、评估和排名等方式参与高等教育质量保障，同时与其他 E4 集团成员共同制定了欧洲高等教育质量标准与指南。

4. 欧洲大学协会（EUA）

欧洲大学协会（EUA）代表了 48 个欧洲国家的 800 多所大学，在博洛尼亚进程以及影响欧盟高等教育、研究和创新政策方面发挥着关键作用。协会成立以来，通过与一系列其他欧洲和国际组织的持续互动，确保了欧洲范围内大学的观点被传达；组织成员参与多所大学的项目、活动和其他相互学习活动，分享最佳实践，帮助成员国制定影响高等教育和研究的政策与倡议。2001 年欧洲大学协会年度报告明确了欧洲大学协会的目标、工作原则以及使命，指出协会的目标是实现欧洲高等教育体系的兼容性，巩固高等教育在知识社会中的作用，确保欧洲高等教育在全世界范围内拥有更大的发言权和更明显的影响力。尽管协会成立之初这一目标受到质疑，但是协会在短时间之内成功证明自己是一个全新的

---

① https：//www. eurashe. eu/about/history.

② "European Association of Institutions in Higher Education. Highlights in EURASHE's 20 Year History 1990 – 2010", 2010 – 10, https：//www. eurashe. eu/library/mission-phe/EURASHE% 20History% 20brochure_ october_ 2010.

联盟，明确协会发展的优先事项，并证明自身在欧洲层面和国际层面存在的必要性。欧洲大学协会确立的工作原则为：（1）欧洲大学协会成立于第一届欧洲高等教育机构大会，成员机构需要尊重此次大会制定的规则，重点关注两个关键词——自主性和质量；（2）协会需要预测并尝试改变，而非对外部因素做出简单的应对，改变主要涵盖质量文化、博洛尼亚进程与欧洲研究的联系、欧洲高等教育区在全球化中的作用，以及对机构的关注四方面；（3）通过项目促进协会成员机构之间的合作，促进在质量保障和联合硕士学位领域的实践交流。由于欧洲高等教育共同体需要加强规范共享和实践趋同，欧洲大学协会定期召开会议通报欧洲高等教育的研究情况，分析欧洲趋同趋势并突出相关研究，同时为高等教育机构的发展、优化欧洲形象提供咨询服务。协会代表高等教育机构在欧洲层面促进共同政策的制定及执行，在国际层面提升欧洲高等教育知名度，为成员应对未来全球高等教育发展新趋势做好准备。①

欧洲大学协会经过 20 年的发展，在重塑欧洲高等教育方面发挥了重要作用，也成为全球同行中值得信赖的专业知识来源。协会促进了全欧洲范围内对欧洲身份的认同，促进了在成员国内实施共同的高等教育结构框架、质量保障体系以及学历的相互认可，促进了学生在多文化、多语言的欧洲大陆内的流动。协会协助高等教育机构开展多项定期的专题调查，为各国政府、高等教育机构和成员提供了宝贵的经验。欧洲大学协会建立了全欧洲范围内的大学社区，在欧洲研究和高等教育体系一体化方面发挥着关键作用，成为欧洲大学的第一声音。②

（二）欧盟高等教育外部质量保障机构的审查机构

2007 年 5 月，在伦敦举行的首脑会议上，部长们在公报中提出建立欧洲高等教育质量保障注册局（EQAR）的建议，并介绍了运营模式。2008 年 3 月，欧洲高等教育质量保障注册局正式建立，注册局是博洛尼

---

① Gvaramadze I. , "From Quality Assurance to Quality Enhancement in the European Higher Education Area", *European Journal of education*, No. 4, 2008, pp. 443 – 455.

② Vettori O. , "Examining Quality Culture Part III: From Self-reflection to Enhancement", *European University Association*: Brussels, 2012, p. 12.

亚进程直接建立的唯一官方组织，是欧洲高等教育区基础设施的重要组成部分。

注册局根据共同工作框架确保高等教育机构的教育质量，为欧洲高等教育区建立连贯的质量保障框架。高等教育机构可自由选择欧洲高等教育质量保障注册局注册的合适机构进行外部质量保障审查，使审查结果得到普遍认可。注册局的使命是通过提升质量保障的透明度，增强对欧洲高等教育的信任和信心，促进质量保障政策的相互接受，提升高等教育机构之间的信任，提高流动性和认可度，增强学生、高等教育机构、劳动力市场和社会对欧洲高等教育质量的信心，促进欧洲高等教育区的发展。为了实现这些目标，注册局通过独立的注册委员会，管理欧洲运营的质量保障机构的注册，使这些机构符合欧洲高等教育质量保障标准与指南的要求。注册局依据指南的原则工作，独立于其他机构，并接纳不同国家或地区的质量保障机构，在开展全面外部质量审查中纳入机构、学生、员工和外部利益相关者的不同观点，致力于做出一致、公正和客观的决策。

2018 年，注册局启动了外部质量保障结果数据库（DEQAR）。它是注册的质量保障机构开展外部质量保障结果的数据库，不仅收集质量保障报告和决定，而且描述国家质量保障框架，帮助读者更好理解数据。数据库增强了欧洲高等教育区中质量保障的覆盖范围和联通性。数据库的合作伙伴包括 17 个注册机构、4 个 NARIC 合作伙伴、6 名专家和 E4 的合作伙伴。到 2020 年底，数据库的报告总数为 57803 份，其中 2020 年上传的报告总数为 11024 份，涵盖 43 个欧洲高等教育区国家的 2636 所高等教育机构，以及 37 个非欧洲高等教育区国家的 107 所高等教育机构。[1]

三 欧盟及欧洲高等教育区质量保障辅助性政策

（一）欧洲高等教育区资格框架（QF-EHEA）

欧洲高等教育区资格框架是一个基于学习成果的八级框架，适用于所有类型的资格认证，作为不同国家资格认证框架之间的对应工具。框

---

[1] https：//www. eqar. eu/about/annual-reports/2020 − 2/database-of-external-qa-results-deqar/.

架有助于提高学历资格的透明度、可比性和可移植性，让不同国家和机构的学历资格比较成为可能。高等教育区资格框架涵盖所有类型和级别的学历，级别根据熟练程度而增加，级别 1 最低，级别 8 最高。欧洲层面的高等教育区资格框架与欧洲国家资格框架紧密相连。通过访问学历资格数据库，人们可以获得欧洲所有类型和等级资格的综合联盟。欧洲高等教育区资格框架建立于 2008 年，2017 年进行了修订。它的修订保留了在欧洲学历资格领域打造透明度和相互信任的核心目标。成员国承诺进一步发展欧洲高等教育区资格框架，使其更有效地促进雇主、工人和学习者对国家、国际和第三国资格的理解。欧洲高等教育资格框架的核心要素重在"描述学习者知道、理解和能够做的事情——他们的'学习成果'——无论获得特定资格的系统是什么"，因此框架的参考等级将重点从强调学习输入（学习时长、学习机构类型等）转移到学习成果上，关注学习成果能够更好地匹配劳动力市场的需求，同时关注不同国家教育和培训系统之间的对接。框架的八个等级涵盖了从义务教育结束到最高学术水平的整个范围，同时还包括了职业教育与培训的内容。八个等级的具体标准如表 2 - 28 所示。

表 2 - 28　　　　　　　　　　欧洲高等教育区资格框架

	知识	技能	责任和自主性
第一级学习成果	基本常识	完成简单任务所需的基本技能	在结构化环境的直接监督下工作或学习
第二级学习成果	工作或研究领域的基本事实知识	使用相关信息执行任务和使用简单规则与工具解决日常问题所需的基本认知和实践技能	在有一定自主权的监督下工作或学习
第三级学习成果	了解工作或研究领域的事实、原则、过程和一般概念	通过选择和应用基本方法、工具、材料和信息来完成任务和解决问题所需的一系列认知和实践技能	负责完成工作或学习任务；在解决问题时使自己的行为适应环境

续表

	知识	技能	责任和自主性
第四级学习成果	在工作或研究领域的广泛背景下的事实和理论知识	解决工作或研究领域中的特定问题所需的一系列认知和实践技能	在工作或学习环境的指导方针内进行自我管理,这些指导方针通常是可预测的,但会发生变化;监督他人的日常工作,对工作或学习活动的评估和改进承担一定责任
第五级学习成果	工作或研究领域内的全面、专业、事实和理论知识,以及对知识边界的认识	开发抽象问题创造性解决方案所需的全面认知和实践技能	在发生不可预测变化的工作或学习活动中实施管理和监督;回顾和发展自我和他人的表现
第六级学习成果	工作或研究领域的高级知识,包括对理论和原理的批判性理解	开发抽象问题创造性解决方案所需的全面认知和实践技能	管理复杂的技术或专业活动或项目,在不可预测的工作或学习环境中负责决策;负责管理个人和团体的专业发展
第七级学习成果	高度专业化的知识,其中一些处于工作或研究领域知识的前沿,作为原始思维和/或研究的基础 对某一领域以及不同领域之间的知识问题有批判性认识	研究和/或创新所需的专业问题解决技能,以开发新知识和程序,并整合不同领域的知识	管理和改变复杂、不可预测且需要新战略方法的工作或学习环境;负责贡献专业知识和实践和/或审查团队的战略绩效
第八级学习成果	工作或研究领域前沿的知识,以及各领域之间的交叉知识	解决研究和/或创新中的关键问题以及扩展和重新定义现有知识或专业实践所需的专业技能和技术	在工作或学习环境(包括研究)的前沿,表现出强大的权威性、创新性、自主性、学术和专业诚信,并持续致力于开发新想法或流程

知识:在 EQF 的上下文中,知识被描述为理论和/或事实。

技能:在 EQF 的上下文中,技能被描述为认知(涉及逻辑、直觉和创造性思维的使用)和实践(涉及动手灵活性以及方法、材料、工具和仪器的使用)。

责任和自主性:在 EQF 的上下文中,责任和自主性被描述为学习者自主且有责任地应用知识和技能的能力。

资料来源:EQF 八个等级的描述(https://europa. eu/europass/en/description-eight-eqf-levels)。

欧洲高等教育区资格框架的成员国除了欧盟成员以外，还包括 11 个国家［冰岛、列支敦士登和挪威（欧洲经济区国家）、阿尔巴尼亚、北马其顿、黑山、塞尔维亚和土耳其（候选国）、波斯尼亚、科索沃（潜在候选国）和瑞士］致力于实施该项框架。框架实施中咨询小组（AG）、专家组共同负责确保总体的一致性，提高框架对接过程中的透明度和相互信任。在确认资格框架对接前，会邀请成员国在其国家资格框架与八个欧洲框架体系间建立清晰、透明的对应关系，并建议成员国参照欧洲标准登记审查和更新国家资格框架。成员国需要按欧洲标准的要求修订并提交参考报告，如果满足欧洲标准，咨询小组将予以认可。一旦国家框架得到认可，所有新颁发的证书或文凭能够被明确纳入欧洲资格框架。①

欧洲教育培训和文化专员简·菲格尔（Ján Figel）明确了欧洲资格框架的重要性："欧洲人在试图从一个国家迁移到另一个国家学习或工作时，或者当他们想在以前的教育或培训基础上再接再厉时，往往会遇到障碍。欧洲资格框架有助于解决这一问题：它将使欧洲各国的不同学历资格更加容易理解，从而促进教育和培训的普及。一旦采用，它将增加学习或工作的流动性。我们相信欧洲资格框架是创造更多就业和增长的关键举措，帮助欧洲人民面对全球化、知识型世界经济的挑战。"②

（二）欧洲学分转换和积累系统（ECTS）

欧洲学分转换和积累系统（ECTS）是欧洲高等教育区提高学习和课程透明度的工具，它有助于学生在不同国家间流动，并使他们的学历和留学期限得到认可。欧洲不同国家高等教育体系之间的差异可能会导致学历认可和海外流动方面的问题，解决这一问题的部分办法是加强对学习成果和学习计划工作量的理解。该系统允许在一所高等教育机构取得的学分计入另一所高等教育机构学习的资格。ECTS 学分表示基于定义的

---

① https：//europa. eu/europass/en/european-qualifications-framework-eqf.

② European Commission，"The European Qualifications Framework：A New Way to Understand Qualifications Across Europe"，2006－09－05，https：//ec. europa. eu/commission/presscorner/detail/en/IP_ 06_ 1148.

学习成果及其相关工作量的学习。ECTS 提高了学生学习计划的灵活性。它还支持高等教育方案的规划、实施和评估。它是博洛尼亚进程中的一个核心工具，该进程旨在使国家教育系统更具国际可比性。ECTS 还有助于使其他文件，如《文凭补充说明》，在不同国家更清晰、更易于使用。欧洲高等教育区的大多数国家采用 ECTS 作为国家学分制，并在其他地方越来越多地使用。

在 ECTS 系统中，60 个学分相当于一整年的学习或工作。在一个标准学年，这些学分通常分为几个较小的模块。典型的"短周期鉴定"通常包括 90—120 ECTS 学分。"第一周期"（或学士）学位包括 180 或 240 ECTS 学分，"第二周期"（或硕士）学位等于 90 或 120 ECTS 学分，在"第三个周期"或博士学位时使用 ECTS 学分存在差异。课程目录、学习协议和记录成绩单有助于承认和转移学生在不同国家流动期间获得的学分。《ECTS 用户指南》为学分系统的使用提供了更详细的介绍及方法。①

（三）《文凭补充说明》

《文凭补充说明》由高等教育机构根据欧洲委员会和联合国教科文组织商定的标准制作，它也是欧洲通行证框架透明度工具的一部分。该说明旨在帮助认可学历，是欧洲高等教育区毕业生的重要工具，可以确保毕业生的学位得到本国和国外高等教育机构、公共当局和雇主的认可。②文凭补充包含许多评估外国资格所必需的信息，如关于高等教育机构及学习项目情况与类型的信息，关于教育层次、学习负荷以及外国资格简介的信息，关于学习项目的构成及获得学分与等级的信息，对于预期学习成果的描述，关于资格目标与功能的信息等。③

《文凭补充说明》使得欧洲各国学生的学历和学习课程更容易进行比较，它详细描述了已完成的研究，并指出了完成课程所需的能力。通过提高高等教育机构和国际雇主对学历的认可程度，该说明还有助于其持

---

① European Commission, " European Credit Transfer and Accumulation System ", https：//ec. europa. eu/education/resources-and-tools/european-credit-transfer-and-accumulation-system-ects_ en.

② https：//ec. europa. eu/education/diploma-supplement_ en.

③ 谌晓芹、谭晖：《欧洲高等教育资格认可：体系、工作机制和基本特征》，《大学教育科学》2013 年第 2 期。

有人获得海外就业和进一步学习的机会。对于高等教育机构来说，它提高了对其提供的学历的认可及高等教育机构的知名度。该补充文件还为承认学历提供了一个共同框架，有助于保障高等教育机构的自治权，并减轻许多机构面临的行政负担。

（四）工作平台——ENIC/NARIC

国家信息中心（ENIC 或 ENIC-NARIC）是《里斯本公约》的缔约方根据其中的条款设立的实体，中心向各自的国家主管当局（教育部或其他机构）报告。作为《里斯本公约》的联合秘书处，国家信息中心向教科文组织和欧洲委员会及里斯本公约委员会（LRCC）提供信息。

国家信息中心的地位和任务由各自国家主管当局确定，但是根据里斯本公约委员会的规定，国家信息中心的工作职责主要包括：向个人资格持有者、高等教育机构、雇主、专业组织提供有关资格、教育制度和程序认可的认证的信息；[1] 根据学习负荷、学习成果、能力描述等信息，在现有标准和程序基础上提供信息、建议或正式决定；获取有关其所在国家高等教育体系和资格的权威、准确信息；促进获取有关高等教育体系和其他方资格的信息；根据国家法律法规，就认可事宜和资格评估提供建议或信息。[2]

欧洲理事会与联合国教科文组织欧洲区域委员会于 1994 年成立了欧洲国家学术认证与流动网（ENIC），确立了教科文组织欧洲和北美区域内的多边合作机制，并与教科文组织其他区域逐步建立联系。对于欧盟和欧洲经济区以及参与欧盟相关项目的国家来说，它们既是 ENIC 网的成员，同时还建有自己的国家学术信息中心（NARIC）。ENIC/NARIC 网站构筑了欧洲高等教育资格认可的工作平台。

四　欧盟高等教育质量保障机制运行的三个层面

欧洲高等教育质量保障体系是在美国认证模式的基础上开发和构建

---

① https：//www. enic-naric. net/.

② Terry L. S. ，"The Bologna Process and its Impact in Europe：It's So Much More than Degree Changes"，*Vand. J. Transnat'l L.*，No. 41，2008，p. 107.

的，但是独特之处在于它被提升到了更高的层面，即大陆层面。欧洲高等教育质量保障体系存在三个相互兼容、相互依存的层面：欧洲大陆层面、成员国层面和高等教育机构层面。欧洲质量保障体系要求三个级别的所有成员承诺和参与，欧洲层面为国家和机构提供了标准和准则，要求参与成员达到，已实现所提供的项目和学位的透明度、兼容性和相互认可；国家层面需要在特定的背景下发展自身的质量保障体系，并建立国家质量保障机构；机构层面需要完善现有的学术项目，提高教育过程的质量，并引入对课程和教师的内部评估程序。

（一）欧盟层面——促进质量保障体系在欧洲层面的发展

在 1999 年发布《博洛尼亚宣言》之前，欧盟就开始推进欧洲质量保障体系的发展。欧洲联盟理事会在 1998 年 9 月发布了关于欧洲高等教育质量保障合作的建议，建议成员国"支持并在必要时建立透明的质量保障体系"，要求基于附件所描述的质量保障体系特征，强化高等教育机构与成员国主管机构之间的联系，采取适当的后续措施，促进负责高等教育质量评估或质量保障当局之间的合作。质量保障作为《博洛尼亚宣言》的原则之一，在 2003 年柏林部长级首脑会议期间作为关键问题被提出，部长们呼吁制定欧洲质量保障标准。2005 年，E4 集团制定出版了《欧洲高等教育区质量保障标准与指南》，讨论了质量保障体系在欧洲层面的发展。2006 年以来，E4 集团组织了每年的欧洲质量保障论坛，通常由质量保障机构和高等教育机构代表参加，目的是了解欧洲高等教育趋势背景下什么是最佳的质量保障实践。

（二）国家层面——加强外部问责程序

加入《博洛尼亚宣言》的每个欧洲国家都至少设立一个质量保障或认证机构，国家层面的欧洲高等教育区认证是以多种方式实现的，认证过程的启动是从申请机构或项目向国家或授权认证机构提交申请开始。这个过程包括多个阶段，例如许可、评估和认证。在这个过程中，国家的作用是至关重要的，因为这些进程是由国家控制管理的。在加入计划的国家里，所有学术机构都必须获得许可执照，然后进行评估，并最终获得认证。根据国家制度的不同，许可证为国家允许高等教育机构开展相应行为的许可。当机构向许可机构提交所需的申请和证明文件时，许可程序就开始了，许可机构通常是教育部。如果申请被授予，通常至少三年，最多五年，许可机构将通知机构这一决定，并指定机构可以提供服务和可能授予的学位。如申请被拒绝，该机构将得到完整的解释。通常情况下，机构可以重新提交申请，并有进一步的证据表明拒绝的理由已得到解决和纠正。在一个机构获得提供教育服务的许可证后，下一个步骤是评估和认证。根据国家体系的不同，机构可以在认证或授予认证之前进行评估，以确保符合质量保障标准。评估是指国家或被授权的认证机构评价一个被许可或被认可的机构或其学术项目是否符合所要求的最低质量标准，评价所提供的教育质量、课程的充分性、机构的能力、教师资格、学习时间、学生所需的水平和能力，以及衡量这些技能和能力的考试是否充分。在大多数国家，获得许可和认证的机构必须进行定期评估。评估通常包括两步：第一步为机构内部自我评估，详细说明机构的学术使命和目标、机构基础设施、课程和教学方法，以及员工和教师资格。必要时，必须向有关评估机构和国家机构提供自我评估报告。第二步包括对机构的外部评估，通常由专家评审机构进行。外部评估单位审查自我评估报告，进行现场检查，并编制有关研究机构和项目的附加信息。在外部评估完成后，相关机构发布报告，决定给予积极或消极评价。各机构的最后一步是申请认证。认证申请过程包括向相关认证机构提交认证的正式申请。在提出申请的同时，该机构还需要提交许可证明、评估机构的决定和评估证书等材料，说明哪些研究领域、项目和课程已获批准。如果机构符合要求和标准，认证机构则做出认证决定并颁发证书。①

（三）高等教育机构层面——提高教育质量

欧洲大学协会通过制度创新改善内部质量保障过程，成为发展高等教育机构能力的领导者。从《索邦宣言》和《博洛尼亚宣言》可以看出，提高教育质量的主要责任在于高等教育机构，它们负责发展和维持高水

---

① Schwarz S., Westerheijden D. F.，《欧洲高等教育领域的认证与评价》，Sprirger Science & Business Media，2007.

平的教育质量。详见图2-1。

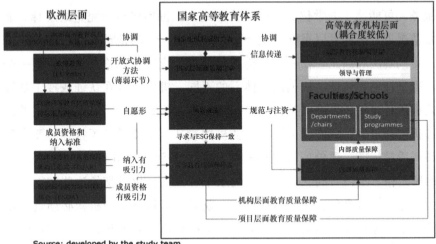

图2-1 ESG运行模式

资料来源：欧盟高等教育质量保障体系评估报告。

第 三 章

欧盟高等教育质量保障体系下的
项目运行与活动

一　拓展学生流动项目——伊拉斯谟计划

（一）项目背景

　　伊拉斯谟是世界性知识分子的先驱，是一位著名的神学家、哲学家和人文主义学者。受到他对高等教育贡献与启发，欧洲高等教育的第一个重要的行动项目以伊拉斯谟命名。[①] 伊拉斯谟计划是世界上非常成功的学生流动计划，自 1987—1988 年启动以来，已为 300 多万名欧洲学生提供了出国留学、在高等教育机构学习或在公司培训的机会。2012—2013 年，学生流动预算占伊拉斯谟计划年度预算的 80% 左右。该计划为学生提供了在其他高等教育机构学习的可能性。伊拉斯谟计划为学生提供了流动的机会，使学生能够在国外度过 3—12 个月的学习期，它旨在为学生提供在其他国家学习的机会，促进机构之间的合作，丰富不同高等教育机构的教育环境，有助于培养一批合格、思想开放和具有国际经验的年轻人。

　　虽然伊拉斯谟计划非常著名的是为大学生提供机会，让他们在参与该计划的一所大学进行海外交流学习，但伊拉斯谟计划还提供其他流动活动，如大学员工交流、学生流动安置（在国外公司或组织实习），或者为高等教育机构的业务人员提供教学机会。在项目执行的 15 年中，共有

---

　　① European Commission，"Erasmus Impact Study"，http：//ec. europa. eu/education/library/study/2014/erasmus impact_ en.

约 30 万名员工的交流得到了支持。关于就业，在 2007—2011 年间，共有约 12.5 万名学生在国外实习。[①]

（二）伊拉斯谟计划的历史

欧洲经济共同体（European Economic Community）成立于 20 世纪 50 年代，最初只涉及职业领域和从教育向就业过渡的教育问题，当高等教育成为欧洲议程的一部分时，首批活动之一就是支持学生流动。

1. 联合学习计划（JSP）

联合学习计划（JSP）作为试点项目于 1976 年尝试推行，并在欧洲经济共同体的层面推行了十多年。该项目旨在实现欧洲经济共同体层面大学之间的协作，推进学生自由跨国进修完成大学课程，并在成员国间实现学历文凭和学业年限的相互承认。该计划在建立有益的学术和管理环境方面普遍取得了成效。在 JSP 项目推行的四年时间里，欧共体共资助了 121 个在 200 所院校推行的交流合作项目，经济、政治和社会科学类别占总数的 19%，超过三分之一的项目是由涉及三个或以上的成员国院校参与推行的，英国为成员国中接纳协作伙伴院校最多的国家。[②]

联合学习计划推行的效果与预期存在较大的差距。由于各大学之间缺乏彼此的了解与咨询交流，部分历史较短的院校受到歧视并被拒绝成为交流与合作的伙伴，高等教育机构的教师与工作人员缺乏项目管理相关的知识，学生欠缺国际视野和外语能力，对跨国进修意愿不高。因此，在这一系列问题的基础上，欧共体提出了改善措施，在 1987 年推出伊拉斯谟计划取代了 JSP 计划。

2. 伊拉斯谟计划的建立

1987 年 6 月，欧盟理事会正式通过了伊拉斯谟计划。该计划的命名不仅是根据伊拉斯谟的名字而来，也是欧洲大学生流动行动计划的缩写（European Region Action Scheme for the Mobility of University Students），伊

---

① European Commission，"Erasmus Impact Study"，http：//ec. europa. eu/education/library/study/2014/erasmus impact_ en.

② 蔡安成：《欧盟〈ERASMUS 计划〉的发展》，《比较教育研究》2001 年第 11 期。

拉斯谟计划的目标是增加欧洲高等教育活动的数量并扩大其范围。[1] 它显著增强了大学生的流动性，促进大学之间更广泛的合作，从而提高高等教育培养质量，在整个欧洲层面培养出合格的人力资源。1987—1989 年，约 1.6 万名学生在 1000 多个大学的合作框架内在另一个成员国学习 3 个月至 1 年时间，这表明自伊拉斯谟计划引入以来，学生的流动性和高等教育机构的交流能力显著提升，学术界对更广泛的大学间合作和师生流动越来越感兴趣。经过 20 多年的发展，伊拉斯谟计划已经成为欧洲各大学之间建立归属感和伙伴关系的成功举措。[2]

3. 伊拉斯谟计划发展与完善

2004 年 7 月，欧盟委员会通过了关于教育、青年、文化和视听新一代计划的提案，并计划将教育与培训领域的流动与合作计划于 2006 年底结束，制订了 2007—2013 年和 2013—2018 年两轮新项目的运行方案。新方案提出了终身学习计划。欧盟理事会里斯本会议认为，终身学习对于越来越以知识为基础的经济时代和技术不断更新的时代来说是非常重要的，终身学习被认为是"欧洲社会模式的基本组成部分"[3]，并对终身学习下了定义："是人的一生中所要经历的所有的学习活动，出于个人的、社会的或是就业相关的目的增长知识和技能。"[4] 2007—2013 年，终身学习计划整合并提出了四个计划，即有关基础教育的夸美纽斯学校计划、高等教育和高等职业教育的伊拉斯谟计划、职业培训的达·芬奇计划以及成人教育的格伦维计划。新计划的目的是通过终身学习促进社区发展成为一个先进的知识型社会，实现可持续的经济发展、更多更好的就业机会和更大的社会凝聚力。该计划旨在促进社区内教育和培训系统之间的互动、合作和流动，从而将伊拉斯谟计划发展成

---

① Janson K., Schomburg H., Teichler U., *The Professional Value of ERASMUS Mobility*, Bonn: Lemmens, 2009.

② European C., "Communication from the Commission to the European Parliament, the Counsil, the European Economic and Social Committee: European Higher Education in the World", 2013.

③ Colardyn D., Gordon J., "Lifelong Learning for All: Lisbon Strategies in the Global Context", *European Journal of Education*, No. 3, 2005.

④ European Commission, *The History of European Cooperation in Education and training*, Luxembourg: Office for Official Publications of the European Communities, 2006, p. 227.

为世界范围内的参考标准。在伊拉斯谟计划的新阶段，引入了各种教育计划，旨在提高管理效率，基于不同部门教育活动之间的交流，实现互惠互利。除了学生流动外，这些计划还鼓励教师流动和课程创新，以使非流动的学生受益于该计划。在 2000 年 3 月于里斯本举行的会议上，欧洲理事会商定了 2010 年的战略目标："成为世界上最具竞争力和活力的知识型经济体，能够实现可持续经济增长，创造更多更好的就业机会，增强社会凝聚力。"① 这些计划有助于实现里斯本目标，即到 2020 年使欧洲成为最具竞争力的知识型经济体。

（三）伊拉斯谟计划的目标及内容

终身学习计划下的伊拉斯谟计划的总体目标是创建欧洲高等教育区，并促进整个欧洲的创新。伊拉斯谟方案旨在鼓励和支持欧洲联盟、欧洲经济区（冰岛、列支敦士登和挪威）以及土耳其等候选国高等教育学生和教师的学术合作与流动。此外，该方案支持高等教育机构通过多种方案、网络和多边项目开展合作。

终身学习方案下的伊拉斯谟计划有若干具体目标，主要目标为：（1）提高整个欧洲学生和教师流动的质量和数量（到 2012 年至少有 300 万学生交换）；（2）提高欧洲高等教育机构之间多边合作的质量和数量；（3）改善和加强高等教育机构与企业之间的合作；（4）在欧洲大学之间传播创新理念和新的教学实践。

欧洲委员会负责伊拉斯谟方案的全面实施，由教育和文化总局协调不同行动。伊拉斯谟方案框架内的行动可分为"分散"和"集中"两种（具体行动内容见表 3 - 1），分散行动涉及 31 个参与国的国家机构开展交流活动。总部设在布鲁塞尔的教育、视听和文化执行机构负责管理网络、多边项目和伊拉斯谟大学章程授予等集中行动。②

---

① Colardyn D., Gordon J., "Lifelong Learning for All: Lisbon Strategies in the Global Context", *European Journal of Education*, No. 3, 2005.

② Beerkens M., Vossensteyn H., *The Effect of the ERASMUS Programme on European Higher Education: The Visible Hand of Europe*, Reform of Higher Education in Europe. Brill Sense, 2011, pp. 45 – 62.

表3-1 　　　　　　　　　　　**伊拉斯谟计划框架内的行动**

行动类别	行动内容	行动细则
分散行动	学生流动	出国留学（3个月至1年），根据所获学分的确认 在国外企业、培训中心或研究中心就业的学生流动（一般为3个月至1年）
	高等教育机构员工流动	吸引外国高等教育机构或企业的教师 在外国企业和高等教育机构的进一步培训
	语言准备课程（EILC）	最多6周，最少60个教学小时
	强化课程	召集至少3个参与国的学生和教职员工在2—6周内共同从事与学科相关的工作
	预备访问	帮助高等教育机构与潜在合作机构建立联系，以组织新的流动计划、机构间协议、伊拉斯谟强化课程或伊拉斯谟学生安置
集中行动	多边项目	开发学习课程、大学与企业合作、高等教育现代化和虚拟校园
	学术网络	促进特定学科、一系列学科或多学科领域的创新
	结构网络	旨在帮助改善高等教育组织、管理、治理或资金的特定方面并使其现代化（例如扩大高等教育的机会，促进教育、研究和创新的"知识三角"，改善大学管理，增强质量保障）
	配套措施	促进伊拉斯谟计划的目标，并帮助确保伊拉斯谟计划支持的活动成果引起广大公众的注意，例如通过信息和通信、监测活动、开发数据库和在会议上传播成果

资料来源：伊拉斯谟计划对欧洲高等教育的影响。

　　根据新的终身学习计划，支持高等教育机构和（外国）企业之间合作的行动已成为一种普遍趋势。企业可以从学生安置、员工在国外高等教育机构任教、高等教育机构的员工在其企业接受培训、校企合作和现代化的多边项目四方面获得收益。

　　为了进一步支持移动性和合作，伊拉斯谟项目还开发了一些工具，包括：（1）欧洲学分转换和积累系统（ECTS），有助于更好地承认和转移在主办机构授予的学习学分。ECTS后来被作为博洛尼亚进程的主要组成部分。（2）与欧洲委员会和教科文组织合作制定的《文凭补充说明》

(DS)，是高等教育文凭的附件，旨在提高国际透明度，促进学历（文凭、学位、证书等）的学术和专业认可，其目的是提供附录所附原始资格证书上指定的个人成功完成的研究的性质、水平、背景、内容和状态的说明。(3) 伊拉斯谟大学章程（EUC），旨在通过制定参与机构必须遵守的所有伊拉斯谟行动的基本原则，确保高质量的流动和合作。EUC 在 2003/2004 年取代了以前的机构合同，想要参与伊拉斯谟行动的高等教育机构必须拥有 EUC。(4) 欧洲政策声明（EPS），已根据终身学习计划更改为伊拉斯谟政策声明，要求高等教育机构定义其国际化/欧洲战略。各机构需要 EPS，以获得并保持参与伊拉斯谟计划的大学的地位。(5) 学习协议是标准化的形式，流动学生的寄宿机构和家庭机构就特定课程单元获得的学习学分达成一致。(6) 记录本是一种标准化的形式，其中定义了学习学分的价值和授予的分数，以便识别国外学习期间的学分。(7) 培训协议是根据终身学习计划制订的，用于企业安置流动学生。[①]

（四）伊拉斯谟计划在高等教育质量保障方面的影响及特点

1. 伊拉斯谟计划在超国家和国家系统层面的影响

伊拉斯谟计划是欧洲高等教育区推行的重要的国际化人才培养项目，对推进欧洲高等教育区质量保障体系的建立有至关重要的作用。伊拉斯谟计划在高等教育质量保障方面的作用主要体现在三个层面：超国家与国家层面、高等教育机构层面和个人层面。虽然很难界定伊拉斯谟计划给超国家和国家层面政策制定带来的具体变化[②]，因为国家政策是由一系列相互影响的力量和利益集团主导的，但是在欧洲主要高等教育政策发展中，例如博洛尼亚进程、质量保障体系和其他方面都可以找到伊拉斯谟计划的痕迹。

（1）超国家层面

博洛尼亚进程是欧洲高等教育发展的重要方面。该进程与伊拉斯谟

---

① Beerkens M., Vossensteyn H., *The Effect of the ERASMUS Programme on European Higher Education: The Visible Hand of Europe*, Reform of Higher Education in Europe. Brill Sense, 2011, pp. 45 – 62.

② Brakel R., J. Huisman, A. Luijten-Lub, et al., *External Evaluation of ERASMUS Institutional and National Impact. Final Report*, Brussels: European Commission, 2004, p. 35.

计划有着十分密切的关联，在很大程度上建立在伊拉斯谟计划的基础之上。博洛尼亚进程的六条行动路线中有五条与伊拉斯谟计划重叠，如透明和可比的学位（文凭补充说明）、欧洲学分转换和积累系统（ECTS）、促进人员流动、质量保障机构和建立欧洲维度的联合学位项目，伊拉斯谟计划支持了这五条行动路线中的数十个项目。其中在欧洲范围内应用学分转换和积累系统是伊拉斯谟计划促进超国家和国家层面政策制定的具体事例。欧洲学分转换和积累系统（ECTS）开始于1987年，主要是为参加伊拉斯谟计划的少数机构开展的试点项目，之后学分制逐渐拓展到更多的部门与机构。在发展学分转换和积累系统时，各机构分别得到了伊拉斯谟计划的专项资金支持，并得到系统顾问的协助。1998年，该系统作为行动方针被纳入博洛尼亚进程，促进了该系统的广泛使用。目前，46个博洛尼亚进程国家都在使用该系统，并将适用范围从流动学生拓展到所有院校和部门的学生，从学士学位课程拓展到硕士学位课程。

除了博洛尼亚进程之外，伊拉斯谟计划在质量保障领域的影响也十分明显。20世纪90年代，伊拉斯谟计划组织了一些试点项目，以测试高等教育机构开展外部质量审查的可能性。这些项目获得的建议最终被提交欧洲高等教育部长会议审议，促成了1998年欧洲委员会关于高等教育质量保障合作的建议。根据这一建议，所有国家开始考虑引入体系化的外部质量审查，为2000年创建欧洲高等教育质量保障网络（ENQA）奠定了基础。伊拉斯谟计划为ENQA的相关活动提供了资金支持，同时促进了质量保障体系的推广。欧盟委员会通过伊拉斯谟计划支持高等教育机构开展外部质量保障和内部质量保障活动。伊拉斯谟计划还为2008年3月启动的欧洲高等教育质量保障注册中心（EQAR）的成立发挥了重要作用。计划支持了中心的建立，并为第一年的活动提供资金支持。此外，伊拉斯谟计划还为E4集团组织的高等教育质量保障年度论坛的前三期提供资金，促进利益相关者之间就质量保障问题开展对话。

伊拉斯谟计划在欧洲层面高等教育质量保障体系建立的另一个重要作用与欧洲高等教育区资格框架有关。爱尔兰和苏格兰在国家资格框架方面有长期的经验，这一经验在由伊拉斯谟计划支持的项目中得到分享，最终在 2003 年时将资格框架纳入博洛尼亚进程。[①] 2005 年 5 月，博洛尼亚进程成员国高等教育部长在卑尔根通过了《欧洲高等教育区资格框架》。2008 年 4 月，欧盟委员会通过了欧洲终身学习资格框架（EQF）的建议。目前，所有博洛尼亚进程成员国都在制定国家资格框架，并尝试将欧洲层面资格框架与国家资格框架整合。

伊拉斯谟计划在欧洲高等教育质量保障体系的作用不仅局限于最初的倡议，还体现在该计划支持的不同项目中。该计划支持的"调整欧洲教育结构"项目，来自欧洲各地的教授定义了毕业生在一系列学科领域应具备的能力，包括学科的专业能力和团队合作、跨文化交流等一般能力。该方法被用于审查和评估高等教育学习成果。同时，伊拉斯谟计划还支持欧洲高等教育透明度和可比性领域的新发展。这些项目测试了欧洲高等教育机构分类和排名系统的可行性，这将明确大学在教育、研究和国际化等方面的使命。

此外，伊拉斯谟计划的影响超出了欧洲边界。2009 年，日本政府启动了建立亚洲版伊拉斯谟学分转换和积累政策的计划，目标是让来自日本、中国、韩国和东南亚国家的教师与学生参与其中。[②]

目前，许多亚洲和非洲国家也正在开发构建学分转换和积累系统。

（2）国家层面

伊拉斯谟计划影响了欧洲高等教育的发展，也影响了欧洲国家高等教育体系的发展。伊拉斯谟计划引发了欧洲国家内部对国际化政策的反思。随着学生和高等教育机构国际化活动的不断增多，各国政府提升了对国际化重要性的认识，伊拉斯谟计划有助于国际化成为欧洲各国高等教育政策中的重要组成部分。[③] 该计划对国际化程度不高的国家产生了强

---

① Berlin Communiqué, "Realizing the European Higher Education Area. Communiqué of the Conference of Ministers Responsible for Higher Education in Berlin", 2003 – 09 – 19, http：//www. bolognabergen 2005. no/Docs/00 – Main_ doc/030919Berlin_ Communique.

② Daily Yomiuri Online, "Govt Wants 5, 000 Students, Lecturers Enrolled in 5 Yrs in 'Asian ERASMUS'", 2008 – 10, http：//www. yomiuri. co. jp/dy/world/20080721TDY01305. html.

③ Brakel R. V., Huisman J., Luijten-Lub A., et al., "External Evaluation of Erasmus. Institutional and National Impact. Final Report", 2005 – 01, http：//ec. europa. eu/dgs/education_ culture/evalreports/education/2005/ERASMUS-inst/erasinstintrep_ en.

烈的影响，同时为国际化已经在高等教育机构中占据重要位置的国家迈向欧洲做出了贡献。例如，瑞典不再优先考虑与美国高等教育机构的合作，葡萄牙的国际化活动开始面向拉丁美洲，列支敦士登国际化不再集中在其邻国德国。

伊拉斯谟计划还激发了国家层面高等教育的跨境合作，例如荷兰、德国的跨境合作机制，以及同一国家区域内的流动。伊拉斯谟比利时计划鼓励高等教育学生采用伊拉斯谟计划的一般原则，在比利时不同区域内流动。

2. 伊拉斯谟计划在高等教育机构层面的影响

伊拉斯谟计划为高等教育机构带来的重要影响之一表现在国际化上，高等教育机构开始从更广阔的视角探讨如何应对国际化、欧洲化和全球化。[1] 高等教育机构发展国际化的原因不尽相同，主要为利用国际化实现自己的目标，利用国际活动获得全球参与者或"世界级"大学的地位，加强自身在欧洲或地区的形象，提升在当地或全国的声誉等。在部分国家，国际学生也是大学的重要收入来源。另外，在英语不是母语的国家，以英语授课和课程国际化也是发展国际化的原因。在欧洲，英语授课的学士和硕士课程发展迅速，从2002年的700门课程增加到2007年的2400门课程。高等教育机构积极提供这些课程，以吸引国际学生（约占院校总数的83%），为国内学生进入全球劳动力市场做好准备（约80%），并提高院校的知名度（53%）。尽管增长迅速，英语教学课程在欧洲大陆仍远未普及。在欧洲，只有2%的学生学习这些课程。在欧洲提供的所有课程中，有2%—7%是使用英语授课的。英语教学课程的分布也不是均匀的：北欧（荷兰、德国、芬兰和瑞典是先行者）明显领先于南欧。各学科和学习水平之间也存在差异，72%的英语教学课程开设在工程、商业和管理研究以及社会科学领域，大部分课程是硕士课程。学习这些课程的大多数学生（65%）来自国外：主要来自欧洲（36%）、亚洲（34%）

① Luijten-Lub A., Huisman J., Wende M., "On Cooperation and Competition Ⅱ: Institutional Responses to Internationalisation, Europeanisation and Globalisation", *Bonn*: *Lemmens Verlags & Mediengesellschaft mbH*, No. 8, 2005.

和非洲（12%）。①

即使质量改进并不是该计划的最初动机，伊拉斯谟计划仍然对高等教育机构质量改进产生了影响。计划对教育质量的提升主要表现在：（1）课程现代化和国际化（包括与国际合作伙伴开发新的模块和学习课程）；（2）引进学分转换和积累系统；（3）开发新的教学方法与技术；（4）提高师生的语言技能，并开设不同的英语课程。

由此可以看出，伊拉斯谟计划在机构层面产生的影响主要是国际化和教学研究，同时也促进了高等教育机构内国际办公室和语言中心的成立，鼓励在机构内制定机构化的国际化政策。与国际化相比，计划在教学研究方面的影响更为间接，国际化对教学和课程的改进产生了溢出效应。

3. 伊拉斯谟计划在个人层面的影响

伊拉斯谟计划对个人的影响包括对他们职业、学术和个人发展的影响。根据对伊拉斯谟计划学生的一项调查，参加伊拉斯谟项目的经历对职业的性质有影响，但对职业的成功没有那么明显的影响。伊拉斯谟计划毕业生更有可能从事具有明显国际影响的工作，但这些工作的地位或收入不一定更高。② 研究表明，伊拉斯谟计划对毕业后的就业有积极影响，72%的学生提出他们的职位和收入与教育程度相对应，参与项目的毕业生更乐意继续自己的学习（约占伊拉斯谟计划学生的五分之一）。雇主比学生更积极地看待伊拉斯谟计划的职业效应。雇主认为有国际经验的学生优于其他毕业生，并预测这些学生会有更好的职业机会。然而，伊拉斯谟计划在各地区的职业效应并不相同。与西欧学生相比，伊拉斯谟计划对中欧和东欧国家学生职业生涯的影响更大。

总的来说，伊拉斯谟计划的学生更看重计划对个人发展的贡献。一半伊拉斯谟计划的学生报告说，国外的学术进步大于国内，语言在学习

---

① Beerkens M. , Vossensteyn H. , *The Effect of the ERASMUS Programme on European Higher Education：The Visible Hand of Europe*, Reform of Higher Education in Europe. Brill Sense, 2011, pp. 45 – 62.

② Bracht O. , Engel C. , Janson K. , et al. , "The Professional Value of ERASMUS Mobility, International Centre for Higher Education Research", 2006 – 01, http：//ec. europa. eu/education/programmes/socrates/ERASMUS/evalcareer.

期间也会有明显提升，对东道国也有了更好的理解。① 相当大比例的学生
（65%—95%）认识到伊拉斯谟计划改变了他们的职业态度，发展了他们
的个人价值观以及对其他文化和种族背景的人的理解，增强了人际交往
技能和建立自信心。研究也表明，伊拉斯谟计划的毕业生更有可能继续
学业，也更愿意离家工作。②

二 高等教育质量提升项目——"伊拉斯谟+"计划

（一）"伊拉斯谟+"项目背景与目标

2012 年，伊拉斯谟计划实施 25 周年，项目成效显著，影响广泛，在
欧洲高等教育区的推进中发挥了十分重要的作用。为了进一步提升伊拉
斯谟计划的成效，适应世界高等教育发展的新趋势，2013 年，欧盟开始
考虑改革伊拉斯谟计划，并于 2014 年推出了"伊拉斯谟+"计划。"伊
拉斯谟+"计划既是伊拉斯谟计划的延续，也是欧洲高等教育区的一个
全新改革方案。③ 对旧称的沿用体现了项目的连续性和延展性，反映了高
等教育仍然是项目改革的重点。

从"伊拉斯谟+"计划在欧洲实施的报告可以看出，该项目设立的
目标是：（1）有助于实现欧洲 2020 战略目标，解决辍学率与 30—34 岁
完成高等教育人口比例的问题；（2）有助于实现"欧洲教育和培训合作
战略框架（ET2020）"的目标，帮助终身学习和职业培训适应世界变化，
提高教育和培训的质量与效率，促进公平、积极公民意识的形成，并提
高各级教育和培训中心的创造力与创新水平，实现伙伴国家在高等教育
领域的可持续发展，为欧洲青年发展创造平等的教育和劳动力市场机会，
发展欧洲层面体育运动，促进欧洲价值观的形成。④

---

① Teichler U. , "Changes of ERASMUS Under the Umbrella of SOCRATES", *Journal of Studies in International Education*, No. 3, 2001, pp. 201 – 227.

② Otero M. S. , McCoshan A. , *Ecotec Research and Consulting. Survey of the Socio-Economic Background of ERASMUS Students DG EAC* 01/05, Ecotec, 2006.

③ 李英：《欧盟高等教育政策实施计划述评》，《教师教育学报》2014 年第 5 期。

④ 《"伊拉斯谟+"程序（欧盟法规）》第 1288/2013 号，https: //op. europa. eu/en/publication-detail/-/publication/6644d937 – 0e3e – 403a – 8845 – f1151cc2b24d/language-en/format-PDF/source – 241180541。

从"伊拉斯谟+"计划的行动方案中可以看出，以下的战略文件直接影响了该项目的设立与实施：（1）《巴黎宣言》强调了教育在促进人类和公民价值观方面的关键作用，同时还规定了要确保儿童和青年获得社会、公民和文化的能力，提高批判性思维和媒体素养，促进和其他利益相关者的合作，促进文化进行对话。（2）欧洲教育和培训合作战略框架（ET2020）确定了优先发展的六个领域：提高人们的技能和就业前景，创造、创新和数字化的学习环境，为教师和培训人员提供支持，培养平等、不歧视和积极公民的基本价值观，技能的透明度和认可，以及教育和培训系统的可持续投资、质量和效率。（3）欧洲合作框架的联合报告，欧盟理事会和欧盟委员会在报告中确定了青年的优先事项：包容性社区的平等教育、就业和参与机会，促进年轻人参与民主进程，并帮助他们发展公民身份和文化间理解等技能。（4）欧洲培训战略（ETS），该战略是青年领域可持续能力建设的工具，旨在建立同行学习过程，使国家和欧洲层面的利益相关者能够交流现有概念和良好做法。同时，"伊拉斯谟+"计划还受到欧洲安全议程、欧洲移民议程和欧洲战略投资基金等政策的影响。①

"伊拉斯谟+"计划实现了欧盟政策议程，对高等教育领域的教育、培训、促进青年成长、体育运动方面给予大力支持，促进了教育领域的包容性、流动性，以及教育、培训和青年等利益相关者之间的合作。该计划还适应了新出现的挑战，为实现个人发展和积极公民身份构建、技能和就业能力提高，以及欧盟创新和竞争力潜力的增强等战略目标提供了综合支持。

（二）"伊拉斯谟+"计划的内容

自2014年1月到2020年12月间，"伊拉斯谟+"计划汇集了欧盟在2007—2013年间运作的不同方案，具体包括：（1）终身学习计划，如有关基础教育的夸美纽斯学校计划、高等教育和高等职业教育的伊拉斯谟

---

① Secretariat ACU, "Annual Report 2015", 2015 – 01 – 01, https：//op. europa. eu/en/pub-lication-detail/-/publica tion/e3af4d51 – e14c – 11e7 – 9749 – 01aa75ed71a1/language-en/format-PDF/source – 241180334.

计划、职业培训的达·芬奇计划，以及成人教育的格伦维计划、促进欧洲一体化的让·莫内计划；（2）五个国际合作项目：伊拉斯谟—曼德斯计划、田普斯计划、阿尔法计划、教育纽带项目以及高等教育领域双边合作项目；（3）青少年行动计划；（4）增加基层体育项目作为一个新的元素。详见表3-2。

表3-2　　　　"伊拉斯谟+"计划（2014—2020年）及其前身

终身学习计划	国际合作项目
夸美纽斯学校计划	伊拉斯谟—曼德斯计划
伊拉斯谟计划	田普斯计划
达·芬奇计划	阿尔法计划
格伦维计划	教育纽带项目
让·莫内计划	高等教育领域双边合作项目
青少年行动计划	
⇩	
"伊拉斯谟+"计划	
个体的学习流动性	创新合作和良好做法交流	支持政策改革
特别的行动：让·莫内计划/基层体育项目		

资料来源：ACU年度报告。

与伊拉斯谟项目相比，"伊拉斯谟+"计划将各种项目整合成综合性计划，提高了项目运作的整体效果，实现了可持续的系统性影响。根据"伊拉斯谟+"计划的目标，项目条款对相关内容做出了明确的规定。

1. 第一条确定了计划需要涵盖的领域，包括：（1）终身学习视角下的各种教育和培训，包括学校教育、高等教育、国际教育、职业教育和培训以及成人学习；（2）非正规和非正式学习背景下的青年；（3）基层体育项目。

2. 第六条明确了在教育和培训领域实现计划目标的行动，应该包括：（1）个体的学习流动性；（2）创新合作和良好做法交流；（3）支持政策改革。

3. 第七条指出可支持个人的学习流动性所包含的方面：（1）学生在

所有高等教育周期中的流动性，以及学生在职业教育和培训中的流动性，形式可能是在合作机构学习或实习，或在国外获得学徒、助理或实习经验。硕士学位的流动性可以通过学生贷款担保机制得到支持。（2）工作人员在伙伴国家内的流动，形式可能是教学或助教，或参与国外的专业发展建设。（3）在高等教育方面，学生和工作人员往返合作国家的国际流动，包括基于联合、双学位或多学位高质量或联合培养的流动。

4. 第八条可支持创新合作和良好做法交流包括：（1）参与教育和培训的组织和/或机构或其他相关部门之间的战略伙伴关系，旨在制定和实施联合倡议，促进同行学习和经验交流；（2）就业机构与教育、培训机构之间的伙伴关系，具体表现为高等教育机构与企业之间搭建知识联盟，通过制定新课程和教学方法，促进创造力、创新、基于就业的学习和创业精神的发展；教育、培训机构和企业之间的部门技能联盟，促进创建新的针对具体部门或跨部门的课程，开发创新的职业教学和培训方法，并将联盟的透明度和认可工具付诸实施。（3）信息技术支持平台，涵盖所有教育和培训部门，尤其包括网络连接，允许同行学习、虚拟移动和交流良好做法，并为邻国的参与者开放准入。（4）通过欧盟和欧洲高等教育区内国家高等教育机构之间的伙伴关系，通过同行学习和联合教育项目，发展区域一体化，开展知识交流，促进区域合作，特别是与邻国的合作。

5. 第九条支持政策改革包括在欧盟层面开展以下的相关活动，主要有：（1）在博洛尼亚进程背景下实施欧盟教育和培训政策议程；（2）在欧洲高等教育区国家内实施欧盟透明度和认可工具，并向活跃于教育和培训领域的欧盟网络与欧洲非政府组织（NGO）提供支持；（3）与欧洲教育和培训领域的利益相关者开展政策对话；（4）开展与 NARIC、Eurydice 和 EuroGuidence 网络以及国家 Europass 中心的活动；（5）开展与伙伴国家和国际组织的政策对话。

6. 第十条明确了让·莫内活动的目标，主要在于：（1）在全世界的专家学者、学习者和公民中促进关于欧洲一体化的教学和研究，特别是通过创办让·莫内讲座和其他学术活动，以及为高等教育机构的其他知识活动提供援助；（2）支持活跃于欧洲一体化研究领域的学术机构或协会的活动，并支持让·莫内卓越标签；（3）支持六个追求欧洲利益目标的欧洲机构，这六个机构为佛罗伦萨欧洲大学学院、欧洲学院（布鲁日和纳托林校区）、欧洲公共管理研究所、欧洲法律学院、欧洲特殊需要教育发展机构、欧洲国际培训中心；（4）促进学术界和政策制定者之间关于欧盟政策优先事项的政策辩论和交流。

7. 第十二条明确了在青年领域通过以下类型的行动实现其目标：（1）个体的学习流动性；（2）创新合作和良好做法交流；（3）支持政策改革。

8. 第十三条进一步补充明确了个人的学习流动性支持以下活动：（1）青年在计划内国家之间非正式和非正规学习活动中的流动，这种流动可以是欧洲志愿服务（EVS）进行的青年交流和志愿服务，以及在现有流动基础上的创新活动；（2）活跃于青年工作、青年组织和青年领导人的流动性，这种流动可以采取培训和联网活动的形式；（3）青年人、积极从事青年工作的人或青年组织往返于伙伴国家，特别是邻国的流动。

9. 第十四条进一步补充创新合作并支持以下活动，其中包括：（1）发展和实施联合倡议的战略伙伴关系，包括通过同伴学习和经验交流，促进公民身份认同、社会创新，实施面向青年的倡议项目及公民身份认同项目；（2）信息技术支持平台，允许同伴学习、知识型青年工作、虚拟移动和良好实践交流；（3）通过计划内国家和伙伴国家之间的关系，特别是通过同伴学习，发展能力和开展知识交流。

10. 第十五条进一步补充了与支持政策改革相关的活动，其中包括：（1）实施青年政策议程；（2）在计划内国家实施欧盟透明度和认可工具，特别是青年通行证，并支持全欧盟网络和欧洲青年非政府组织；（3）支持与欧洲利益相关者的政策对话以及与年轻人的结构化对话；（4）支持欧洲青年论坛、青年工作发展资源中心和欧洲服务台网络的活动；（5）支持与伙伴国家和国际组织开展政策对话。[1]

"伊拉斯谟+"计划在条例中覆盖了教育、培训、青少年和体育等四个领域，将不同实施项目汇总在一个框架中，有利于计划的系统运作，

---

[1] 《"伊拉斯谟+"程序（欧盟法规）》第1288/2013号，https://op.europa.eu/en/publication-detail/-/publication/6644d937-0e3e-403a-8845-f1151cc2b24d/language-en/format-PDF/source-241180541。

打通了教育机构和商业机构的合作壁垒，建立知识联盟和企业技术联盟，大力发展了计算机信息联合平台。

(三)"伊拉斯谟+"计划的特点

伊拉斯谟计划与"伊拉斯谟+"计划在满足学习者和从业者的需求方面具有关联性，国际流动与合作的机会满足了青年人在技能发展和个人发展方面的需要，在分享、整合交流机会时，满足了从业者和组织的需求。然而，利益相关者认为，"伊拉斯谟+"计划比以前的计划更加符合欧盟的政策与优先发展事项，计划文件和项目的授予标准明确提及了欧盟政策中的优先事项，计划涵盖的主题与欧盟的优先发展事项也十分一致。"伊拉斯谟+"项目将之前的几个项目合并为统一的整体，大大提高了行动的内部一致性，计划在不同部门的目标是一致且相互支持的。计划的法律依据与其他计划的目标和行动之间建立了明确的逻辑关系，体系在很大程度上避免了重叠。可以看出："伊拉斯谟+"计划将各部门不同类型的行动进行了标准化管理，很大程度上提高了计划内的透明度，明确了问责制，同时提供了更多的机会。

1. 更多的经费预算

通过对伊拉斯谟计划和"伊拉斯谟+"计划在人员流动、交流经费和政策方面的对比，我们发现，新旧计划具有关联性，同时也具有差异性。从人员流动方面可以看出，高等教育学生参与国际流动的人数大幅度增加，伊拉斯谟计划自1987年成立后的很短时间内就已成为欧洲共同体（后来的欧洲联盟）的"旗舰"教育项目。自启动以来，该项目已使190多万名学生和约14万名大学教职员能够在欧洲境内流动，每年资助约20万名学生在国外学习和工作。它还支持在整个欧洲的高等教育机构之间密切合作。大约90%的欧洲高等教育机构（超过3100所）参加了覆盖31个欧洲国家的伊拉斯谟计划教育活动。在2007—2013年间，伊拉斯谟计划的预算每年达到4亿欧元。[①] "伊拉斯谟+"计划最初的两年

---

① Beerkens M., Vossensteyn H., *The Effect of the ERASMUS Programme on European Higher Education: The Visible Hand of Europe*, Reform of Higher Eeducation in Europe. Brill Sense, 2011, pp. 45 – 62.

（2014—2016 年）就已经资助 140 多万学习者和 40 万从业者，对学习者的资助平均费用达到 1500 欧元，对从业者的资助平均费用达到 700—900 欧元。2014—2020 年间，计划预算达到了 148 亿欧元，预算中最大部分用于教育和培训（77.5%）、高等教育（33.3%），以及职业教育和培训（17%），其次是学校教育（11.6%）和成人学习（5%）。[①]

2. 以简化架构为基础的综合方案

伊拉斯谟计划虽然包含不同内容的项目，但是主要围绕高等教育领域，然而，"伊拉斯谟＋"计划包含了三个不同的领域：教育、培训和青年。计划内部采用简化的架构，围绕教育、培训和青年领域三个支柱，从根本上降低了方案结构的复杂性，减少了欧盟、国家机构和个人层面的行政成本，提高了方案用户的友好性。

除了精简结构外，新计划还减少了之前方案资助活动的总数。例如终身学习计划中的项目数从 75 个减少到 11.26 个，其中包括 4 项学生流动项目、4 项合作活动以及政策资助活动。当前这些活动分散在"伊拉斯谟＋"计划的 3 个行动方案中。除了精简结构外，它还引入了其他一些变化，如简化的项目申请（即通过申请人的电子表格）或资助系统，同时考虑到一次性付清资助款项等内容。目前，简化形式的资助已经涵盖了所有的教育和培训部门，包括高等教育、学校教育、成人教育以及青年活动。[②]

3. 实现三个维度的融合

"伊拉斯谟＋"计划的联合办学以及人才培养模式、高等教育机构间的交流合作模式已经成为全球高等教育跨国合作的典范，对欧盟人才培养和科技创新等方面的意义重大。"伊拉斯谟＋"计划在实施中，体现了对跨国人员、知识、科技流动的支持，将欧洲维度与国际化维度融合，减少了二者之间的张力。在欧洲高等教育国际化进程中，它一方面突出

---

① "Combined Evaluation of Erasmus + and Predecessor Programmes Final Report: Main Evaluation Report" (Volume 1), https: //op. europa. eu/en/publication-detail/-/publication/3d783015 - 228d - 11e8 - ac73 - 01aa75ed71a.

② "Combined Evaluation of Erasmus + and Predecessor Programmes Final Report: Main Evaluation Report" (Volume 1), https: //op. europa. eu/en/publication-detail/-/publication/3d783015 - 228d - 11e8 - ac73 - 01aa75ed71a.

培养具有欧洲区域融合特点的人才,另一方面注重培养具备国际视野、适应国际化工作环境的人才。新计划在推进欧洲一体化的同时也着力促进多样化,充分发挥欧洲语言文化的多样化优势,增进了欧洲区域各国之间的理解和区域内的文化融合。

三 ESG 改革项目——ESG 实施与应用图景项目

欧洲高等教育区的质量保障标准与指南实施与应用图景（MAP-ESG）是 E4 集团在推进欧洲高等教育区质量保障方面的重要合作项目,对已经在欧洲高等教育区实施的《欧洲高等教育区质量保障标准与指南》进行了调研,并提出了修订意见,于 2015 年正式在欧洲高等教育区推行。2010 年,为了了解 ESG 在 47 个博洛尼亚进程签署国高等教育机构的实施状况以及质量保障机构的状况,E4 集团发起了对《欧洲高等教育区质量保障标准与指南》（ESG）本身的探讨,启动了欧洲高等教育区质量保障标准与指南实施与应用图景（MAP-ESG）项目。

(一) MAP-ESG 项目背景

自 2005 年《欧洲高等教育区质量保障标准与指南》发布以来,它在实施和影响力方面取得了相当大的进展。2007 年中《伦敦公报》指出,部长们认识到"欧洲高等教育区中的质量保障标准和指南是质量保障变化的强大驱动力"[1]。然而近年来,欧洲质量保障格局发生了巨大的改变。2009 年欧盟委员会发布的《高等教育质量保障进展报告》提出重新分析指南中的建议,并指出自实施以来从未对指南的实施进行全面研究,也未对其影响进行彻底分析。作为《欧洲高等教育区质量保障标准与指南》的创始成员,E4 集团感到有责任继续加强欧洲共同的质量保障体系建设。2010 年初,在使用了五年之后,他们认为有必要对 ESG 的实施和应用进行调研,以确保 ESG 仍能应对当前高等教育的挑战。因此,E4 集团决定

---

[1] Communiqué L., "London Communiqué Towards the European Higher Education Area: Responding to Challenges in a Globalised World", *Higher Education in Europe*, No. 5, 2007, pp. 36 – 42.

向欧盟委员会申请资金，以开展联合项目的方式调查目前的实施状况，并根据磋商结果，就修订 ESG 的必要性和范围提出建议。

基于这样的背景，E4 集团启动了欧洲高等教育区质量保障标准与指南实施与应用图景项目（MAP-ESG），收集指南在欧洲高等教育区及 47 个博洛尼亚进程签署国的实施与应用信息，并就指南的整体框架结构展开深入调研。E4 集团的指导小组代表与各自成员进行磋商，从磋商中得出了结论和建议，这些结论和建议随后被纳入了提交给部长的联合报告中。该报告由四个组织的个别报告作为附件加以补充。为了确保其他利益相关者的更广泛参与，该项目成立了咨询委员会。该委员会由 EQAR、欧洲商业、教育国际和 BFUG 确定的政府代表组成。[①]

（二）MAP-ESG 项目内容

该项目综合了合作伙伴开展调研的主要结果，调研主要包括三个标题：ESG 的目的和范围、ESG 的清晰度和实用性以及 ESG 的实施和影响。同时，列出了协商结果中的不同观点，显示了四个利益相关者的不同观点和期望。

1. 欧洲高等教育质量保障协会（ENQA）调研报告

ENQA 的调研方法是向 ENQA 的正式成员和候选成员、附属机构和关联机构发放问卷，问卷旨在了解成员对 ESG 的目的、范围和适用性的看法，包含开放式和封闭式问题，以确保成员在回答问题时能够进行讨论。

（1）ESG 的目的和范围

调查问卷这一部分的回答直接涉及 ENQA 成员对 ESG 的核心观点，成员们对 ESG 的作用和目的引出了 ESG、ENQA 和欧洲质量保障登记局（EQAR）之间的关系。受访者指出，ESG 作为 ENQA 成员标准意味着许多机构必须将 ESG 视为需要满足的要求，ESG 的作用是参考点而非规则，机构并没有发现 ESG 的设定初衷与其当前使用方式之间存在矛盾。因此，目前没有必要对 ESG 进行任何重大修订，当然也没有必要对其目的或范

---

① Mazza E., *Mapping the Implementation and Application of the ESG*（*MAP-ESG Project*）：*Final Report of the Project Steering Group. ENQA Occasional Papers* 17，ENQA（European Association for Quality Assurance in Higher Education）：Brussels，2011.

围进行任何重大修订。少数受访者（18.5%）认为，ESG 可以扩大范围，也包括一些其他博洛尼亚行动路线的范围需要扩大。

（2）ESG 的适用性

就 ESG 的适用性而言，受访者表示，ESG 在各个国家环境中的应用还是相对容易的。鉴于各机构在欧洲高等教育区中工作环境的多样性，这可以被视为衡量 ESG 成功程度的标准之一。受访者指出，目前的 ESG 只是个大纲，因此在机构使用之前必须对其做出补充，因为不同机构在不同发展阶段的质量保障重点存在差异，质量程序需要不断发展才能保持活力，一个详细的 ESG 大纲必然会成为必要发展进程上的障碍。

调研中 ESG 存在的问题主要表现在以下两个方面：①各机构对 ESG 适用性的回应反映了参考点和具体要求之间的紧张关系。一些回应表明，"基于原则"的方法不明确，并要求进一步澄清原则的作用。在 ESG 的语言理解和适用性上，部分受访者认为有些术语界定不够清晰，在解释上存在困难，例如有必要进一步明确"标准"和"指南"之间的地位、区别，有必要进一步明确两者之间的界限。②在问到 ENQA 和 EQAR 在 ESG 执行中的潜在困难时，受访者表示，如果两个机构在质量保障过程中得出相同的结论，那么两个机构进行重复检查的目的是什么？如果两个机构得出不同的结论，应该以哪一方的结论为主？调研中对 ESG 的建议主要表现在以下两方面：①在 ESG 应用一致性方面，受访者建议开展更多的信息交流、分享良好的实践经验，组织更多的培训研讨会，这些建议都成为未来工作计划的基础。这不仅对 ENQA，而且对整个 E4 集团来说都十分必要，可以促进各个组织之间的相互理解，从而在整个欧洲层面推动质量保障的一致性。②关于是否修订 ESG 方面，多数受访者提出部分重叠或冗余的内容有待改进，但是目前的原则与标准是相对清晰的。

（3）ENQA 专家组提出的最终意见

根据调研反馈，专家组提出 ENQA 关于修订 ESG 供欧洲高等教育区质量保障标准与指南实施与应用图景项目指导委员会审议的最终建议为：①不应立即对 ESG 进行实质性的修订，但是就开展的中短期工作计划而言，有必要对文件进行部分修订和澄清；②建议将原始文件中的"引言"部分进行修订与更新；③未来有必要对个别标准进行修订，以确保个别标准在一般性和特殊性方面具有一致性；④需要澄清 ESG 的目的；⑤在 ESG 中添加术语表，以确保术语在解释和实践中不出现偏差；⑥建议 E4 集团内部共享工作计划，以继续改进对 ESG 的理解，确保不同利益相关者在应用中的一致性。

从 ENQA 的调研结果和专家建议可以看出，ESG 得到了较为良好的评价，在相关机构得到了合理、一致的使用，在适用性方面并没有明显的问题。尽管有人对 ESG 术语理解与应用的一致性提出了意见，但是并不需要进行实质性的修订，只是需要对部分术语进行澄清。大多数机构也认为 ESG 的范围是适当的，并不需要对该指南进行进一步的细化或者将其变为清单式的行动计划。整个计划围绕 ESG 在整个欧洲高等教育区推进的一致性进行了详细的分析，一致性成为这篇分析报告中的高频词。

2. 欧洲学生联合会的调研（ESU）

欧洲学生联合会的调研主要围绕互信与可信度展开，质量与质量保障是欧洲高等教育区实现其目标的重要工具，质量与质量保障是相互信任的基础——没有互信，人员流动与机构合作就无法在更大范围内发挥作用。ESG 制定的目的就是保持高等教育的国家特色，并回应如何保障质量和进一步提升质量的需要，其目标就应该是支持欧洲高等教育区的建设，确保高等教育在欧洲社会的可信度。

ESU 咨询报告以国家和地方学生组织以及参与机构、国家和欧洲层面质量保障的个别学生代表和学生评审员的经验为基础，以结构化问卷、个人访谈和焦点小组的方式进行。数据来自 27 个国家的 29 个全国学生会、来自 7 个国家的 27 个当地学生会、11 名参加质量保障机构外部评审的学生，以及来自 15 个国家的 21 名焦点小组参与者。

（1）ESG 的目的和范围

受访者一致认为 ESG 在制定时考虑了欧洲高等教育质量保障体系构建中的一系列目标，并且明确了 ESG 是形成欧洲高等教育区的重要工具，无论在国家层面还是高等教育机构层面，都与建立健全的质量保障体系高度相关。然而，ESG 在更高透明度和更容易理解的外部质量保障体系方面仍有欠缺，并没有达到改善学生教育的目标，这被视为 ESG 的主要缺点之一。如何提高透明度，改善学生教育成为未来的关注点。同时，学生认为有必要扩大 ESG 的范围，以便更好地确保质量保障体系下的高质量教育。范围的扩大主要包括两个方面：①修订标准与指南，明确ESG 与博洛尼亚进程的联系，例如与资格框架、以学生为中心的学习等方面的关系；②ESG 应涵盖更多的内容，例如机构管理的问题、终身学习的问题以及跨国教育的问题。只有这样，欧洲层面的高等教育体系和高等教育机构之间才能建立相互的信任。

ESU 的建议为：对 ESG 的修订不仅限于对现有标准和指南的轻微修订，还包括对 ESG 的目的和范围进行更广泛的讨论，应将博洛尼亚进程的进展和高等教育国际化的发展涵盖于 ESG 的总体目标之下。

（2）ESG 的清晰性和实用性

就清晰度和实用性而言，所有的学生会代表都表示了解 ESG，然而对部分质量保障的术语在清晰度上存在障碍。参与质量保障机构外部审查的学生表明，外部审查小组成员对 ESG 非常熟悉和理解，但在外部审查中，专家组成员之间对 ESG 的含义以及如何使用 ESG 得出结论缺乏共同理解。焦点小组对 ESG 文本的分析表明，整个文本中各个标准和准则缺乏一致性，部分准则解释得十分准确，部分则含糊不清。咨询表明，ESG 作为文件缺乏连贯的方法，导致在应用中出现不一致，这对增强信任和建立透明度的目标起了反作用。

ESU 的建议为：为了使 ESG 实现其目标，不仅要提高对 ESG 的整体认识和了解，也需要让高等教育利益相关者容易理解 ESG，可以基于国家背景与质量保障方法之间的关系，在 ESG 中增加阐述提高术语的清晰度。模糊性问题和实现对 ESG 的共同理解更为复杂，在高等教育机构和质量保障机构开展外部审查时，必须始终如一地使用指南，减少解释空间带来的问题，但是这也意味着灵活性会减少。虽然 ESG 文本本身缺乏明确性，但是可以增设术语表以及使用 ESG 进行外部审查的指南或解释性报告。同时，需要对标准和准则进行修订，解决不同标准与其对应的准则在详细程度上不一致的问题，澄清标准与准则之间的关系，明确准则在执行外部审查方面的作用。

（3）ESG 的影响和实施

ESG 对国家质量保障体系的建立产生了重大影响，然而在质量保障体系中使用 ESG 缺乏一致性。调研表明，高等教育体系和高等教育机构实际执行的标准和准则存在差别。国家学生联合会的信息表明，所有的质量保障体系都有 ESG 定义的标准中的部分内容，但是这些体系缺乏整体标准或标准的重要元素。对机构层面的观察表明，部分样本国家的高等教育机构有符合 ESG 要求的内部质量保障体系，但是部分机构没有这一体系。学生代表们认为，遵循 ESG 原则的质量保障体系更多地依赖高等教育机构本身，而非国家政府。关于学生参与的问题，质量保障体系中的学生参与对不同人来说可能意味着许多不同的含义，学生代表调查数据表明，学生参与仅仅在质量保障领域被提及并受到鼓励。

ESU 的建议为：尽管 ESG 对国家质量保障体系产生了相当大的影响，但是在高等教育机构内部质量保障体系中需要更加一致地实施 ESG，并且明确内部质量保障体系、外部质量保障体系以及 ESG 之间的联系。学生参与是欧洲学生联合会调研中的重要部分，他们提出应该进一步明确学生参与的定义，将其作为一项原则，整合学生在质量保障体系中作为学术界正式成员、高等教育机构和高等教育决策过程中的合作伙伴和积极参与者的身份。对于学生来说，在高等教育机构和国家教育系统的决策过程中，承认他们作为优质高等教育发展的全面伙伴的作用是至关重要的。学生应该参与高等教育机构和国家层面的智力机构。在 E4 集团后续行动计划中，学生应参与国家和机构质量保障体系的建立，并积极参与国家和大学质量保障机构的创建。

（4）利益相关者的参与

欧洲高等教育改革的关键因素是利益相关者的参与。ESG 是由高等教育机构、学生和质量保障机构共同开发，负责高等教育的部长审议，是利益相关者广泛合作的结果，确保其在高等教育领域和其他领域的接受度。未来关于 ESG 的讨论与修订应基于相同的原则，由 E4 集团的合作伙伴协商提供信息，深入了解不同利益相关者如何看待 ESG 的目的与范围，以及他们如何根据这些目的评估 ESG，并就如何进一步改进提出建议。与任何包容性进程一样，不同利益相关者的观点有时不同，有时趋同。因此，在即将进行的 ESG 修订中，利益相关者必须充分参与，以便进一步改进 ESG 并建立优质的欧洲高等教育区。这些利益相关者应该包括质量保障机构、高等教育机构、学生和学术人员、政府、欧洲质量保障登记局以及劳动力市场代表。

3. 欧洲大学协会（EUA）

欧洲大学协会在项目框架内进行了两种类型的研究：一种为对现有信息开展的案头研究，另一种为研讨会。案头研究主要以对 2010 年趋势调查和欧盟教育局在高等教育机构质量文化审查项目（EQC）框架内开展的调查结果，以及欧洲联盟向 34 个国家的校长会议分发的调研报告结果为信息来源，分析相关数据结果。欧洲大学联盟还组织了一系列研讨会，来自 23 个欧洲国家的 49 名代表参加这些会议，让参与的大学有机会对照 ESG 与其教学质量保障过程开展基准测试，分享良好实践经验，以及在实施这些过程中遇到的障碍并提供反馈。

（1）ESG 的目的和范围

研讨会的讨论强调了 ESG 作为大多数国家系统和大学内部实施质量保障参考框架的重要性。高等教育机构在制定内部质量保障标准时不直接使用 ESG 作为参考来源，而是倾向于对其中一个或几方面表现出兴趣。ESG 的原则通常被嵌入外部质量保障要求中，高等教育机构会根据自身背景对其进行处理。① EUA 对 ESG 的目的和范围的研究达成了以下共识：①目前制定的 ESG 能够适应各种政治、法律和文化环境，适用于在不同环境下运作于不同的机构，尊重层面的一致性，也尊重了制度的多样性，证明了 ESG 的通用性。②ESG 明确提出了机构自治的重要性，同时提出高等教育机构对其提供的服务承担质量保障的主要责任，对机构自主性和质量保障责任的认可对 ESG 来说是十分重要的。③ESG 的目的是促进对内部和外部质量保障方面良好实践的共同理解，旨在提高质量和利益相关者之间的相互信任。这只能通过发展和促进高等教育机构内部的质量文化来实现，质量保障过程不应该被期望能够确保政策目标的实现和政策工具的实施。

（2）ESG 的实施

EUA 对 ESG 的实施达成了以下共识，即欧洲质量保障框架的制定和采用 ESG 作为其关键部分，对欧洲高等教育质量保障的理解和实施产生了重大影响。报告同时还给出了一系列数据证明自 ESG 颁布以来，质量

---

① Loukkola T., Zhang T., *Examining Quality Culture：Part 1 – Quality Assurance Processes in Higher Education Institutions*, Brussels：European University Association, 2010, p. 35.

保障在系统层面和机构层面都发生了重大变化。2010 年的趋势调查中，63％的受访者回应质量保障是机构的重要发展战略之一，质量保障是仅次于博洛尼亚进程的第二重要变化。① 2008 年 ENQA 公布的外部质量保障相关研究发现，四分之三的机构改变了质量保障方法或正在计划这样做。② 欧盟 2010 年的报告发现，自 2005 年以来，已经有 11 个国家设立了质量保障机构。③ 对欧洲大学协会成员的调查也证实，自 ESG 公布以来，国家质量保障框架发生了变化，其中三分之一成员明确表示变更与 ESG 明确相关，一半成员表示 ESG 是实施变更的基础。就内部质量保障的发展而言，调查结果表示，52％的受访机构自 2005 年开始就引入了机构质量保障体系或正在设计该体系，这些质量保障体系明确关注高等教育机构的教学任务。④

（3）ESG 的适用性

案头研究与研讨会参与者都发现 ESG 较容易应用，因为他们将 ESG 看作参考框架，其原则得到了广泛接受，但是真正挑战在于实施，如何根据标准与准则设计和执行较为困难。国家和机构的质量保障体系与质量保障过程都是高等教育体系的一部分，无法脱离运行环境。在许多体系中，国家和机构在进行质量保障时既考虑欧洲层面的承诺，也考虑到具体背景下的操作。在这样的背景下，EUA 对 ESG 的适用性达成了以下共识：①虽然 ESG 对外部质量保障过程的发展做出了积极贡献，然而将 ESG 作为质量保障机构合规的工具，一些与外部质量保障相关的关键问题没有得到足够明确的解决；②ESG 没有明确定义什么是"质量保障机构"或"外部质量保障过程"；③如何确定 ESG 中的后续程序与定期审

① Sursock A., Smidt H., Davies H., *Trends* 2010: *A decade of change in European Higher Education*, Brussels: European University Association, 2010, p. 73.

② Costes N., Crozier F., Cullen P., et al., *Quality Procedures in the European Higher Education Area and Beyond—Second ENQA Survey. ENQA Occasional Papers* 14, ENQA (European Association for Quality Assurance in Higher Education): Brussels, 2008, p. 26.

③ Crosier D., Dalferth S., Parveva T., *Focus on Higher Education in Europe* 2010: *The Impact of the Bologna Process*, Education, Audiovisual and Culture Executive Agency: European Commission, 2010, p. 25.

④ Loukkola T., Zhang T., *Examining Quality Culture: Part 1 – Quality Assurance Processes in Higher Education Institutions*, Brussels: European University Association, 2010, p. 21.

查的相关性。EUA 同时对 ESG 的实施给予了以下建议：①ESG 承认质量保障体系的目的和方法的多样性，这对进一步发展欧洲层面的质量保障和欧洲质量保障登记局是至关重要的，EQAR 将 ESG 纳入登记注册标准，为不同参与者打开了欧洲外部质量保障市场，为大学开展外部质量保障提供了更多选择不同机构的机会。因此，建议进一步强调和承认多样性。②建议将 ESG 理解成为一套通用原则，而非计划清单。

（4）修订 ESG

ESG 以各种方式被纳入国家一级的质量保障政策和程序，更改 ESG 也需要对这些对应的政策与程序进行修改，仅仅修订 ESG 并不能解决欧洲高等教育区发展中出现的挑战。研讨会期间，与会者普遍认为，应该通过研讨会、编制国家或地区质量保障的执行指南等方式实现修订以应对挑战，而非通过 ESG 等高级别政策文件的修订来实现。尽管重新审视 ESG 和制定部分章节有益，但是没有必要改变原则基础，可以将 ESG 的地位视为一套"一般原则"。

（5）结论

EUA 对于 ESG 修订的最终建议为以下几个方面：①保持 ESG 作为一套通用原则至关重要，成为确保和提高教育质量的程序框架；②机构自主性应该是欧洲质量保障进一步发展的基本原则，高等教育机构对其提供的质量和质量保障负有主要责任；③ESG 的目的应是促进对内部和外部质量保障方面良好实践的共同理解，这些实践旨在提高质量并增加利益相关者之间的相互信任；④ESG 的重点应该放在高等教育机构的教学任务上；⑤研究与教学之间的联系使大学教育不同于其他形式的教育，这一联系可以在 ESG 中得到更明确的阐述；⑥承认质量保障方法和参与者的多样性是欧洲质量保障框架的重要组成部分，因此在 ESG 中可以进一步强调；⑦ESG 作为一套"通用原则"对高等教育机构的质量保障具有相关性和重要性，无须改变其基础原则；⑧任何修订都应当澄清当前 ESG 提出的问题，即透明度、以学生为中心的学习、扩大准入，通过 EQAR 促进欧洲层面的质量保障以及利益相关者承诺促进高等教育机构内部质量文化的发展，从而真正提升欧洲高等教育质量。

4. 欧洲高等教育机构协会（EURASHE）

欧洲高等教育机构协会对欧洲高等教育质量保障标准和准则对专业

机构和质量保障的影响及其实施进行了磋商。调研方法包括在线问卷和研讨会，之后进行了 30—60 分钟的结构化电话访谈和面对面访谈，共收到来自欧洲高等教育区 26 个国家的 230 份有效问卷。

（1）对 ESG 的认识和了解

三分之二的西欧与北欧的受访者表示，他们通过质量保障机构与 ESG 接触，质量保障机构通过外部质量保障在机构中引入 ESG，其标准与机构外部质量保障标准相关联；东欧受访者表示他们是通过国际项目，例如田普斯与 ESG 接触，因此，对 ESG 较为了解。

受访者提到，他们机构的内部质量保障受到 ESG 影响较为明显，大多数机构改变了自己的内部质量保障体制，将其并入 ESG，而内部质量保障中受 ESG 影响的要素包括质量保障政策本身、政策在程序中的实施以及开展周期性评估。质量保障机构的政策变化和向 ESG 的转变受到政府决策、新立法以及 ENQA 和 EQAR 将 ESG 作为标准的事实的影响。这使内部质量保障在欧洲层面变得更加一致，更加关注学生的评估和外部利益相关者的参与，也广泛将 PDCA 循环引入内部质量保障。部分权威机构通过 ESG 重新定位了国家高等教育政策，质量保障在 ESG 的影响下以国家立法和法规的形式重新设计。

超过 90% 的受访者相信 ESG 对整个欧洲的高等教育有着积极影响，并认为质量提升与机构自主权之间存在密切的联系。质量保障作为一种强化和问责的手段，已经成为机构自治的先决条件。

（2）ESG 的实施

调研表明，42% 的受访者认为 ESG 比较理论化，但是仍然有助于在机构层面实施质量保障，35% 的受访者认为 ESG 是个非常实用的工具，这一结论与国家质量保障体系的发展历史有关。2005 年之前制定国家质量保障体系的国家，如荷兰和芬兰，它们将 ESG 视为更具理论性的框架，而在 2005 年之后发展国家质量保障体系的国家，如哈萨克斯坦和保加利亚，ESG 被视为一种实用工具，对国家的外部质量保障体系发展具有极大的启发作用。在实施中，新博洛尼亚进程国家对 ESG 持有更积极的态度。

（3）结论

欧洲高等教育机构协会（EURASHE）对修订 ESG 的最终结论为：应该对其进行修订，建议以更新的形式进行修订，因为在一些高等教育机构以外的部门，内部和外部质量保障程序的实施晚于大学，这时全面修订 ESG 不合时宜。考虑到 ESG 与博洛尼亚进程之间的关系，其实施对教育、机构的管理方式和社区服务有着积极的影响，建议在博洛尼亚框架中设置 ESG，同时在 ESG 的介绍性文本中阐述。

（三）MAP-ESG 项目的结果及成效

1. MAP-ESG 项目的结论

项目结束之后，E4 集团于 2011 年由项目指导小组发布了最终的调研报告。报告在结论部分首先肯定了 ESG 是博洛尼亚进程的一项重大成就，该标准受到所有利益相关者的好评，已证明适用于不同的环境，并对机构和国家层面质量保障过程的发展以及质量保障体系的运行和审查产生了影响。ESG 促进了高等教育中利益相关者和参与者之间对质量保障的共同理解，并且确认内部质量保障与外部质量保障都是在 ESG 的原则框架下进行的，ESG 已经成为实现博洛尼亚进程目标的关键手段。其次，项目结论明确建议对现有 ESG 进行改进，采用更广泛的标准，而不是全面修订文件中所制定的内容。报告的最后一部分是正式建议。该部分的建议提交到了 2012 年的部长会议。欧洲高等教育区质量保障标准与指南实施与应用图景项目调查结果建议为：会议授权 E4 集团与所有利益相关者协商，对 ESG 进行仔细修订，以提高其清晰度、实用性和适用性。经验表明，ESG 的成功在于起草方式能够达成共识，任何未来版本都需要相同程度的共识，指导小组希望确保更广泛的利益相关者的参与。在报告正文结束后，将 ENAQ、ESU、EUA、EURASHE 的调研结果作为附件纳入其中。在上述背景下，2012 年部长会议做出邀请 E4 集团修订 ESG 的初步建议，以完善指标体系的清晰度、实用性和适用性。ESG 修订版建议于 2014 年在布鲁塞尔发布，并在 2015 年部长会议之后得到正式采纳。①

2. MAP-ESG 项目的成效

（1）推动了 2015 版 ESG 的修订工作

E4 集团项目调研回顾了 2005 版《欧洲高等教育区质量保障标准与指

① ENQA，"MAP-ESG"，2014-01-01，https：//www.enqa.eu/projects/.

南》（ESG）的背景与历史，指出欧洲高等教育质量保障系统具有兼容性和可比性的特点。该系统有助于建立欧洲层面高等教育质量保障机构之间的相互信任，更容易识别与认证跨境高等教育资格，越来越多的学生在流动中受益。同时，发现了 ESG 在实施中存在的问题，例如术语的模糊性、前后不一致以及学生参与的问题，并且没有充分考虑到高等教育及质量保障发展的新动向，也没有明确与博洛尼亚进程之间的关联。项目报告涵盖了这些问题，提出了修订的必要性和具体的修订意见。

该项目的调研成果绘制了质量保障标准与指南在欧洲高等教育区的实施与应用蓝图，收集和分析了 47 个签署国的参与情况。调研报告的结论推动了在 2015 年欧洲部长会议上修订《欧洲高等教育区质量保障标准与指南》（ESG），提出了修订 ESG 的目的为"推进透明度、适用性、适用性和扩大其适用范围"，并遵循了保持质量保障优势、克服弱点以及与时俱进的原则，[1] 获得了欧洲教育区国家高等教育部长的认可，顺利启动了 2015 版《欧洲高等教育区质量保障标准与指南》（ESG）的修订工作。

（2）肯定了 ESG 在欧洲高等教育质量保障中的地位与作用（实施近 10 年）

MAP-ESG 项目开展时，ESG 已经在欧洲高等教育区推行了 6 年。项目调研报告肯定了 ESG 对欧洲层面、国家层面和高等教育机构层面质量保障机构的建立与改革的重要推动作用。首先，项目调研报告肯定了 ESG 的引入和使用对欧洲高等教育质量保障的促进作用。博洛尼亚进程签署国都将 ESG 纳入国家层面的外部质量保障体系和高等教育机构层面的内部质量保障体系，推进了各国质量保障的透明度。其次，ESG 明确了质量保障是高等教育机构的责任，高等教育机构有必要建立自己的内部质量保障体系和质量文化，促进了 ESG 在高等教育机构层面的指导和规范作用的发挥。再次，ESG 提供了欧洲各国之间在高等教育方面相互比较的可能性，推动了欧洲层面高等教育质量保障方面的合作，同时也有助于欧洲标准在全球范围内得到认可。最后，ESG 建议高等教育机构对学生及利益相关者保持关注，明确要求学生成为质量保障过程的参与

---

① 张旭雯：《〈欧洲高等教育区质量保障标准与指南〉的改进和发展》，《世界教育信息》2018 年第 5 期。

者，甚至成为外部评估专家组的成员。

MAP-ESG 是 ESG 推行以来首次以项目形式在欧洲层面肯定其在质量保障方面的重要作用，明确了 ESG 与国家层面政策、高等教育机构层面执行之间的关系，是 ESG 发展进程的一座里程碑。

（3）明确了欧洲层面高等教育质量保障体制的工作机制

自 E4 集团合作制定 ESG 以来，欧洲层面高等教育质量保障体系的工作机制日益明确，质量保障机构（ENQA）、大学（EUA）、专业高等教育机构（EURASHE）和学生（ESU）等利益相关者合作模式逐渐清晰。E4集团通过 MAP-ESG 项目再次明确阐述了欧洲层面高等教育质量保障体系构建中充分考虑利益相关者融入的重要性，在项目调研中不仅邀请学生加入，同时邀请了其他欧洲层面国际组织的参与，例如欧洲商业、教育国际等机构，为之后欧洲高等教育质量保障合作发挥了示范性作用。同时，明确了欧洲高等教育质量保障机构构建中应当鼓励利益相关者和跨利益相关者参与讨论，致力于就利益相关者的需求和期望开展持续对话，以保持在欧洲高等教育区内实现共识。

四 欧盟层面 ESG 推进项目——质量提升（EQUIP）项目

（一）EQUIP 项目的背景

《欧洲高等教育区质量保障标准与指南》（ESG）是欧洲高等教育区（EHEA）质量保障的基础，2015 年 5 月修订后的 ESG 包括许多更新的要素，这些要素无疑会给 ESG 用户，即高等教育机构和质量保障机构，在实施中带来挑战。质量保障是提高欧洲高等教育吸引力和竞争力的驱动力。之前的研究表明，不一致实施是 ESG 面临的挑战。为了解决这一问题，E4 集团推出了"通过创新政策和实践提高质量"（EQUIP）项目，项目期限是 2015 年 11 月至 2018 年 1 月，为期 27 个月，项目的协调员为欧洲高等教育机构协会（EURASHE），合作伙伴包括其他 E4 集团成员、欧洲质量保障登记局（EQAR）、国际教育协会（EI）、奥斯陆大学（UIO）和葡萄牙理工学院协调委员会（CCISP）。

（二）EQUIP 项目的目标

EQUIP 项目旨在通过在欧洲高等教育中的创新政策和实践来提高质量，支持和促进高等教育机构与 2015 版新标准对接，并与利益相关者和决策者分享与讨论新方案的适用性。该项目由欧洲高等教育机构协会（EURASHE）和欧盟"伊拉斯谟＋"计划资助。项目的目标是：（1）编制分析报告，突出 2015 版新标准的创新方面，向整个高等教育界发布并推广 2015 版新标准；（2）通过五次研讨会，促进 2105 版新标准的使用；（3）调查研究 2015 版新标准实施带来的挑战，突出各层级质量保障方面出现的变化；（4）根据项目的实施情况，在欧洲层面提出政策建议，并纳入 2018 年部长会议的讨论。[①]

（三）EQUIP 项目的成果

EQUIP 项目成果较为丰硕，在 27 个月的时间内共发布了近 20 份项目成果，其中包括研究报告、数据分析报告、2015 版 ESG 变更说明等材料，从创新和实践的角度提升教育质量，并向利益相关者解释了 2015 版 ESG 的调整，以及如何应对调整带来的挑战。

1.《2005 版 ESG 和 2015 版 ESG 比较研究》

最有代表性的成果是发布了《2005 版 ESG 和 2015 版 ESG 比较研究》。该报告十分详细地分析了 2015 版 ESG 如何在背景、范围、宗旨和原则四方面做出修订以及修订的原因，并且明确 ESG 仍然是"通用原则"的地位，允许在实际应用中的多样性，持续在提升高等教育质量方面发挥指导性的作用，并指出了 2015 版 ESG 继续承认欧洲高等教育系统、机构和质量保障机构的多样性。之后，报告从内部质量保障标准与指南、外部质量保障标准与指南，以及外部质量保障机构标准与指南三个方面，逐条对比分析了标准与准则修订的内容，并分析了修订的背景与原因。修订主要表现在以下三个方面：（1）在内部质量保障标准与指南部分，2005 版分别从质量保障政策、开展定期审查、学生评价、教学人员开展

---

① EURASHE, "EQUIP-Enhancing Quality through Innovative Policy and Practice", https：//www. eurashe. eu/projects/equip2/.

质量保障、学习资源支持、信息系统和信息公开七个方面列出标准与准则，2015 版则调整为质量保障政策，学习项目设计与审批，以学生为中心的学习、教学和评估，学生入学、升学和认证，教学人员开展质量保障，学习资源支持，信息管理，公开信息，持续检测和定期审查，以及周期性外部质量保障等十个方面的标准与准则，强调了以学生为中心的新理念。（2）在外部质量保障标准与指南部分，2005 版分别从内部质量保障程序的使用、外部质量保障标准的制定、决定的标准、适合目的的过程、报告、后续程序、定期审查和全系统分析八个方面列出标准与准则，2015 版则削减调整成为考虑内部质量保障、依据目标制定方法、实施过程、同行审查、成果标准、报告以及投诉与上诉七个方面，突出了质量保障方法的多样化。（3）在外部质量保障机构的标准与指南部分，2005 版从高等教育外部质量保障程序的使用、官方地位、活动、资源、任务说明、独立性机构使用外部质量保障标准和流程、问责程序以及机构的周期性外部审查八个方面列出标准与准则，2015 版则调整成为质量保障活动与政策、官方地位、独立性、专题分析、资源、内部质量保障和专业行为、机构的周期性外部审查七个方面，突出了机构独立性的地位。

这项研究报告直观地阐述了 2015 版 ESG 修订的内容，突出了每个部分修订后的新理念，更好地将修订后的 ESG 与当代高等教育面临的新现象、新挑战进行了良好的结合，让高等教育机构、外部质量保障机构、国家层面政策制定者等利益相关者更容易了解新版标准的内容，很大程度上帮助他们应对欧洲高等教育质量保障面临的新挑战。

2.《提高质量：从政策到实践》

另外一项代表性研究报告为《提高质量：从政策到实践》。这份报告也是 EQUIP 项目的主要成果之一。报告试图强调各级质量保障方面面临的变化和实施挑战，还包含了克服这些挑战的具体案例，提出了欧洲层面的政策建议。项目报告分三个部分：介绍；主题的产生：质量保障中的变化和挑战；经验教训和结论。介绍部分确定了质量定义的四个主要类别，即为学生的未来职业做准备（例如促进就业能力）、支持个人发展、创建广泛的知识库以及激励研究与创新、为学生积极准备成为公民，并指出 ESG 受到四个类别的影响，因此 2015 版的 ESG 主张以高等教育的目的性来衡量高等教育质量。2015 版 ESG 涵盖了资格框架、文凭补充说明以及学分转换与积累等内容，修订后的版本将质量保障放在了更广泛的背景下，有助于促进欧洲高等教育区的透明度与成员之间的相互信任。① 质量保障中的变化和挑战部分讨论了五大主题，这五个主题涵盖 E-QUIP 活动中产生的问题：第一个主题反映了欧洲高等教育区多样化的外部环境对质量保障开发和实施的影响；第二和第三个主题在一定程度上是相互关联的，即机构如何确保和证明教育实践与质量保障之间的相关性，以及如何与质量保障机构沟通；第四个主题是对质量保障不同理解之间的紧张关系；第五个主题为 2005 年和 2015 年 ESG 之间明显的修订内容：以学生为中心的新标准以及教师相关标准的新变化。

项目报告的结论主要围绕三个方面展开：（1）质量保障系统的理论和期望与实际情况之间的差距；（2）质量保障的定义及其在质量保障系统和机构层面的作用；（3）内部质量保障体系和外部质量保障体系的设计方式、质量保障体系的角色，以及如何驱动体系的变化。在结论的基础上还提出了三条建议：（1）确保通过政策、充足的资金和激励措施，为高质量教育提供必要的框架，为创新和创造力提供空间；（2）从整体上看待高等教育系统或高等教育机构管理，并确保系统和机构中参与者之间的协作，提高效率；（3）将质量保障看作一种工具，应该明确质量保障的目的，并根据实际情况设计工作流程。②

（四）EQUIP 项目的成效

EQUIP 项目的初衷是在欧洲高等教育区通过创新政策和实践提升高等教育质量，协助高等教育机构更好地了解和对接 2015 版 ESG，将新版标准运用于内部质量保障与外部质量保障的实践中。

1. EQUIP 项目促进了 2015 版 ESG 的深入贯彻与落实

2015 版 ESG 的深入贯彻与落实是提升欧洲高等教育质量保障体系发

---

① "European Association for Quality Assurance in Higher Education（ENQA）. Standards and Guidelines for Quality Assurance in the European Higher Education Area（ESG）", 2015 – 01 – 01, 2015, p. 6.

② ENQA, "ENHANCING QUALITY：From Policy to Practice", 2150 – 07 – 01, https：// www. enqa. eu/wp-content/uploads_ equip-publication_ final.

展的重要工具，EQUIP 项目尤其关注新版指南的落实与对接，发布的报告贯穿了这一任务。为了实现目标，EQUIP 项目从对象、目标和原则三个维度出发，把 2015 版 ESG 在欧洲层面、国家层面、高等教育机构层面的落实作为重要主题，以不同方式对其做出解读与阐释，强调高等教育政策制定者、高等教育机构和利益相关者都应该充分了解修订内容，充分考虑政策多样性，在欧洲多元文化背景下促进 2015 版 ESG 在欧洲高等教育质量保障体系中的应用。

2. EQUIP 项目推进 2015 版 ESG 向广度和深度发展

EQUIP 项目从欧洲高等教育区层面把 2015 版 ESG 置于相互关联的环境下考量，并将其作为推动欧洲高等教育质量保障体系构建的关键方面。在广度上，不断拓宽参与和使用 2015 版 ESG 的国别，在更多的国家、机构间形成相互理解和相互认可的质量保障体系；在深度上，强调发展性和包容性，明确 2015 版 ESG 是针对博洛尼亚进程签署国家和地区制定的一个跨政府的战略行动指导原则，引导不同机构在各自的环境背景下解读 2015 版 ESG，消除彼此的壁垒，将其转化为全欧洲范围内乃至全球范围内共同认可与接受的通用原则。[①]

五　欧盟高等教育质量保障理论研究项目——
欧洲质量保障论坛（EQAF）

欧洲质量保障论坛是由 E4 集团联合举办的年度活动，汇集了该领域的所有利益相关者，如高等教育机构、质量保障机构和学生。论坛为高等教育质量保障做出了重要贡献，也是该领域的旗舰活动。自 2006 年以来，欧洲质量保障基金会通过不同利益相关者群体之间的对话，推进建立欧洲对质量保障的共同理解。

（一）论坛背景

欧洲质量保障论坛的想法是 2003 年由 EUA 向 E4 集团提出的。E4 集

---

① 岑艺璇、张守伟、毕森：《UNESCO 推进高质量体育教育改革和发展战略布局研究——〈高质量体育教育：决策者指南〉解读》，《外国中小学教育》2019 年第 3 期。

团自 2001 年以来一直定期会晤，讨论如何发展欧洲层面的高等教育质量保障。2005 年，E4 集团在卑尔根向博洛尼亚进程签署国教育部长会议提交了《欧洲高等教育区质量保障标准与指南》的文本，同时提出以开展年度论坛的形式持续开展质量保障问题的讨论与对话。该论坛主要围绕欧洲层面的质量保障问题展开，邀请广泛的参与者加入。部长们支持这一倡议，并拟定第一届论坛围绕内部质量保障展开。

（二）论坛具体内容及信息

目前，该论坛已经连续举办 13 期，分别围绕质量文化、质量保障策略、质量保障多样化、共同推进质量保障等不同的主题开展（见表3－3）。①

表 3 - 3　　　　　　　　　**欧洲质量保障论坛**

年份	举办地	主题	目标
2006 年 11 月 23—26 日	慕尼黑	在高等教育中嵌入质量文化	（1）鼓励高等教育机构发展内部质量保障，实现质量保障所需的工具与教育研究的需求之间的适当平衡，促进质量保障方法的合理化；（2）促进以质量保障为重点的研究
2007 年 11 月 15—17 日	罗马	实施和使用质量保障：策略和实践	（1）了解如何实施欧洲高等教育区质量保障标准与指南；（2）分析成功的因素和障碍；（3）掌握实施指南带来的影响及后果；（4）讨论质量保障工具（如学生评估、实施学习成果、质量保障机构审查）；（5）探讨欧洲高等教育区质量保障标准与指南以及一些工具的基本原则
2008 年 11 月 20—22 日	布达佩斯	质量保障趋势	（1）了解高等教育机构和质量保障机构如何应对新形势的问责；（2）分析这些新形势的问责制是否对质量水平产生预期影响，及产生的后果

---

① EURASHE, "European Quality Assurance Forum", 2006 - 09 - 01, https：//www. eurashe. eu/events/eqaf/.

年份	举办地	主题	目标
2009年11月19—21日	哥本哈根	创造力和多样性: 2010年以后质量保障的挑战	(1) 如何考虑内部和外部质量保障方法的多样性;(2) 如何支持高等教育中的创造性和创新做法
2010年11月18—20日	里昂	搭建桥梁: 在欧洲、国家和机构背景下理解质量保障	(1) 欧洲高等教育区持续发展背景下的基层质量保障;(2) 如何建立欧洲对质量保障的共同理解
2011年11月17—19日	安特卫普	质量和信任: 我们工作的核心	(1) 内部和外部质量保障的影响和本质;(2) 如何进一步发展质量保障
2012年11月22—24日	塔林	质量保障如何发挥作用	(1) 外部评价和质量保障机构后续行动;(2) 质量保障、教学方法与学生学习的关系;(3) 支持机构目标和概况的质量保障;(4) 质量保障支持决策知情;(5) 质量保障在全球化高等教育中的作用
2013年11月21—23日	哥德堡	携手推动质量进步	(1) 个人和组织如何更好地理解质量保障在日常生活中的作用;(2) 如何参与并共同努力推动质量提升
2014年11月13—15日	巴塞罗那	改变教育——质量保障和从教学到学习的转变	(1) 介绍质量保障的新发展;(2) 开发针对自主学习者的评估方法;(3) 质量保障方法是否以及如何跟上并支持学习和教学的发展
2015年11月19—21日	伦敦	盘点与展望	(1) 审查欧洲高等教育区中的质量保障;(2) 机构如何在实践中反映欧洲层面的政策
2016年11月17—19日	卢布尔雅那	环境中的质量——嵌入改进	(1) 质量保障的方法如何融入日常工作机制并提高效果;(2) 质量保障政策和实践如何尊重多样性

年份	举办地	主题	目标
2017 年 11 月 23—25 日	里加	负责任的质量保障——承诺影响	（1）应对内部和外部利益相关者需求和利益的方法；（2）质量保障中变更的概念
2018 年 11 月 15—17 日	维也纳	扩大质量保障范围	质量保障机构如何构建涵盖广泛的质量保障活动体系

资料来源：EURASHE 质量保障论坛信息整理。

第 四 章

欧盟高等教育质量保障体系
在成员国的实施

在欧盟高等教育质量保障体系运行的过程中，国家及高等教育机构是区域高等教育一体化政策的实施主体。不同的成员国在欧盟层面质量保障体系政策的基础上制定自身的高等教育质量保障政策，在本国高等教育机构实施。欧盟成员国众多，高等教育质量保障体系建设各具特色，本章选取的国别案例研究分别为英国、德国和波兰。英国开展高等教育质量保障的历史悠久，质量保障体系发展较为成熟，是欧盟高等教育质量保障体系建立的基础；德国是高等教育发展较为成熟的成员国，其高等教育发展极具自身特色；波兰高等教育历史悠久，是欧盟中东欧成员国的典范。通过国别案例的选取，我们探析欧盟高等教育质量保障体系的实施效果。

一 欧盟高等教育质量保障体系建立的
基础——英国

英国是《索邦宣言》的签署国之一，1999 年推动了《博洛尼亚宣言》的签订，加速了欧洲高等教育一体化及欧洲高等教育区的成立，成为促进欧洲层面高等教育资格互认、体系互通及学生流动的重要国家。英国在欧洲高等教育一体化及欧洲高等教育区建设的进程中发挥了主动性的作用。

（一）英国高等教育及现行高等教育制度

1. 英国高等教育历史

英国高等教育拥有悠久的历史，在全世界享有盛名。英国第一批大学在牛津和剑桥成立。牛津大学是英语为母语国家中最古老的大学。虽然没有明确的建校日期，但自 1096 年牛津大学以特定的形式开展教学，就被视为英国最古老的大学，也被看作英国高等教育的开端。[①] 迄今为止，英国的高等教育已经走过了 900 多年的发展历程。从总体来看，英国高等教育的总体进程可以划分为三个阶段：11 世纪到 20 世纪 60 年代初的精英教育阶段、20 世纪 60 年代初中期开始的高等教育大众化阶段，以及目前正在推进的高等教育普及化阶段。

（1）精英教育阶段

牛津大学和剑桥大学分别创办于 11 世纪和 13 世纪初，这两所大学垄断英国高等教育超过了 6 个世纪。起初，这两所大学是由城市的学者和学生自发组成的学术机构，之后被教会控制。到 15 世纪，牛津和剑桥发展为组织机构完善的高等教育机构，开设的专业主要为艺术、神学、法律和医学。至 18 世纪工业革命之后，新制造业、采矿、工业运输等应用科学技术的需求影响了大学提供的专业，学生可以选择自己的学科专业。此时，牛津和剑桥已经拥有大约 20 所专业性学院。在很长一段时间内，这两所大学的学生主要是上层社会青年，来自贵族、绅士、军人、商人及上层社会职业者，如牧师、医师等，一般家庭的子弟或者贫困劳动群众家的孩子无法入学。[②] 这个阶段大学受宗教力量的控制，主要的作用是为统治阶级培育人才，开设的课程主要是古典文科与神学。但到了 17 世纪末 18 世纪初，受牛顿数学、物理学和唯物主义哲学的影响，教学内容增设了一些自然科学课程，教学上采用导师制。这个阶段从高等教育的发展情况和生源来看，属于精英教育阶段。之后，随着资产阶级革命的成功，英国古典大学的创始和形成时期基本结束。

[①]　Oxford University, "Oxford University History and Introduction", https：//www. ox. ac. uk/about/organisation/history.

[②]　王天一、夏之莲、朱美玉：《外国教育史》，北京师范大学出版社 1993 年版，第 167 页。

（2）近代大学的创立

在19世纪和20世纪初，产业革命带来了文化科学知识的勃兴，功利主义成为重要原则，普遍要求大学能研究、教授新课程，形成了新大学的思潮。1825年，汤玛斯·凯普贝尔提出建立一所"大伦敦大学"，为中产阶级子弟设立专业分科、费用低廉的大学，与贵族、教会控制的古典大学相抗衡。于是，英国第一所具有民主主义、自由主义精神的"伦敦大学学院"成立，1828年正式开学并招收近300名学生，教授数学、物理、历史、经济等科目。1829年，为了对抗"伦敦大学学院"，在坎特伯雷主教的建议下，在伦敦设立了"国王学院"，对学生开设自然科学、法律、医学等学科。这两所学院成了相互对峙却又相互并存的新型高等教育机构。

随着高等教育在英国的蓬勃发展，政府财政和学生人数都显著增加，英国也掀起了"新大学运动"。新大学运动对英国高等教育发展产生了重要影响，英国高等教育对教学内容、管理手段等方面都做出了调整，专业技能和科学技术知识成为主要的目标课程，招收的学生也不仅局限于上层社会，英国高等教育逐渐开始世俗化和平民化，促进了地方大学的诞生和发展，相继建立了达勒姆大学、伯明翰学院、曼彻斯特学院、利兹学院、利物浦学院等，这些学院陆续发展为地方大学。地方大学与地方联系密切，不受宗教限制，非常注重科学技术和应用方面的研究。[1]

（3）大学的持续发展时期

到了20世纪60年代，英国高等教育进入持续发展阶段，但是仍然存在"重质量、轻数量"的情况。这使得英国高等教育在规模上远远落后于其他西方发达国家。基于这样的社会现实，英国政府于1962年推出了对英国高等教育发展产生极其深远意义的《罗宾斯报告》。在这一报告的影响之下，英国高等教育进入了快速发展的时期。[2] 报告阐述了高等教育的目标和原则、英国高等教育现状和其他国家比较的情况，对今后的高

---

[1] Altbach P. G., "The Logic of Mass Higher Education", *Tertiary Education & Management*, No. 2, 1999, pp. 107 – 124.

[2] 潘丽娟：《英国高等教育发展趋势透析》，《上海教育》2001年第15期。

等教育发展做出预测和设想，提出规划经费、管理和部门职责等一系列重要问题。该报告被誉为高等教育从传统模式走向现代模式、从精英型走向大众型的转轨宣言。① 报告发布后，英国高等教育发生了非常深刻的变化，高等教育制度由贵族教育转向平民型，逐渐实现了精英教育向大众教育的转型，同时形成了多层次、多规格的教育体制，并出现了鲜明的国际化特征。

《罗宾斯报告》之后，英国政府发布了《迪尔英报告》，就英国高等教育目的、模式、结构、规模、拨款等问题做出说明、规划和预测，并给出举措应对 21 世纪高等教育的挑战。《迪尔英报告》发布后，英国尝试采取新的高等教育经费筹措方式，加大对高等教育的投入，密切政府、拨款机构、大学与科研机构之间的合作，提高高等教育经费的使用效益；成立高等教育质量保障署，以期在高等教育规模扩大的同时确保教育质量；进一步加强高等教育在地方和区域社会进步与经济发展中的作用，以此获得更多的公共经费支持；关注通信与信息技术的广泛应用，以及与高等教育之间的良好结合，提高高等教育质量与管理水平。

（4）英国高等教育的现状及学位制度

尽管英国高等教育的特点在过去 30 年中发生了重大变化，但该体系仍然是世界上声誉最高的体系之一。传统上，英国大学拥有极大自主权，避免受到外部机构的控制。然而在过去 30 多年中，随着大学规模的扩大和成本增加，高等教育资金的提供者面临巨大压力，他们期望问责制、高水平的教育和质量保障。② 20 世纪 90 年代，英国大学自治受限，新的行政机构的实施确保了高等教育的问责制和质量保障。其中最明显的变化是，1989 年进入该行业的英国学者不再拥有终身教职，而将进行定期评估。除了牛津大学和剑桥大学外，所有的大学都由皇家宪章或议会法案授权，并获得国家资助。

英国教育体系组织如表 4 - 1 所示。传统上来说，进入英国高等教育

---

① 刘晖：《从〈罗宾斯报告〉到〈迪尔英报告〉——英国高等教育的发展路径、战略及其启示》，《比较教育研究》2001 年第 2 期。

② Altbach P. G. , *Doctoral Education*：*Present Realities and Future Trends*, International Handbook of Higher Education. Springer, Dordrecht, 2007, pp. 65 - 81.

需要通过 1951 年引入的普通教育高级证书（GCE A-Level），最低也要达到普通中等教育证书（GCSE）要求。自 1987 年以来，高级补充（advanced supplementary）证书可以与普通教育高级证书（GCE A-Level）同时获取。然而，高中毕业证书并不能保证他们进入英国的高等教育机构。除了高中毕业证书外，学生还必须参加全国性大学入学考试或个别大学举办的入学考试。录取结果将会依据学生在全国考试中的表现而决定。[①]

表 4 - 1　　　　　　　　　　　英国高等教育体系

研究型学位	博士研究生学位
博士学位	研究型教育
3—4 年学习	3—4 年学习
研究生学位	硕士研究生学位
2 年学习	1—2 年学习
本科学位	本科学位
3 年学习	3 年学习

资料来源：根据英国高等教育数据整理。

（二）英国现行高等教育质量保障体系

1. 英国高等教育监管机构

英国高等教育机构（HEI）是自治的机构，对自己开设的课程质量、授予的学位以及提供的学术标准负责。但是高等教育机构在监管框架内运作，监管机构对其授予学位的权力、使用"大学"或"大学学院"名称的权力、获得公共资金以及为学生资助的权力进行监督。除了监管框架外，高等教育机构还包含一些特定的要素，旨在维护公众在获取高等教育资格方面的利益，同时持续改进高等教育质量管理。

（1）教育部（Department for Education）

英国教育部负责英国的儿童服务和教育，包括学校教育、高等教育和继续教育政策的制定与实施，同时确保所有人，无论背景还是家庭环

---

① Mackinnon D., Statham J., & Hales M., *Education in the UK Facts & Figures*, London: Hodder & Stoughton, 1995, p. 123.

境，都能平等获得受教育的机会，通过保护弱势群体，确保提供高标准的教育、培训和护理，让儿童和学习者茁壮成长，有助于实现每个人的潜力，从而推动社会经济发展。教育部的职责主要包括：负责幼儿和小学的教与学、中学青年的教与学、为青年人和成人提供见习和继续教育方面的教学或培训、支持高等教育中青年人和成人的教学，以及支持与儿童、青少年、成人学习者合作的专业人士等。部门的优先发展事项为：通过改善技能渠道、提高生产力和支持人们工作来推动经济增长；提高教育标准，使全国各地的儿童和年轻人具备所需的知识、技能和资格；通过高质量的地方服务，支持处境不利和脆弱的儿童与青年；通过高质量的早期教育和儿童保育，提高标准，帮助父母工作，为生活提供最佳开端。

教育部是高等教育的主要政府部门，主要负责开展高等教育改革，同时负责实施《2017 年高等教育和研究法案》以及《卓越教育和学生成果框架》。教育部之前还拥有授予学位的权力，向政府提供咨询，并制定相应的条款和条件，现已将部分业务转交学生办公室负责。①

（2）学生办公室（OfS）

《2017 年高等教育和研究法案》通过后，学生办公室（OfS）成立。作为高等教育部门的新监管机构，它于 2018 年 4 月正式取代英国高等教育资助委员会（HEFCE）。办公室确保每个学生，无论其背景如何，都有充实的高等教育经历，丰富他们的生活和职业生涯。该机构的目标主要有以下四个方面：①所有有意向、有能力参加高等教育的学生，不论其背景如何，都确保在高等教育中取得进步与成功；②所有学生，不论其背景如何，确保能够接受高质量的高等教育，同时保护个人兴趣；③所有学生，不论其背景如何，帮助他们顺利就业或继续学业，确保学有所值；④所有学生，不论其背景如何，确保接受的高等教育物有所值。②

2018 年 2 月，OfS 发布了新的英格兰高等教育监管框架。该框架于 2019 年 8 月 1 日全面运行，负责英格兰高等教育的监管和资助，监督高

---

①　https：//www.gov.uk/government/organisations/department-for-education/about.

②　https：//www.officeforstudents.org.uk/about/our-strategy/what-we-will-do/.

等教育机构。① 如果高等教育机构希望获得公共拨款或学生支持资金、招收国际学生、申请学位授予权或升级为大学，必须向 OfS 注册。如果高等教育机构希望对课程收取高于规定金额的费用，必须获得 OfS 的批准。学生办公室通过自己的指定机构——高等教育质量保障机构（QAA）承担确保高等教育质量的法律责任，同时还开展卓越教学与学生成果框架（TEF）的管理工作。

（3）高等教育质量保障局（QAA）

高等教育质量保障局成立于 1997 年，愿景是建立世界领先、独立可靠的高等教育。作为一个独立机构，它负责开展英国高等教育机构的外部评估，维护英国高等教育质量准则，规定高等教育提供者需要做什么，机构彼此间的相互期望，以及公众可以期望他们做什么，致力于检查 300 万英国学生是否获得了达到质量的高等教育。该机构的使命是：①维护英国高等教育标准，提高英国高等教育在世界各地的质量；②制定和监督英国高等教育标准，包括制定英国高等教育质量规范；③与英国各地的会员合作，为其提供服务、专业知识，并对重要问题开展指导；④审查英国高等教育在世界各地的实施情况，并发布调查结果；⑤为英国政府申请学位授予权提供资源；⑥指导英国高等教育提供商开发和改进自身的质量保障流程；⑦为专业人士、机构和政府在英国和国际上制定高等教育质量方法；⑧设置和监控获取高等教育文凭课程的标准。②

高等教育质量保障局对高等教育机构没有任何权力，它是一个独立机构，由英国各地大学和高等教育学院捐款以及资助机构共同资助，是学生办公室的指定机构，负责提供数据帮助 OfS 确定高等教育机构是否满足注册的质量条件，并告知关于学位授予的决定，同时还对学院升级为大学提供咨询。QAA 目前是英国官方认可的唯一一个进行独立评估的机构。高等教育质量保障局因其高质量的评估报告为高等教育部门提供了

---

① Office for Students（OfS），"Securing Student Success：Regulatory Framework for Higher Education in England"，2018 - 01 - 01，https：//www. officeforstudents. org. uk/media/1406/ofs2018_01.

② https：//www. qaa. ac. uk//en/about-us/what-we-do.

有价值的建议，因拥有严格的内部质量保障体系而受到赞扬，为保护学生利益和促进国际高等教育质量进步做出了宝贵的贡献。

（4）高等教育统计局（HESA）

高等教育统计局是一家非营利性的私人公司，由其收集高等教育提供者（大学、学院）的相关信息。该数据提供给英国政府和高等教育自主机构，以支持其监管和资助高等教育提供者的工作。统计局的数据主要来自大学、高等教育机构和其他高等教育专业机构，首先对收集到的数据进行分析和质量检查，之后大部分数据以开放的形式发布。

高等教育统计局的使命是通过收集、分析和传播准确、全面的统计信息来支持英国高等教育的发展，满足所有关注英国高等教育特点和未来利益者的需求。该机构指出：一个成功、有竞争力的高等教育部门的基础是可靠、可信和及时的数据，高质量和独立的数据可以带来更好的决策、更好的绩效、更好的结果，并增加公众的信任。其愿景就是支持这些目标，并通过提供卓越的数据和服务实现公共利益。统计局的目标是提供对各种数据和服务的灵活访问，使得这些数据资源和服务易于理解和使用，通过这样的方式巩固该机构作为英国高等教育行业关键基础设施一部分的角色。机构的核心原则是：提供官方统计数据，数据信息受到英国统计局监管，独立于任何政府部门，着力于推动英国高等教育。①

（5）英国研究与创新理事会（UKRI）

英国研究与创新理事会是 2017 年根据《高等教育与研究法》建立的研究和创新资助机构。该机构汇集了七个学科研究委员会、负责英国高等教育机构研究和知识交流的英格兰研究院，以及英国的创新机构——创新英国（Innovate UK）。九个理事会以创新的方式共同努力，利用深厚的专业知识和丰富的多样性，保持并支持学科的优先事项，形成并提供对部门和领域的支持。无论是通过英国研究院的研究委员会拨款、与质量相关的整体拨款，还是理事会对创新企业的拨款和更广泛的支持，机构都与利益相关者积极合作，维护系统的广度和深度。

机构的愿景是在英国建立一个卓越的研究和创新体系，让每个人都

---

① https：//www. hesa. ac. uk/about/why-we-do-what-we-do.

有机会做出贡献并从中受益。研究和创新能够帮助了解自己和周围的世界，丰富和改善生活。机构也着力于在英国形成一个充满活力、多样性和包容性的研究和创新体系，拓展英国与世界各地研究社区、机构和社会的广泛联系。①

（6）专业、法定和监管机构（PSRB）

专业、法定和监管机构（PSRB）管理专业和职业标准，并颁发自己的专业执业许可证。它设立了认证安排，对某些高等教育课程（建筑、工程、医学和法律等科目）的教学大纲进行审查和批准，以便相关机构将其作为专业培训的初始阶段予以承认，或免除专业考试。

（7）教育、儿童服务和技能标准办公室（Ofsted）

教育、儿童服务和技能标准办公室（Ofsted）负责为所有年龄段的学习者提供教育和技能的服务，检查和管理照顾儿童与青少年的服务。机构的职责是确保在英国提供教育、培训和护理服务的组织能够为儿童和学生提供高标准的服务。每周，该机构都在英格兰各地进行检查和监管，并在网上公布结果。机构的职责是：①管理学校和学院、独立院校以及高等教育机构以外的机构的课程，并对学校教师获得合格教师资格后提供的课程进行检查，对高等教育机构（HEI）认可的继续教育教师培训课程进行检查。②发布研究报告，提升教育与培训的质量。③为政策制定者提供服务有效性的建议。在机构的运行中，工作原则为：确保所有工作都以证据为导向，评估工具和框架有效可靠以及框架是公平的。

（8）高等教育推进小组（Advance HE）

Advance HE 成立于 2018 年 3 月。机构的成立是英国高等教育机构审查小组 2017 年报告中的一项建议。它是与世界各地高等教育机构合作的非营利性机构，战略目标是增强对高等教育的信心和信任，解决系统性不平等问题，推进教育，以满足学生和社会不断变化的需求，支持成员和高等教育部门的工作。作为高等教育领域的专家，特别关注通过平等、多样性和包容加强教学、有效治理、领导力发展和解决不平等问题。机构通过专业发展计划和活动、研究金、奖励、学生调查、提供战略变革和咨询服务，以及会员资格（包括教学认证、平等宪章、研究、知识和

---

① https：//www.ukri.org/about-us/who-we-are/#contents-list.

资源）提供支持与服务。

2. 质量保障的政策与工具

（1）质量规范

虽然《高等教育质量规范》附带的建议和指南是自愿的，但它仍然是所有英国高等教育提供者的参考资料。该准则由英国高等教育质量保障局制定和维护，明确了高等教育提供者需要做什么，机构彼此之间的相互期望是什么，以及学生和公众对高等教育提供者的期望。它适用于英国全境以及国际上其他的英国高等教育提供者，旨在保护全体学生的利益。2017—2018 年，英国质量评估常设委员会（UKSCCQA）重新修订了质量规范，并发布了新版本。

英国质量评估常设委员会于 2017 年开始重新制定质量规范，新的质量规范于 2018 年 11 月全面发布。2018 年质量规范的制定基于三个要素：一是期望（目标），表达了教育提供者在制定和维护其标准以及管理其服务质量方面应取得的成果；二是核心实践，代表有效的工作方式，支持期望的实现，并为学生带来积极的结果；三是通用实践，描述了教育提供者根据使命、学生需求和监管环境应用的有效工作方式。虽然新质量准则的期望和核心实践对高等教育提供者是强制性的，但支持性建议和指导旨在帮助现有和新的教育提供者满足本规范的强制性要求，并制定和维护有效的质量保障实践。质量规范包括指导原则、实践建议和进一步的资源支持，主要涵盖十二个主题：①招生、招聘和扩大准入；②评估；③关注、投诉和上诉；④课程设计与开发；⑤促进学生成绩；⑥外部专业知识；⑦学习与教学；⑧监测和评价；⑨伙伴关系；⑩研究学位；⑪学生参与；⑫基于工作的学习。根据《检测和评估建议和指导文件》，高等教育提供者必须为课程制定质量保障程序，建议其制定战略原则，以确保检测和评估是相关的、有用的、及时的和可信的。通过有效检测和评估实践分析及数据收集，人们得出关于有效性、效率、相关性、可持续性的结论，并将其纳入课程的审查。

2018 年《高等教育质量规范》保持与《欧洲高等教育区质量保障标准与指南》的一致性，质量规范还列出了高等教育提供者两个关键参考点，即学科基准声明、资格和学分框架。学科基准声明提供了学术课程设计、教学和审查的指导原则，描述了学科毕业生的学术标准，展示了毕业生应具备的能力与素质。资格框架规定了高等教育资格的不同级别以及每个级别的要求，学分框架提供了设计获得高等教育资格的课程时的学分指导。

2013 版质量规范由三个部分构成：设置和维护学术标准、保障和提高学术质量以及高等教育信息（见表 4-2）。

表 4-2　　　　　　　　　　　　　2013 版质量规范

标题	参考点
设置和维护学术标准	1. 英国和欧洲学术标准参考点；2. 学位授予机构学术标准参考点；3. 确保学术标准和基于成果的学术奖励方法
保障和提高学术质量	1. 项目设计、开发和批准；2. 高等教育的招聘、选拔和录取；3. 学习和教学；4. 促进学生发展和成就；5. 学生参与；6. 学生评估和对之前学习的认可；7. 外部审核；8. 项目检测和审查；9. 学术申诉和学生投诉；10. 高等教育的共同管理；11. 研究学位
高等教育信息	讨论高等教育提供者如何生成适合教育目的、可访问且可信的信息 课程没有国家认证，但高等教育机构必须为课程制定质量保障程序，质量保障程序应根据质量规范进行。通常，课程质量保障是内部过程，包括两个独立但相辅相成的措施：课程监测和方案审查。课程监测是指一个定期、系统的过程，在操作层面检查正在进行的学习和教学活动。方案审查的频率较低，但定期进行，并按商定的周期进行

2013 版和 2018 版《高等教育质量规范》考虑了《欧洲高等教育区质量保障标准与指南》中的要求

资料来源：2013 版质量规范整理。

（2）学术基础框架

1964 年，英国成立了第一个高等教育质量保障组织——国家学院委员会（CNAA）。该机构采取"课程审核"和"院校评估"的方式确保学校有能力提供达到一定质量标准的课程，并准予这些学院授予学位与证书。20 世纪 80 年代，随着社会经济的发展，政府、公众对高等教育的要求越来越高，学科教育与社会的联系逐渐减弱，公众对高等教育的不满逐渐增多。为了回应外界的批评并持续获得政府的资金支持，大学领导人组成了大学校长和副校长委员会（CVCP），对大学管理、大学内部和外部发展指标进行分析与评估，提出高等教育绩效指标。1992 年，英国政府颁布了《继续教育与高等教育法》，按地区设立了"高等教育基金委员会"（HEFC）。委员会下设教学质量保障委员会检查教学质量，根据教学质量评估结果，提出经费划拨的建议。该项法律规范了高等教育机构实施质量保障的责任，并要求机构合理高效地使用政府拨款，于是大学校长和副校长委员会（CVCP）与多科技术学院院长委员会成立了高等教育质量委员会（HEQC），审核高等教育机构质量保障机制的评估工作，持续提高高等教育质量。

2001 年，英国高等教育质量保障局发布了学术基础框架（Academic Infrastructure），将高等教育基金委员会（HEFC）和高等教育质量委员会（HEQC）的质量目标与质量评估纳入同一框架体系。英国高等教育的学术框架包括四个部分：学历资格框架、学科基准、专业细则与实践准则。学历资格框架聚焦于院校维度，规定了英国不同学历和学位的学术标准与教学质量准则，同时明确了学位和学历持有者应具备的品质与能力。学历资格框架明确告知了英国公众，学生不论在哪所高等教育质量保障局审核过的高等教育机构，类似的学位与学历都具有相似的水准。学科基准说明聚焦学科维度，是各学科教育的学术标准和质量准则，阐述了学科的范围及特性，明确了毕业生应具备的智力以及掌握的方法和技能。学科基准的内容主要涵盖三方面：该学科的定义与说明；该学科的学术标准与质量准则；如何将学生的表现与基准中的标准进行对比评估。实践准则聚焦了院校维度，是如何对教学质量和学术标准进行良好管理的指导原则，是规范性与过程性的方法。实施准则涵盖十个方面的内容，每部分都包括高等教育机构应满足的规范、原则及大学应如何达到这些规范要求。专业细则兼顾学科与院校维度，是对专业制定出教育标准，除了阐述学生完成该专业应该具备的技能和品质，还详细说明了教与学的方法、评分原则、就业机会，以及外部专业认证的全部学术信息。

学术基础框架是英国首部关于英国高等教育质量的系统文件，首次将高等教育机构、学科、专业和组织制度放置在同一个体系内部，构建了不同要素之间的对话机制。

（3）外部评审

外部评审是英国高等教育体系中不可分割和长期存在的一部分，每个拥有学位授予权的高等教育机构（HEI）都需要对提供的学位的学术标准负责。因此,外部评审在每个学位授予机构确保其学术水平中起着重要和必不可少的作用。外部评审是由经验丰富的高等教育机构教师开展的,他们为接受检查的机构提供学术标准,开展独立的质量评估。作为外部评审者,他们通常包括审查选定的考试、作业和论文,然后与工作人员接触讨论评估工作,并参加考试委员会的正式会议。《高等教育质量保障局(QAA)2018年质量准则》要求高等教育提供者使用外部评审作为其核心实践的一部分。

长期以来,外部评审在保持和维护英国高等院校学术标准的过程中发挥着重要的保障功能。然而,随着高等教育机构数量的增多,外部评审制度只能在整体上维护院校的学术标准,但是不同院校之间的保障效果差异较为明显,难以在不同院校相近专业的学术标准上实现可比性。①

(4)初始和持续的达标条件

高等教育质量保障局(QAA)是代表学生办公室执行质量标准评估职能的指定机构,包括确保已经在学生办公室注册的机构能够满足达标条件。根据高等教育机构在注册时选择的类别,它们需要满足以下不同的条件。

第一,所有背景学生的入学和参与:打算对收费管制课程收取高于规定金额的费用的提供商必须制订入学和参与计划。

第二,所有的质量、可靠标准和积极成果:

条件2.1:提供方必须提供精心设计的课程,为所有学生提供高质量的学术体验,并使学生的成绩能够得到可靠的评估。

条件2.2:提供者必须为所有学生提供从入学到完成学业所需的支持,使他们能够成功地接受高等教育并从中受益。

条件2.3:培训机构必须为其所有学生提供成功的成果,这些成果得到雇主的认可和重视,并且/或者能够继续学习。

条件2.4:高等教育提供方必须确保授予学生的资格能够保持价值,符合行业公认的标准。

条件2.5:高等教育提供方必须提供符合4级或更高级别高等教育资格框架(FHEQ)中所述学术标准。

---

① Bloxham S. , Price M. , "External Examining: Fit for Purpose?", *Studies in Higher Education*, No. 2, 2015, pp. 195 –211.

条件 2.6：高等教育提供方必须参与卓越教学和学生成果框架。

为了确保新的高等教育提供方符合注册的质量标准，高等教育质量保障局还使用《高等教育质量规范》开展审查，由具有高等教育或监管经验的外部专家组成的审查小组，评估机构是否以及如何实现 2018 年质量规范核心实践部分所要求的结果。在审查期间，审查小组会评估相应的文件，与员工和学生会面，观察教学活动，评估学习资源和其他设施。

（5）风险评估

学生办公室还进行风险评估，以确定高等教育提供方违反一项或多项现行条件的可能性。在认为此类风险增加的情况下，可对提供方施加一个或多个具体的注册条件。

（三）英国在欧洲高等教育质量保障系统中的角色

1. 英国高等教育质量保障体系是欧洲层面高等教育质量体系建立的基础

英国在欧洲高等教育区建设中发挥了积极的作用，推进了"知识欧洲"共同体发展。在欧洲层面内部、外部质量保障体系的建设中，英国表现出极大程度上的一致性，究其原因是英国高等教育质量保障体系成为欧洲高等教育质量保障体系建立的基础。欧洲高等教育区和英国高等教育各有所长。欧洲高等教育区教育资格的国际认可度、透明度和兼容性比较高，而英国高等教育一直坚持执行"学分换算促进学生选择和流动"的政策长达 20 多年，积累了丰富的成功经验。有鉴于此，2005 年欧盟颁布了《欧洲高等教育区资格框架》，其中大量采用英国的成熟做法。所以，在融入欧洲教育一体化的进程中，英国的学分制度需要做出的调整与改动比较小，与欧洲教育一体化的一致性较高。同时，为使整个欧洲高等教育区教育水准保持相对一致，照顾到各国的实际状况，各国起核心作用的机构便成了质量保障机制和监督标准的实施部门，《欧洲高等教育区质量保障标准与指南》则把这些核心机构串在了一起。[①] 该指南分为三个部分，分别对应欧洲高等机构的内部质量保障标准、外部评估以及欧洲质

---

① 沈伟：《趋同抑或求异：英国高等教育质量保障的过去与未来》，《高等教育研究》2018年第 10 期。

量保障机构的评估，这与英国已经形成的机构与项目为本的评估模式具
有一致性。

2. 推动博洛尼亚进程发展，参与跨国评估

2004 年，欧洲高等教育英国分部在伦敦成立，主管欧洲高等教育英
国事务，协调与英国的关系。由于英国是《索邦宣言》最初的签署国，
持续推动着博洛尼亚进程在欧洲的实施，英国的相关人员被调任博洛尼
亚进程相关部门工作，协调各项事务的落实。同时，在欧盟和英国文化
委员会的共同资助下，任命 14 位专家加强博洛尼亚进程中高等教育机构
的规范化与制度化建设。通过各种政策研讨会，他们确认资格认证中的
关键评估准则，加深了各国对彼此质量保障观念和行动的理解，推动了
欧洲高等教育质量保障相关政策的制定。2005 年，《欧洲高等教育区质量
保障标准与指南》出台。2008 年，欧洲高等教育质量保障机构注册制度
开始推行，英国高等教育质量保障署注册加入，ENQA 对其做出的评价
为："在所有领域都完全符合要求，为国际领先的质量保障机构之一。"
ENQA 的审查结果允许英国高等教育质量保障署在欧洲及其他地区进行质
量审查，于是一起主持开展了西班牙国家质量评估和认证机构、葡萄牙
高等教育评估和认证机构的外聘工作。积极的审查结果还允许 QAA 申请
重新确认其在欧洲质量保障局的认证，并允许在欧洲及其他地区开展质
量审查。

（四）英国融入欧洲高等教育质量保障体系的实施步骤

1. 英国融入欧洲高等教育质量保障体系的初始阶段（1988—1998 年）

英国在博洛尼亚进程之前的十年，在推进欧洲国家高等教育体系方
面发挥着主导作用，也是欧洲高等教育改革的发起人和积极领导者之一。
在这段时期内，英国高等教育已经开始履行《博洛尼亚宣言》中的部分
协议要求。

首先是学生的流动性。学生人数是高等教育中的重要组成部分，英
国自 1987 年加入伊拉斯谟项目以来，国际学生人数持续上升，学生的流
动性是英国高等教育的主要特征之一，这与博洛尼亚进程的主要推进方
向保持了高度一致。其次是三级学位制度。在 1999 年之前，英国已经有
了三级周期体系：三年制的学士学位、两年制的硕士和博士学位。虽然

硕士学位周期与《博洛尼亚宣言》中的规定存在差异，但是之后英国高等教育机构推出了一年制的硕士课程，逐步与博洛尼亚进程保持了一致。再次是质量保障机制的逐步建立。英国高等教育机构的教学和学术项目质量保障一直享有良好的声誉，并在其他国家受到高度重视。英国自参加学生交换项目以来，建立了学分和学位承认制度，这促进了在高等教育机构中提供高质量的学术服务。虽然英国政府要求进行质量保障，但是机构的外部质量评估由英国质量保障局组织进行，质量保障过程以六年为一个周期。这一做法后来被借鉴引入欧盟层面的质量保障机制。最后是学分与学位承认制度。1998 年，英国高等教育部部长与意大利、法国和德国教育部部长在德国索邦大学碰面，致力研究如何加速推动高等教育人员流动和资历互认工作。这次会议的重点是讨论这些国家机构之间学分转换与学位的对接，最终签署了《索邦宣言》。要根据英国已有的机制，循序渐进地推动欧洲高等教育学位和学制总体框架的建立，建立共同的本科、研究生学历机制，并促进师生流动。部长们还决定在《索邦宣言》的基础上，于 1999 年在意大利博洛尼亚举行会议，尝试建立整个欧洲大陆统一的高等教育体系。

2. 英国融入欧洲高等教育质量保障体系的实践阶段（1999—2010 年）

1999—2002 年是英国与欧洲高等教育质量保障体系充分融合的阶段。英国在 1997 年发布的《迪尔英报告》中提出：质量保障署承担质量保障、标准确认和证书框架的管理责任，授权质量保障署与高等教育机构合作成立专家小组制定质量标准，加强对学位授予质量的评估，建立公平、健全的涉及教育服务质量的投诉制度。1997 年 8 月，英国高等教育质量保障局正式成立。自此，英国高等教育质量保障体系中的单一质量保障和质量评估机构框架正式建立。[①] 在这个框架内，高等教育机构应能够证明所有完成课程的学生获得《高等教育资格框架》（FHEQ）颁发的资格。资格框架是所有高等教育利益相关者密切合作的产物，是基于公众对学术标准的信心和公众了解高等教育学历所代表的成就的理念而建立的。1999 年，英国与其他 28 个欧洲国家签署了《博洛尼亚宣言》，宣

---

① 王嘉毅：《英国高等教育质量保证政策的历史演变及启示》，《大学》（学术版）2010 年第 1 期。

言的目标是到 2010 年在全欧洲范围内建立欧洲高等教育区，会议参与国对这个提议表现出了强烈的兴趣，欧洲高等教育改革势在必行。2001 年，高等教育质量保障局发布了学术基础框架，意在整合英国高等教育领域质量评估的行为，将质量目标与质量评估纳入统一框架体系。自此，英国高等教育部门能够在一次评估行动中完成不同部门的质量审查需求。①自签署《博洛尼亚宣言》以来，英国各机构对欧盟提出的增加对高等教育投资的建议，以及增加学生和教员的交流项目表示欢迎，英国高等教育质量保障局于 2002 年制定了《高等教育学术质量和标准保障实务守则》，提出了一套关于高等教育机构学术标准和质量管理良好实践的标准指南。该守则包含十个部分，每个部分都定期更新审查和修订，以保持现有高等教育系统的准确性。

2003—2005 年是英国融入欧洲高等教育质量保障体系的重要阶段。英国高等教育质量保障局在机构审查和审计的基础上引入了新的质量保障流程，新的质量保障规定是在对高等教育机构的科目和课程进行全面审查后制定的。2003 年政府《高等教育的未来》白皮书阐述了政府对大学和高等教育机构进行彻底改革和投资的计划。白皮书包括改革学生资助体系的建议，以及让年轻人更容易接受高等教育计划的建议。2004年发布的《高等教育行动》对高等教育体系进行了改革，其中重要的是通过对学生的资助鼓励更多的青年人参加高等教育。该法案从 2006—2007 年开始在英国为全日制的本科生引入灵活的缴费体系，学生不需要预付学费并且可以选择贷款。当学生毕业之后，年收入超过15000 英镑时才开始偿还。自 2003 年以来，许多英国高等教育机构开始提供《文凭补充说明》，由于英国苏格拉底—伊拉斯谟委员会的支持，《文凭补充说明》开始逐步演变为高等教育机构强制实施的重要文件。欧洲调查显示，2005 年大约三分之一的受访机构颁发了《文凭补充说明》，2006—2007 年约有 50% 机构颁发补充说明。2004 年，英国教育与技能部还制定了《将世界引入世界一流教育——教育、技能和儿童服务国际战略》（*Putting the World into World-Class Education：An Inter-*

---

① 刘膺博、Martin Lockett：《英国高等教育质量保障制度：起源、演变与发展趋势》，《现代教育管理》2020 年第 7 期。

national Strategy for Education, Skills and Children's Services)，政府在报告中强调了"在欧洲发展灵活和反应迅速的高等教育体系"，以"在欧洲范围内取得进展，提高资格的可比性，更有效地安排学分转移和质量保障，提高学习成果的透明度和认可度，促进学生和教师的流动"。同时，还成立了英国高等教育欧洲部。该部门旨在加强英国高等教育在欧盟和博洛尼亚进程中的地位。

2006—2010 年是英国与欧洲高等教育质量保障体系的衔接阶段，进一步完善了英国高等教育质量保障体系与欧洲层面质量保障体系的对接。2006 年，英国高等教育欧洲部为英国高等教育机构制定了《文凭补充说明指南》。本指南介绍了《文凭补充说明》的目的、内容和用途，旨在促进在英国高等教育机构的使用，强调这份文件是提高整个欧洲高等教育资格透明度与认可度的重要举措，并指出这份指南在英国的使用有助于学生在欧洲高等教育区成员国的进一步学习或就业。该指南从十个方面明确了英国高等教育机构在文凭补充说明方面的法律与政策背景，指出了实施补充说明的益处，明确了结构与信息领域，并且列明了术语表清晰地阐述补充说明中的概念。

2008 年，英国高等教育学历资格与学分框架发布，支持资格证书与学位授予机构之间的学分转换与积累，同时实现了英国与欧洲资格框架的对接。在与欧洲层面对接中，英国主要从以下三个方面践行：（1）国家资格框架，英国各地区都建立了资格框架，并且这些资格框架的实施已经与欧洲高等教育区资格框架实施实现了兼容。（2）学分转换与积累系统，英国各地区在欧洲学分转换系统的实施方面达到了较高的程度，但是应用率在地区中存在差异，相关学位课程与预期的 ECTS 值的匹配度仍然存在显著差异。（3）先前学习认定，学分体系的使用促进了对先前学习的认可，英国高等教育质量保障局于 2010 年制定了与欧洲标准兼容的英国先前学习认可指南，但是英国高等教育机构可以自由调整认可制度。① 英国与欧洲层面学历资格与学分框架对接见表 4 – 3。

---

① 董衍美、张祺午：《英国学分积累与转换系统构建：历程回顾、现实挑战与发展方向》，《职业技术教育》2020 年第 18 期。

表4-3   英国与欧洲层面学历资格与学分框架对接

每个层次的典型高等教育资格	英国学历框架等级	最低学分	欧洲高等教育学历框架	欧洲高等教育区学分要求
博士（学术型）	八级	没有必需的学分要求	学历框架第三周期	没有必需的学分要求
博士（专业学位）	八级	540（英国学历框架八级为360）	学历框架第三周期	
硕士（研究型）	七级	没有必需的学分要求	学历框架第二周期	最低要求为60学分 90—100的学分范围在第二周期更为典型
硕士（教学型）	七级	180（英国学历框架七级为150）	学历框架第二周期	
硕士（综合硕士学位）	七级	480（英国学历框架七级为120）	学历框架第二周期	
一级医学资格与牙科	七级	没有必需的学分要求	学历框架第二周期	
荣誉学士学位	六级	360（英国学历框架六级为90）	学历框架第一周期	180—240学分
学士学位	六级	300（英国学历框架六级为60）	学历框架第一周期	

资料来源：根据英国学历资格对接框架整理。

3. 英国脱欧后高等教育质量保障体系发展（2012—2021年）

2013年，英国前首相卡梅伦首次提出脱欧公投。2016年，英国全体公民公投"脱欧"。2017年，在英国女王的授权下，新任首相特雷莎·梅正式启动脱欧程序。2020年1月，欧盟正式批准英国脱欧。虽然英国脱离对欧盟在金融和贸易等方面都产生了重要变化，然而，英国高等教育质量保障局在脱欧后表示，英国仍然是欧洲高等教育区的成员国，将继续参加博洛尼亚进程。由此可以看出，从英国高等教育质量保障体系来看，英国在欧洲高等教育市场中并没有准备发生变化。

2013年，欧洲高等教育质量保障协会对英国高等教育质量保障局开展评估，参考框架为2005版ESG，评估的周期为五年。2018年，在2015版ESG的指导下，欧洲再次对英国开展质量审核，审核内容主要围绕内部质量保障、外部质量保障和质量保障机构三方面展开。欧洲高等教育质量保障协会的外评结果显示，英国高等教育质量保障局完全符合欧洲的评估要求。尽管英国处于脱欧进程，但是英国高等教育质量保障局与欧洲高等教育质量保障协会保持了极大程度的一致性，原因主要有以下两方面：（1）欧洲高等教育质量保障协会与英国高等教育质量保障局在机构目标与定位上保持一致，两个机构都是独立机构，与大学或高等教育机构保持了良好的互动关系，拥有跨地区、跨区域管理的经验。（2）两个机构都将内部质量保障机制看作高等教育机构自治的重要部分，并且都通过质量保障改进和提升高等教育机构的质量，实现了高等教育竞争与市场问责保障的趋同。[1]

（五）英国高等教育质量保障体系在高等教育机构的运行机制

英国高等教育质量保障体系较具代表意义的实施体现在剑桥大学。该大学是英国最大的高等院校，拥有较高的国际知名度，同时拥有十分成熟的质量保障方案，质量成果与质量提高方案积极迎合变化中的需求以及学生的愿望。它是英国高等教育机构中质量保障体系发展十分完善且具有代表性的院校。

1. 剑桥大学的历史与现状

剑桥大学是世界上历史十分悠久的大学，也是世界上最负盛名的大学之一。欧洲历史表明，剑桥大学是在 1209 年由逃离牛津的学者成立的。1290 年，剑桥被教皇尼古拉斯四世认定为通识教育中心，其他欧洲中世纪大学的研究人员访问剑桥学习或演讲变得普遍。1511 年，著名的剑桥学者伊拉斯谟鼓励希腊语和希伯来语的学习。1536 年，国王亨利八世命令大学停止教授哲学。学校改变了课程，转向《圣经》和数学。几个世纪以来，剑桥大学在数学方面一直保持着优势。17 世纪，由于牛顿和他的追随者的数学著作，该大学经历了一个快速的发展时期。19 世纪和 20世纪的历史和政治发展对大学的发展产生了极大的影响。由于受到两次世界大战的影响，学校教学处于停滞，出现了严重的财政困难。1945 年

---

[1] 沈伟：《趋同抑或求异：英国高等教育质量保障的过去与未来》，《高等教育研究》2018年第 10 期。

以后，该大学在各个方面开始加速发展，包括创新的伙伴关系。

剑桥大学的使命是"通过追求最高、最卓越水平的教育、学习和研究，为社会做出贡献"[1]。自 13 世纪起源以来，这所大学通过教育和研究、组织结构的独特性和学术传统，对英国和国外的社会做出了十分杰出的贡献。2020 年，剑桥大学在英国泰晤士的排名位于第一，全欧洲高等教育机构的排名位于第一，全球 QS 的排名位于第三。

2. 剑桥大学与英国质量保障局、欧洲高等教育质量保障协会政策的兼容性

欧盟高等教育质量保障体系的兼容性可以从欧洲层面、国家层面和剑桥大学的层面进行对比分析（如图 4-1）。首先，通过对《欧洲高等教育区质量保障标准与指南》（ESG）和英国国家质量保障政策分析，我们可以看出 ESG 在英国国家层面的适应性。其次，审查质量保障政策在高等教育机构层面的落实，对比分析剑桥大学质量保障政策之间的异同，可以发现 ESG 的实施与适应过程。详见表 4-4。

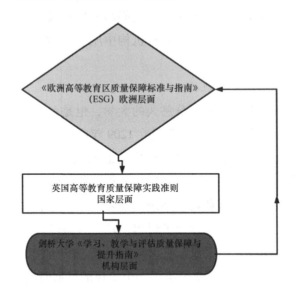

图 4-1 欧盟高等教育质量保障体系兼容性分析

资料来源：根据相关资料整理。

---

[1] www. admin. cam. ac. uk/univ/mission. html.

表4-4　剑桥大学与英国质量保障局、欧洲高等教育质量保障

协会政策的兼容性比较分析

	《欧洲高等教育区质量保障标准与指南》（ESG）	英国高等教育质量保障实践准则	剑桥大学《学习、教学与评估质量保障与提升指南》
目标	建立一套关于质量保障的商定标准、程序和指南，确保为质量保障机构建立足够的同行评审体系，达到在欧洲高等教育区质量保障的一致性	确立了全面系统的规则，为高等教育机构有意识、积极、系统地保障学术质量和标准提供了权威的参考点	对批准、监测和审查的程序进行了重大修改
颁发机构	2005年由欧洲高等教育质量保障协会与EUA、EURASHE和ESIB合作发布	由英国高等教育质量保障局发布	2002年剑桥大学颁布
政策结构	第1部分：高等教育机构内部质量保障标准（包含七个标准）；第2部分：高等教育机构的外部质量保障标准（包含八个标准）；第3部分：外部质量保障机构的保障标准（包含八个标准）		第1节：提供了与教师教学质量保障相关的信息；第2节：提供了关于需要与学术部门联系的过程
案例政策比较分析	1.3学生评估：学生应采用公开的标准、规定和程序进行评估	第六节：评估学生 学生学习 评估小组和考试委员会进行评估 金额和评估时间 标记和评分 反馈学生绩效 员工发展和培训 语言学习和评估 专业、法定和监管机构的要求 评估规定 学生进行评估 记录和沟通评估决策	1.3.5学生反馈 1.3.6反馈学生 1.3.7保留或存档评估工作 1.7.3课程和评估形式1.7.5评估实践 2.1.6考虑的问题清单或新课程提出 2.6处理检查员报告 2.6.1报告要求和时间表

资料来源：根据相关标准整理。

从目标、颁发机构、政策机构和案例比较分析可以看出，英国的国家政策、实践准则和剑桥大学的机构政策有较好的兼容性，同时对 ESG 进行进一步的细化，使其更符合国家与机构的要求，更具实践性。通过对学生评估这项标准的对比研究可以看出，无论是欧洲层面、国家层面还是机构实施层面，该项标准都具有等效性。

二   欧盟高等教育质量保障体系在欧洲高等教育发达国家的实施——德国

（一）德国高等教育体系概况

德国是世界上高度发达的工业国家，经济总量居于欧洲首位、世界第四，仅次于美国、中国和日本。德国高等教育曾是世界高等教育的中心，现代大学理念广泛影响世界高等教育进程。但是，鉴于德国高等教育体系的独特性与封闭性，德国高等教育逐渐退居次要地位。对于德国高等教育的复兴研究也是当今高等教育研究的热点。当前，德国共有高等院校 392 所，注册学生人数超过 200 万，应用科学大学 215 所，各高校共设立专业 15000 多个。为了追赶世界高等教育潮流，缩小与一流高等教育国家的距离，德国实施了一系列的改革，德国高等教育也呈现出新的特色。

1. 新型大学在德国的兴起

欧洲大学于 13 世纪兴起，意大利博洛尼亚大学、法国巴黎大学、英国的牛津和剑桥大学逐渐出现，促进了新科学的诞生。虽然欧洲最早的几所大学并没有出现在德国，但是德国也在持续地发展，巴黎大学成为德国大学发展的主要典范。大学在当时具有学位的授予权，同时拥有完全的自治权，可以自己制定大学章程，教师和学生也很乐意去国外留学与游学。

文艺复兴后，德国成为拥有大学最多的国家，法学和哲学逐渐进入大学。德国大学仍然服务于上层社会，致力于培养公职和神职人员。从 17 世纪开始，德语逐渐取代拉丁语成为授课语言，开始接受学术自由的理念。学者可以自己开展研究，并将教授的任命权交予德国大学。18 世纪，被称得上德国大学史上真正的现代大学逐渐建立，哈勒大学和哥廷根大学在教授的课程中采纳了现代的哲学和现代科学，以思想自由和教学自由作为基本原则。但是德国高等教育制度与欧洲其他发达国家相比，仍然还是落后于时代发展。1810 年，柏林大学正式成立，成为高等教育的改革先驱和新型大学的最早代表，成为之后新型大学的典范。费希特提出，学术研究的最终目的是取得知识，要求学生提高思考能力和开展科学研究的能力。柏林大学推崇学术自由，教师的教学与学生的学习都是自由的，学生可以自由选读想学的课程，强调教育与科研基地相结合，教师应该将方法论和前沿知识传达给学生。洪堡改革改善了德国高等教育不断衰落的现象，德国大学获得了全球的声誉与学术自由，柏林大学成为瞩目的焦点。德国高等教育逐渐成为世界工人的科学研究中心，世界各地的学者不断到德国留学，其他大学也开始效仿德国模式。

2. 近代德国高等教育的改革运动

两次世界大战给德国带来了严重打击，人才流失，世界科学中心和世界高等教育中心从德国转移到了美国。德国经济快速增长，社会对劳动人才的需求持续提升。20 世纪 60 年代，德国出现了高等教育改革运动，提出了教育民主化和机会平等。德国高等教育的数量逐步取代了质量，一大批"新大学"涌现，高等教育开始扩张并进入大众化时代。

近代德国高等教育主要关注三个方面的内容：（1）提升高等教育的有效性；（2）提高大学行政结构和内部管理的效率问题；（3）全球化与欧洲化的问题。随着高等教育进入大众化的过程，大学教育与劳动力市场的需求不匹配成为政策专家持续关注的问题，高等教育与就业之间的关系成为研究的要点。进入 20 世纪 90 年代，德国高等教育系统有了进一步的发展和扩张，德国高校面临着政府对高等教育支持力度不断下降、教育拨款持续减少的困难局面。然而，政府对高校的要求逐渐提高，希望高等教育承担社会责任，在国际合作和竞争中发挥作用，根据市场要求进行改革。

20 世纪 80 年代，美国居于全球高等教育市场第一位，部分学者建议引入美国大学竞争和差异化的机制，但是受到德国大学自治理念的限制，德国高等教育质量保障逐渐落后。直到 90 年代，德国才开始逐步地改革自身的高等教育体系，适应全球高等教育发展趋势。

3. 当代德国高等教育的转变

当前，德国共有 423 所高等教育机构，在 2020 年全球前 100 名 QS 高等教育机构排名中，仅有 3 所高校上榜，分别是慕尼黑工业大学（55 名）、慕尼黑大学（63 名）以及海德堡大学（66 名）。2021 年，全球前 100 名 QS 高等教育机构排名中，仍然只有这三所院校。部分大学仍然坚持自身的传统拒绝转变。德国大学面临着越来越紧缩的预算，国家大力支持现代研究型大学发展，挤压了其他大学和技术学院的生存空间，洪堡大学、哥廷根大学等传统院校的全球排名都在 150 名之后。

（二）德国高等教育体系的特点

1. 联邦结构

由于德国的联邦教育体系，包括高等教育在内的教育责任属于 16 个州，州内的行政机构负责资金以及各项事务的组织，每个州都有自己的高等教育立法。德国教育和文化事务部长常设会议（KMK）负责协调教育相关机构。

2. 提供多元化学习课程的高等教育机构

德国文凭补充说明将德国高等教育机构（HEIs）分类如下：（1）大学，包括各种专业机构，提供全部 155 个学科教育。在德国的传统中，大学特别注重基础研究，大学内的高级研究以理论研究为主。（2）应用科学大学，该类机构的研究项目集中在工程技术学科、与商业相关的研究、社会工作和设计领域，该类高等教育机构以应用为导向和研究重点。（3）艺术和音乐学院，该类机构重点关注艺术、表演艺术和音乐艺术研究，导演、制作、戏剧、电影和其他媒体写作等领域的研究，以及建筑、媒体和传播领域的研究等。当前，德国有 423 个高等教育机构，总共约 290 万学生。其中，108 所大学，211 所应用科学大学，52 所艺术/音乐大学，52 所属于其他类别（如公共行政大学、神学大学和教育大学）。

3. 资助体系

德国高等教育系统的资助主要是基于《德国基本法》的规定。高等教育机构的大部分资金来自州拨款，另一部分则来自联邦政府和州政府对部分项目的资助，机构也可以申请外部基金对高校研究项目的资助。

（三）德国高等教育质量保障体系历史演进

德国高等教育为了保障学位质量，引入认证制度并使其成为德国高等教育质量保障的主要方式。早期德国高等教育认证制度是保障课程符合高等教育的标准，确保课程与劳动力市场的相关度。随着高等教育管理体制改革，高校自治权扩大，德国高等教育认证制度成为促进高校自律的重要机制。

1. 专业认证

德国高等教育最早的认证制度是专业认证，专业认证在德国产生了十分广泛的影响。从专业认证实施以来，它认证了德国高等教育机构中近一半的专业。由于快速而广泛地推行，专业认证中出现了一些问题。主要表现在以下三个方面：首先，认证委员会特殊的身份，认证机构做出的判断是独立的，认证委员会则不是，未经国家高等教育相关机构的同意，认证委员会不得就结构准则和评估方案做出决定。认证的历史被解读为一场组织独立性与代表联邦州的监管之间的持续斗争。认证委员会在很多方面受德国国家文化和教育部长常设会议政策支配，该会议代表占认证委员会指导委员会成员一半以上。认证机构一直在为独立性而斗争，认证委员会却处于政治机构与相对独立的认证机构之间的尴尬境地。其次，认证并不能完全取代行政机构对课程的批准，专业认证与行政机构的批准之间存在双重结构。最后，专业认证与专业设立之间存在滞后关系，许多专业在没有认证的情况下开办。另外，认证的成本对于高等教育机构来说也是一笔不小的开支，高等教育机构必须自己拿出资金进行认证，造成了沉重的经济负担。在这样的背景下，德国高等教育认证开始寻找新的办法，体系认证由此兴起。

2. 体系认证

体系认证的核心是认证高等教育机构内部教学质量保障体系，要求高校通过建立有效的内部质量保障体系，保证各个专业达到高等教育质量的最低要求。体系认证主要有以下四个环节：（1）质量规划，高等教育机构内部质量保障体系的目标是保障该校高质量的专业教育；（2）质量监控，高等教育机构内部质量保障体系应该能够覆盖机构内所有专业，以及该专业发展的每个环节；（3）质量提升，高等教育机构内部质量保障体系的参与者能够致力于质量的提升；（4）质量结果，高等教育机构内部质量保障体系应该能够保障各个专业目标明确，并为专业目标实现制定一系列的保障措施，提供完善的组织和充足的物质保障。体系认证可以促进高等教育机构内部质量保障体系更好地发挥作用，确保专业质量达到标准。体系认证中的认证机构并不直接参与高校的专业认证，而是对机构内部质量保障体系进行认证。认证机构的认知为：假如高等教育机构内部质量保障体系获得认证，高校完全能够保障自身开设的专业教育质量。从这个意义上来说，体系认证相当于认证机构将专业认证授权给高校，高校可自行认证专业教育质量。因此，体系认证在高校内部建立了相对各个专业的外部质量保障体系，使高校能够成为自我质量保障的独立整体。[①]

（四）德国高等教育质量保障的机构及相关政策

1. 监督与开展认证的机构

（1）认证委员会

德国的认证体系由两个层次组成，最重要的一级为德国认证委员会。在该委员会的监督和指导下，实际的认证机构为第二级。这反映出联邦政府的责任框架就是保障机会平等，各州对教育领域的所有事务都承担实际责任。认证委员会共有 17 名成员，分别来自高等教育机构、各州教育研究部门、不同专业领域代表、学生代表、国际专家和来自认证机构的专家。认证委员会的职责为：批准认证机构、监督认证机构的工作并定期组织重新认证，明确认证标准程序。认证委员会成立的最初几年，还参与硕士学位与学士学位的课程认证，为认证提供了宝贵的经验。自2003 年起，认证委员会不再参与学位课程的实际认证。之后，认证委员会成为欧洲高等教育质量保障网络的成员，与外国机构协商合作，相互承认认证决定与学位。[②]

---

① 矫怡程：《德国高等教育体系认证：缘起、进展与成效》，《外国教育研究》2016 年第 2 期。

② Schade A. , *Shift of Paradigm in Quality Assurance in Germany: More Autonomy but Multiple Quality Assessment?*, Accreditation and Evaluation in the European Higher Education Area. Springer, Dordrecht, 2004, pp. 175 – 196.

（2）认证机构

德国认证体系的第二级由认证机构组成，只有获得认证委员会认证的机构才允许开展认证，但是高等教育机构和部门可以选择从国际认证机构获得特定专业课程的认证。德国本土获得认证的机构共有六家，这些机构要么在区域范围内活跃，针对所有的科目和学科开展认证，要么面向整个德国开展特定科目和学科的认证。它们分别是：研究项目认证质量保障机构（AQAS）——特定区域内开展一般认证；计算机科学、自然科学和数学研究项目认证机构（ASIN）——特定学科认证；卫生保健和社会工作领域研究计划认证机构（AHPGS）——特定学科认证；认证、证明和质量保障研究所（ACQUIN）——特定区域内开展一般认证；国际商业管理认证基金会（FIBA）——特定学科认证；中央评估和认证机构（ZEvA）——特定区域内开展一般认证。这些机构基本都是非营利组织，具有相对独立的认证权力。

德国认证遵循的前提为：开展质量保障，证明某一学位课程符合学习标准；实现多样性；创造透明度。

2. 认证的程序

德国的认证程序分为三个步骤：第一，高等教育机构向认证委员会提出申请，认证委员会审查申请是否符合规划的要求，与高等教育机构就认证的时间达成一致。第二，对申请进行更详细的审查，向机构内负责的认证委员会建议审查小组，并任命同行评审员。通常，同行评审员小组包括各自专业领域的代表和该学科毕业生以及雇主代表，决定认证的机构代表担任访问报告员。在对高等教育机构的访问期间，评审小组将与学院院长、负责课程的教学人员、教师和学生代表进行会谈。该报告以认证申请和访问结果为基础，以认证建议为结束。高等教育机构在收到报告和建议之后，可以对报告提出反馈意见。第三，报告定稿及建议，将其提交给认证委员会，委员会做出最后决定，明确是否符合要求，也可以在重新认证过程中检查是否满足相关条件。认证期限比正常的五年要短，之后必须进行重新认证。

申请认证的材料主要包括两部分：第一部分需要提供全体教师或系的背景信息，例如学生人数、学位课程信息、教师人数、毕业生人数以及基础设施的基本信息。第二部分需要得到认证专业的基本信息，这部分的指导方针在各个认证机构之间存在差异，通常包括对学习课程、目标学生、教师、模块、课程毕业生潜在的工作，以及课程包括的关键能力或技能的详细描述。认证机构在正式层面检查申请的完整性和一致性，同行评审初步分析申请的内容和质量。同行评审包括两个部分：首先是评审员对申请的初步分析，在分析过程中注意到开放性问题，并确定现场访问期间的访谈主题；其次是实际的现场考察，确定工作的步骤。

3. 认证的结果

根据认证委员会的认证结果规定，德国认证、证明和质量保障研究所将认证结果分为三类：通过、认证程序推迟和没有通过认证。通过认证意味着该高等教育机构符合体系认证的标准，机构内部质量保障体系有效，该校的专业也同时通过了认证。当认证机构发现高等教育机构内部质量保障体系或高校专业存在问题时，研究所会推迟认证程序，给高等教育机构时间进行改正。研究所认为高等教育机构内部质量保障体系或专业质量不符合认证标准时，将会给予机构不予通过认证的决定。

（五）德国高等教育质量保障体系在高等教育机构层面的运行机制

德国高等教育质量保障体系较具代表意义的实施体现在美因茨约翰内斯·古腾堡大学。该大学是德国规模最大的高等院校，学校有十分成熟的内部质量保障体系，同时也为德国的高等教育认证体系提供了有参考价值的模板。

1. 美因茨约翰内斯·古腾堡大学的历史与现状

美因茨约翰内斯·古腾堡大学成立于 1477 年，1789 年拿破仑军队占领该城时关闭，1946 年重新开放。大学致力于推广和实施创新理念，利用知识改善人们的生活，鼓励他们跨越国界。美因茨约翰内斯·古腾堡大学（JGU）拥有来自 120 多个国家的约 31000 名学生，拥有 76 个研究领域和 289 个学位课程，是德国规模大、多元化程度高的大学之一。美因茨约翰内斯·古腾堡大学是一所以研究为导向的教学机构，目前是在全球享有盛誉的研究型大学。

德国高等教育质量保障的认证体系是在美因茨约翰内斯·古腾堡大学内部质量保障实践的基础上逐步建立起来的。大学在质量保障方面有着优良传统，并于 2003 年建立了自己学校的"质量保障及发展中心"。

该中心作为学校科研管理的重要机构，在美因茨约翰内斯·古腾堡大学内部质量保障上取得了丰硕的成果。2006 年，美因茨约翰内斯·古腾堡大学与德国认证机构"认证、证明和质量保障研究所"（ACQUIN）合作探索体系认证的思路与规则框架。德国认证委员会于 2008 年发布了《体系认证规范》。该规定成为体系认证的重要指导文件，同时也为高校内部质量保障提供了参考与规范。

2. 美因茨约翰内斯·古腾堡大学与德国认证机构、欧洲高等教育质量保障协会政策的兼容性

欧盟高等教育质量保障体系在德国层面实施的进程相对较为缓慢，但是该政策仍然具有较好的兼容性。通过对《欧洲高等教育区质量保障标准与指南》（ESG）和德国体系认证标准的对比，我们可以看出 ESG 在德国认证机构层面的适应性。美因茨约翰内斯·古腾堡大学的内部质量保障体系发展成为德国认证机构的标准，该标准在高等教育机构层面也具有良好的兼容性。详见图 4 - 2。

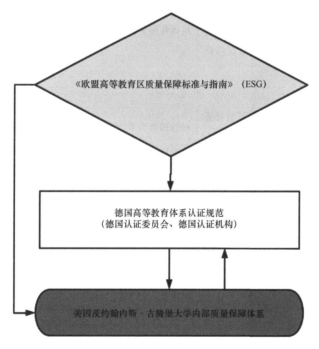

图 4 - 2　欧盟高等教育质量保障体系兼容性分析
资料来源：根据相关资料整理。

从目标、颁发机构、政策机构和案例比较分析可以看出，德国的国家政策与美因茨约翰内斯·古腾堡大学的机构政策完全遵循了 ESG 的指导，在细化 ESG 的基础上使其更符合德国高等教育体系的特点，更具实践性。通过对质量保障目的的对比研究可以看出，在欧洲层面、德国层面和高等教育机构层面，各项标准都具有等效性。详见表 4-5。

表 4-5 美因茨约翰内斯·古腾堡大学与德国认证委员会、欧洲高等教育质量保障协会政策的兼容性比较分析

	《欧洲高等教育区质量保障标准与指南》（ESG）	德国教育和文化事务部长常设会议（KMK）德国认证委员会（ACQUIN）《州际认证研究条约》	美因茨约翰内斯·古腾堡大学（JGU）《体系认证规范》
目标	建立一套关于质量保障的商定标准、程序和指南，确保为质量保障机构建立足够的同行评审体系，达到在欧洲高等教育区质量保障的一致性	致力于高等教育机构的学术自由和自治，它为高等教育机构外部质量保障体系提供指导	致力于正确评估内部教学管理体系的有效性，确保教学质量的持续提升
颁发机构	2005 年由欧洲高等教育质量保障协会与 EUA、EU-RASHE 和 ESIB 合作发布	由德国教育和文化事务部长常设会议（KMK）发布	由德国认证、证明和质量保障研究所发布
政策结构	第 1 部分：高等教育机构内部质量保障标准（包含七个标准）；第 2 部分：高等教育机构外部质量保障标准（包含八个标准）；第 3 部分：外部质量保障机构的保障标准（包含八个标准）	第一部分：总则 第二部分：个别条款（共十八条）	第一部分：质量政策 第二部分：质量保障过程 第三部分：信息沟通 第四部分：核实和进一步发展

续表

《欧洲高等教育区质量保障标准与指南》（ESG）	德国教育和文化事务部长常设会议（KMK） 德国认证委员会（ACQUIN） 《州际认证研究条约》	美因茨约翰内斯·古腾堡大学（JGU） 《体系认证规范》
案例政策 比较分析	ESG 标准 2.2 质量保障过程的目的和目标应由负责人（包括高等教育机构）在制定质量保障过程之前确定，并应公布使用的程序说明	《州际研究认证条约》和 GAC 的使命声明是，基于高等教育机构质量保障的主要指导原则，加强教学，认证作为一个外部的、科学主导的教学质量保障体系，并与 ESG 兼容	质量政策；高校目标定位；高校教学、研究和服务定位；将质量管理体系纳入高校使命中；清晰定义高校对质量和质量政策的理解

资料来源：根据相关标准整理。

三　欧盟高等教育质量保障体系在中东欧的发展——波兰

波兰位于欧洲中部，是欧洲第九大国。1989 年东欧剧变之后，波兰逐步成为中东欧地区发展较快的国家之一。加入欧盟后，它的经济发展速度也较快。虽然受到国际金融危机影响，但是经济情况仍然好于欧盟多数国家，为欧盟唯一实现正增长的国家。

（一）波兰现行高等教育制度

1. 波兰高等教育历史

波兰高等教育有着悠久的历史，始于 13 世纪。克拉科夫学院成立于 1364 年，后来被称为雅盖隆大学（Jagiellonian University），是欧洲历史上第四所最早创立的大学，是波兰第一所大学，也是中欧第一所大学，被认为是波兰最杰出的大学。它经历了几个世纪的盛衰，为数学、天文学等学科的发展做出巨大贡献。[①] 自 14 世纪以来，许多波兰学生在国外学习，特别是在意大利和法国。[②] 1773 年，波兰成立了国民教育委员会，它被认为是世界上第一个国家教育部。在中欧和东欧，洪堡式的高等教育理念一直盛行，教授和学生享有教学和学习自由的权利，鼓励独立研究成为大学的主要原则。[③]

许多波兰公立高等教育机构是在二战后建立的，教学体系也发生了多次变化。1919—1939 年，四年制的学位课程占主导地位。1948 年，波兰高等教育引入了 3 + 2 的学士学位和硕士学位模式。在高等教育的持续改革进程中，国民教育的其他部分也进行了重组。例如 1953 年，小学被标准化为 8 年，中学则为 4 年。与此同时，为了让公民做好成为熟练工人的准备，在农村和城市修建了数百所学校。为了适应学生人数的增长，教师也从 1948 年的 8 万人增加到了 1962 年的 15.7 万人。[④] 1989 年东欧剧变，波兰的局势发生了巨大变化，在高等教育机构发展方面实现了一次跨越，高等教育机构数量提升，私立高等教育机构不断增多。自 1990 年以来，波兰开始实施三级教学体系（学士、硕士和博士学位），并发布了《高等教育法》，规定允许建立私立学校，教育系统的管理和行政权力下放。[⑤] 自那时起，波兰高等教育体系与英美高等教育结构更为相似。

2. 波兰高等教育的改革

1989 年后，在自由市场经济中，建立新的高等教育机构发生了真正的爆炸。[⑥] 与大多数欧洲国家一样，波兰高等教育经历了扩张，不仅机构数量增加，而且学生数量和提供的学术课程也随之增加。自由

①　周健：《波兰高等教育概况》，《俄罗斯研究》1983 年第 6 期。

②　Filipkowski A. , "The Implementation of the Bologna Declaration in Poland", *European Journal of Engineering Education*, No. 2, 2003, pp. 237 – 245.

③　Perkin H. , *History of Universities*, International Handbook of Higher Education. Springer, Dordrecht, 2007, pp. 159 – 205.

④　Wulff K. R. , *Education in Poland: Past, Present, and Future*, University Press of America, 1992.

⑤　Zgaga P. , "The External Dimension of the Bologna Process: Higher Education in South East Europe and the European Higher Education Area ina Global World Reforming the Universities of South East Europe in View of the Bologna Process", *Higher Education in Europe*, No. 3, 2003, pp. 251 – 258.

⑥　Filipkowski A. , "The Implementation of the Bologna Declaration in Poland", *European Journal of Engineering Education*, No. 2, 2003, pp. 237 – 245.

市场经济和鼓励扩大高等教育机构的立法框架导致波兰大学和学院的入学人数急剧增加。进入波兰公立高等教育机构的机会具有竞争性。高等教育的纵向和横向扩展导致了大学学术项目的增多和课程结构灵活性的提升。

1997 年波兰颁布的高等职业教育法对教育制度进行了改革，《博洛尼亚宣言》的发布迫使波兰调整高等教育体系，使其能够符合博洛尼亚进程的要求。2005 年新的高等教育法签署，将波兰高等教育体系定义为三个学习周期，即学士、硕士和博士学位，引入学分累积和转移体系，同时引入《文凭补充说明》。该法律还规定了质量保障原则，强制执行与欧洲相当的质量标准。

（二）波兰高等教育质量保障体系的建立及演进

2001 年，波兰通过立法在整个高等教育内建立了质量保障体系，为所有类型的高等教育机构和研究领域引入了统一和强制性的制度，并于 2002 年成立国家认证委员会（PAC）。高等教育质量保障体系改革主要涉及加强质量保障措施，逐步将外部质量保障的重点转移到质量改进和提升上来，简化外部质量保障标准和保障程序，强调内部质量保障的重要性。同时，立法确定了为高等教育机构提供国家预算拨款的计划，为高等教育质量保障活动提供了法律依据。2011 年，对高等教育法进行了修订。根据欧洲高等教育区的基本原则，法律确定了高等教育机构对质量保障承担主要责任，指出内部质量保障体系是国家认证委员会进行外部评估的主要标准之一，认证委员会的职责也扩展到了对高等教育机构的定期评估。法案修订后，将教育质量与国家预算相结合，高等教育机构可以在良好的质量评估后获得额外的资金支持，用于改善机构的内部质量保障体系。2016 年通过的立法修正案进一步将国家认证委员会的重点转移到质量提升上，简化了评估的标准，通过实地考察，结合定性和定量两种方式，着重提升高等教育机构的内部质量保障。尽管2011—2015 年间波兰高等教育质量保障体系发生了变化，但是高等教育质量并未得到明显的提升，与社会经济需求的相关性有限，第三周期博士阶段教育有效性较低。针对出现的问题，科学和高等教育部起草了关于高等教育的新立法，现行体系以 2018 年的《高等教育与科学法案》为基础，在之前高等教育机构评估和再评估，以及非公立高等教育机构初始和课程定期认证的基础上引入了两个新体系，即非强制性的综合评估和强制性博士教育质量评估。根据现行法律，教育和科学部在竞争的基础上通过特定的项目向高等教育机构提供额外资金。例如"卓越计划：研究机构"项目，该项目的目标为提高高等教育机构的国际地位，在开展博士教育且得到认证委员会积极评价的公立或非公立大学都可以获得额外的资金支持，用于提高教育质量，特别是优先研究领域的教育质量。

(三) 波兰高等教育质量保障体系

鉴于每人都能接受高等教育的事实威胁，在波兰发展和实施认证的主要原因是保持高等教育质量。[①] 波兰开展高等教育质量保障的机构主要有两种类型：受到美国模式影响的国有认证机构和环境认证机构。环境认证机构由愿意对高等教育机构提供的特定课程组或研究领域进行认证的学术团体代表组成。

1. 监管机构

(1) 国家层面的机构

国家教育部 (PKA) 负责制定教育管理的政策和核心课程，并与教育领域的其他组织机构和单位合作开展教育监督工作，与地方机构共同管理和运营学校，监督教育政策的实施，并负责教学监督工作。

科学和高等教育部 (PKA) 监督高等教育系统和公立、私立高等教育机构，监督科学研究的发展，并在高等教育理事会的支持下制定有关高等教育的政策，监督学生和博士研究生的学习以及高等教育机构的运作。机构从高等教育理事会、波兰学术学校校长会议、职业高等教育机构校长会议、高等教育机构的参议员、学生议会、国家学术协会等机构选取和任命成员。PKA 共有 11 个委员会，分别研究以下领域：人文学科、自然学科、美术、工程与技术、数学、物理和化学、经济学、农

---

① Schwarz S., Westerheijden D. F., *Accreditation in the Framework of Evaluation Activities: A Comparative Study in the European Higher Education Area*, Accreditation and Evaluation in the European Higher Education Area. Springer, Dordrecht, 2004, pp. 1 - 41.

业、林业和兽医科学、社会科学和法律、医学科学、体育和军事。机构的主要工作职责为：①规定项目评估的一般标准以及博士教育质量的综合评估；②对新的非公有高等教育机构评估认证，初始期限为六年；③授予公立和非公立高等教育机构建立第一、第二和长周期学习计划的许可。

高等教育理事会是一个选举产生的代表机构，自 1982 年起运行。该理事会负责研究领域和教育标准的制定，起草有关高等教育的预算意见，以及向高等教育机构提供国家补贴的原则。

（2）独立的质量监督机构

波兰国家认证委员会（PAC）根据 1990 年修订的高等教育法成立于 2002 年 1 月，根据 2005 年 7 月修订的高等教育法运作。该机构负责评估学习领域的质量教育，包括评估是否遵循提供学位课程的要求，审查设立高等教育机构的申请，以及审查批准高等教育机构提供特定领域和特定学习水平的学位课程，给高等教育机构做出认证决定，并向教育和科学部提供意见。国家认证委员会是自治机构，其独立性通过了三次外部审查得到确认（2008 年、2013 年和 2018 年）。该机构自 2009 年被授予 ENQA 的正式成员资格，并于同年加入 EQAR。国家认证委员会成为唯一覆盖整个高等教育领域并成为教育质量评估服务的法定机构，其意见和决议具有法律效力。

研究评估委员会（REC）成立于 2019 年。作为高等教育质量保障领域的机构，REC 对研究活动和开展博士教育的学校的教育质量进行评估，并对这两类评估结果展开分析。该机构还负责起草出版经审查的研究专著和科学期刊清单，向科学和教育部建议对经过评估的机构进行评级。REC 由每个学科领域的三名代表和七名具有政策研究经验的成员组成，成员由科学和教育部部长任命。在国家立法中规定了 REC 的责任和一般操作框架以及对博士教育学校评估的一般标准。目前，该机构尚未接受外部审查，也不是 ENQA 和 EQAR 的成员。

波兰学术型学校校长会议（KRASP）成立于 1997 年，是代表波兰高等教育机构校长的协会。该机构有权授予博士学位，负责波兰的同行认证。这类认证是自愿的，由八个认证委员会执行。该委员会授予的认证被视为特定机构的高等教学质量标准的代表。

学术认可和国际交流局（BUWWM）向国家教育部部长报告，履行国家网络信息收集与发布的职责。该机构为波兰在欧盟获得专业资格认可的联络点。该机构的主要职责为：①提供海外高等教育文凭的信息和意见，执行与外国合作伙伴签订关于海外波兰公民和在波兰的外国公民的学术认可与教育的国际合同或协议；②提供欧盟成员国授予从事受管制专业或活动的认可原则信息。

（3）负责内部质量保障的机构

国家立法未确定负责内部质量保障的机构，高等教育机构在其内部条例中规定了详细的内部质量保障安排。高等教育机构已任命校长、协调员或其他人员、委员会或其他机构的代表，和/或设立了直接负责内部质量保障的单位。

2. 外部质量保障体系

波兰目前已开展以下的外部质量保障流程：（1）初始机构评估与认证：评估申请，将新非公立机构纳入非公立高等教育机构登记机制；（2）机构重新评估与重新认证：非公立机构注册续期和注册有效期延长的申请；（3）初步方案评估与认证：评估在任何研究领域设立第一、第二和长周期方案的申请和许可；（4）定期方案评估与认证：对所有研究领域正在进行的第一、第二和长周期方案开展定期的评估与认证。所有这四个过程都是强制性的，被定义为认证过程。虽然该术语没有在立法中使用，但是仍然以具有法律效力的正式决定公布，决定非公立高等教育机构是否可以建立或运营，或公立、非公立高等教育机构中的项目是否可以继续建立或继续运营。高等教育立法还规定了将在未来几年实施的两个新程序：（1）以内部质量保障为重点的综合评估，该评估不是强制性的，将根据高等教育机构的要求开展；（2）开展对提供博士教育的机构的强制评估。

（1）机构与项目的评估和认证

作为初始机构和课程评估及认证的一部分，非公立高等教育机构进入注册和课程设立许可的申请由波兰认证委员会（PAC）进行评估，科学和教育部发布注册决定并授予许可证。通过对 PAC 的咨询，作为对机构再评估和认证的一部分，它更新非公立高等教育机构的注册。高等教育机构应该符合特定的标准，此类许可具有监督职能。PAC 的评估重点已经从正式和法律应遵守的方面转移到拟议计划的质量本身。国家立法并未明确提及"机构认证"，但是规定了将非公立高等教育机构纳入注册体系的强制性。高等教育机构的创办人提交登记申请，科学和教育部发布登记决定，进入登记系统后的有效期为 6 年。

（2）定期课程评估与认证

开展所有研究领域的定期课程评估与认证是 PAC 的职责，旨在将监督和咨询职能结合起来。一方面，正在进行的课程需要此类的评估与认证，委员会的评估包括课程质量本身以及遵守法律方面的情况，一旦委员会做出否定的决定，将会导致项目许可的撤销；另一方面，根据法律和委员会本身的使命，委员会在评审过程中强调提升质量，委员会除了做出"是与否"的评审决定外，根据教育过程中的良好实践或学生和毕业生取得的成绩，还可以为高等教育机构颁授卓越教育质量证书。该证书是某一课程获得认可后颁发的积极决定。

（3）综合评估

在高等教育机构的申请下，PAC 将对该机构提供的所有领域内的学位课程内部质量保障体系有效性进行综合评估。如果高等教育机构课程的综合评估以及之前该课程的综合评估结果均为良好，PAC 将不会对该课程进行定期评估。如果 PAC 做出的课程评估决定不合格，相关机构可根据法律规定的期限重新申请综合评估。

（4）博士教育质量评估

研究评估委员会将对博士教育质量进行评估。虽然立法中没有使用"认证"一词，但是这种评估是个"是与否"的认证过程。如果评估结束结果良好，博士教育机构还需要在法律规定的时间框架内进行重新评估。如果评估结果不合格，高等教育机构将不再被授权开展博士层面教育。

3. 内部质量保障体系

法律要求高等教育机构建立内部质量保障机构，确保提供高质量的教育，但是法律并没有规定内部质量保障的具体安排，只是确定了评估的一般原则。高等教育机构对自己内部质量保障体系享有自治权，国家认证委员会在外部质量保障的进程中强调了内部质量保障体系的重要性。

（四）波兰高等教育质量保障体系的实施步骤

波兰高等教育质量保障体系的发展经历了三个阶段，逐步实施了欧盟高等教育质量保障政策，提升了本国的高等教育质量，加强了学生在欧洲范围内的流动。

1. 波兰融入欧洲高等教育质量保障体系的初始阶段（1982—2001年）

高等教育理事会成立于1982年，并与国家教育部合作，在教育标准方面制定了一系列的政策。1989年东欧剧变之后，波兰建立了大量的新的高等教育机构，国内高等教育需要重组，引入新的质量保障体系，以确保高等教育的质量。1990年高等教育法公布。该项法律引入了学术自由，赋予高等教育机构自治权，并允许高校自主提供不同的项目，促进了公共机构兼职项目的发展，为建立非公立高等教育机构打下了基础。

1996—2001年，波兰在高等教育质量保障体系的发展方面付出了极大的努力。1997年，波兰学术型学校校长会议成立。该组织负责波兰的同行认证，下设八个认证委员会，分别是高等职业教育认证委员会、医科大学认证委员会、大学认证委员会、师范大学认证委员会、体育学校认证委员会、农业大学认证委员会、技术大学认证委员会、促进和经济研究基金会的认证委员会。1997年6月发布的《高等职业教育法案》首次规范了新高等教育机构的扩张。2001年，波兰政府对高等教育法进行了修正。修正案明确了国家教育部（PKA）的基本工作职责为负责波兰高等教育机构质量保障。2001年10月，中欧与东欧高等教育质量保障机构网络（CEEN）在波兰克拉科夫成立。

波兰在1982年至2001年间，不断完善自身高等教育体系，通过法律法案的方式明确国家层面高等教育机构的职责，提升高等教育质量保障的能力。

2. 波兰融入欧洲高等教育质量保障体系的实践阶段（2002—2009年）

根据1990年高等教育法修正案和2001年国家教育和体育部长第54号决定，波兰于2002年成立国家认证委员会。该机构是波兰唯一覆盖高等教育领域并开展教育质量评估的法定机构。同年10月，中欧和东欧高

等教育质量保障机构网络（CEEN）在维也纳成立，国家认证委员会成为
CEEN 的成员，从此正式开启了波兰融入欧洲高等质量保障体系的进程。
2003 年，国家认证委员会申请加入欧洲质量保障机构网络（ENQAA）并
获得观察员的位置。在此期间，国家认证委员会与西班牙国家质量评估
与认证机构（ANECA）签署了合作协议。2004 年，西班牙机构成员对部
分波兰高等教育机构进行了评估。

　　接下来，波兰高等教育经历了非常明显的变化，质量保障在实施过
程中得到了加强。2005 年，《欧洲高等教育区质量保障标准与指南》
（ESG）发布，为欧洲高等教育区内的成员国，甚至是欧盟成员国的高等
教育带来了冲击与变化。2005 年 12 月，国家认证委员会正式成为欧盟认
证联合会的成员，并与德国质量评估与认证机构开展了合作。在 ESG 的
指导下，国家认证委员会进一步明确了机构的使命，制定了协会制度的
新版本。同时，高等教育理事会开始根据高等教育部的要求，在 ESG 的
指导下为高等教育机构的学术课程制定教学标准。同年，国家认证委员
会提交了加入欧洲质量保障协会（ENQA）以及欧洲质量保障机构网络
（ENQAA）成员资格的申请。高等教育理事会于 2007 年发布了 118 个学
术课程的教学标准，出版了关于高等教育的《良好实践守则》，其中第八
章明确了关于高等教育质量保障的各项内容。

　　2008 年 6 月，国家认证委员会在克拉科夫组织了欧洲认证联合会第
十一次研讨会。2009 年，国家认证委员会被授予 ENQA 正式成员资格，
同时正式成为欧洲高等教育质量保障注册机构（EQAR）。该机构发布质
量保障机构登记册，为公众提供有关欧洲高等教育质量保障机构清晰、
可靠的信息。

　　3. 波兰融入欧洲高等教育质量保障体系的成熟发展阶段（2010—
2021 年）

　　进入 2010 年，随着欧洲一体化带来的新的经济压力，波兰政策制定
者改革的压力进一步加大。① 博洛尼亚进程作为一种受到英美国家影响、
以市场为导向的政策工具，在中东欧国家得到了极大的推广。它提高了

_____

　　①　http：//www. nauka. gov. pl/g2/oryginal/2013 ＿ 05/de12c442930503e215e580b8afc2513b.
pdf.

高等教育质量，增强了在全球高等教育中进行竞争的意识。在这样的背景下，政策趋同有了进一步的空间。所谓政策趋同，是指"由于经济和体制的相互联系，社会趋向变得更加相似，在结构、过程和绩效方面表现出的相似性"①。波兰高等教育质量保障体系与欧洲高等教育质量保障体系在政策方面表现出极高的趋同性。

2011 年，波兰高等教育法进行修正。修正案强调利益相关者参与高等教育质量保障体系，高等教育与科学部将雇主代表纳入课程设计和课程质量评估中。认证机制也发生了转变，在重新评估和认证过程中，将重点放在具体机构的绩效和产出上。修正案允许大学对聘用的学术教师进行每两年一次的绩效评估，每四年对拥有"教授"头衔的教师进行绩效评估。随着评估对象和评估频率的确定，在法律依据的基础上，波兰确定了新时期高等教育质量保障的基本模式。修正案也增加了基于成绩对高等教育机构的资助，优化评估机构的机制，将资源集中到优秀的机构，高校开始纵向分化。

为推进高等教育体制的全面改革，波兰政府于 2018 年 7 月出台了《高等教育与科学法案 2.0》，也称《科学宪法》，取代了之前的高等教育法，提出"一揽子"改革方案，通过综合体制改革，全面提升高等教育质量和对社会经济发展的贡献度。波兰将现行学科的评价机制与大学定位相结合，把现有的高等教育机构划分为教学型大学、研究型大学和研究教学型大学。2019 年，在全国范围内启动了"卓越计划"和"旗舰大学计划"，发挥科研评价体系对国际科研卓越标准制定的引领作用，建立新型评价体系，实现分类评价，形成国家高等教育整体动态协同发展新格局，全面提升高等教育质量。②

（五）欧盟高等教育质量保障体系在波兰高等教育机构的实施

1. 雅盖隆大学的历史与现状

1364 年，雅盖隆大学成立于克拉科夫，由当时的国王卡西米尔三世

---

① KERR C. , *The Future of Industrial Societies：Convergence or Continuing Diversity?* , Cambridge：Harvard University Press，1983，p. 4.

② 武学超、罗志敏：《波兰新一轮高等教育体制改革动因、向度及评价》，《比较教育研究》2020 年第 6 期。

创立，成为欧洲最伟大的早期大学之一。[1] 早在 15 世纪，雅盖隆大学就已经成为欧洲领先的数学、天文学、地理和法律研究学术中心。在过去几个世纪里，这里培养出许多著名的学者，例如哥白尼、教皇保罗二世等。1430—1510 年，该校 44% 的学生来自波兰以外的国家，由此可以看出该校在欧洲的学术地位。[2] 在 16 世纪早期，雅盖隆大学是欧洲第一所教授希腊语的大学。17 世纪由于与教会的冲突，学校逐渐失去了国际学术地位。在 18 世纪，学校的地位继续下降，虽然所有的课程都是波兰语授课，但是引进了德国和法国的系统教学。在历史长河中，大学的发展与波兰国家命运紧紧相连。1918 年波兰独立后，雅盖隆大学得到了极大的扩展，但是第一次世界大战和第二次世界大战对大学产生了巨大的影响，图书馆、实验室和教学设施被摧毁，学术研究停滞。2000 年，雅盖隆大学在城郊修建了一座新校园，称为"大学复兴六百年纪念校园"。

目前，雅盖隆大学共有 15 个院系，在 3000 多名学者及教授的培养和指导下，有 40000 多名大学生在 73 个专业进行学习和研究。凭借精良的师资条件及先进的科研基础设施，雅盖隆大学成为波兰国内首屈一指的科研机构，并与全世界优秀的高等院校进行合作，在气候变化、维谢格拉德集团国家刑法及波兰德国移民问题等方面开展国际合作课题研究。雅盖隆大学凭借杰出的科研成果在国内及国际上声名远扬。2020 年，大学在全球 QS 排名中位居 338 名。

2. 雅盖隆参与欧洲质量保障体系的进程

雅盖隆大学作为波兰最负盛名和排名最高的大学，一直高度关注教育标准。1989 年后，波兰高等教育机构和学生人数急剧增加，大学比以往任何时候都更需要教学标准的保障。20 世纪 90 年代，高等教育机构和学术项目的迅速扩张，带来了降低波兰高等教育机构教学水平的风险。雅盖隆大学从以下两方面参与欧洲质量保障进程。

---

[1]　Estreicher K., Muszyńska E., Aleksandrowicz J., *The Collegium Maius of the Jagiellonian University in Cracow: History, Customs, Collections*, Interpress Publishers, 1973.

[2]　https://cn.uj.edu.pl/zh_CN/historia-uj.

（1）持续参与国家层面的项目认证

2003 年，在国家认证委员会开展工作的第一年，雅盖隆大学就提出了三个学科（天文学、信息化学和环境研究）的国家认证评估申请，率先获得国家认证委员会的认证。次年，国家认证委员会又对 13 个学术项目开展了评估，并获得了国家认证。2005 年，雅盖隆大学的 4 个项目获得了国家认证委员会的认证。2006 年，雅盖隆大学的 6 个学术项目获得国家认证。自国家认证委员会开展工作以来，雅盖隆大学持续对学校内的学术项目开展认证，并获得国家认证。通过国家层面项目的认证，雅盖隆大学逐步推进校内质量保障体系的构建，强化了内部质量保障体系的作用。

（2）建立大学自身质量保障机制

雅盖隆大学认证委员会于 1998 年成立，致力于培养教师队伍。2005 年高等教育法的颁布，为高等教育委员会的活动提供了法律依据，为波兰高等教育机构实施教学标准和质量保障提供了法律背景。同年12 月，大学就设立学术项目和教学发展常设委员会以及教学质量常设委员会做出决定。2007 年，高等教育理事会发布了《学术课程教学质量标准》。雅盖隆大学采纳和实施这些标准，要求学术部门开始根据这些标准修改课程。同年 10 月，大学发布了《良好行为准则》，其中第八节提到加强大学提供的学术课程的质量保障。同时，成立校长委员会，评估大学教学发展情况；成立教育质量常设校长委员会，制定有效的方法衡量教育质量，并将研究引入教育质量。该委员会由教师和学生共同组成。委员会的建议由校内学术事务办公室教育质量分析科负责实施。

3. 雅盖隆大学与波兰国家认证委员会、欧洲高等教育保障协会政策兼容性比较（见表 4-6）

波兰高等教育和科学部完全控制了高等教育机构质量保障的发展和监督。国家层面质量保障相关政策和程序都包含在 2005 年发布的高等教育法中。而国家认证委员会是国家层面的质量保障机构，委员会发布的法案规定了质量保障机构的活动。雅盖隆大学的目标是保持最高的教育质量，因此在大学的政策中涵盖了 ESG 的内容。

表 4 - 6 雅盖隆大学与波兰国家认证委员会、欧洲高等
教育保障协会政策兼容性比较

《欧洲高等教育区质量保障标准与指南》（ESG）	高等教育与科学部国家认证委员会	雅盖隆大学《良好实践准则》
1.1 质量保障的政策与程序 各机构应制定政策和相关程序，以保证其项目和奖励的质量和标准。还应实现质量和质量保障的重要性的文化。为了实现这一点，各机构应制定和实施持续提高质量的战略。该战略、政策和程序应具有正式地位，并可公开提供。它们还应该包括一个面向学生和其他利益相关者的角色 1.2 项目和奖励的批准、监督和定期审查：机构应有正式的批准、定期审查和监督项目和奖励的机制	2005 年《高等教育法》 第 1 章：总则第九条 1）学习领域的名称，包括第一周期、第二周期课程或长周期课程，同时考虑现有的学习领域和劳动力市场的需求；2）各领域和学习水平的学位课程要求，包括毕业生的教育概况、框架课程内容、学位课程期限和实习时间、每种学习形式的要求；3）教学专业准备项目的要求，包括：a）研究生的教育概况；b）教师培训和培训课程；c）两种科目（课程类型）的教学培训；d）信息技术培训，包括在学生接受培训的专业领域的使用；e）提供外语课程，以发展高级水平的外语技能；f）课程的持续时间和组织时间	大学认证委员会活动的目标是：建立大学学习课程的认证体系，并明确教育质量标准 评估团队：进行全面的审查和评估领域的研究，并准备书面审查和评估报告。认证的批准期限为 2 年或 5 年 为了履行高等教育机构的学术使命，校长必须完全负责保持高水平的教育质量。这一职责部分是通过适当的教师招聘，实施适当的质量保障体系，尊重国家政府的要求，以及促进教师所采取的创造性和高效的举措来实现的。为了履行这些职责，校长将启动建立、实施和评估机构质量保障体系的标准，包括高等教育中质量保障的标准和准则

资料来源：根据相关标准整理。

（1）国家层面

通过政策实施对比可以看出，波兰政府层面的参与对高等教育机构的治理具有战略意义。1989 年以后，波兰不仅经历了私立学院和大学的动态增长，学生入学率也在增加。大规模的扩张需要政府采取行动引入内部质量保障评估体系。自波兰成为欧盟成员国之后，它发布了高等教育法。该项法律为采用和实施欧洲质量保障标准提供了法律依据，并确立了《博洛尼亚宣言》的原则。2007 年，高等教育和科学部签署了各领

域国家教学标准的决议，进一步在国家层面改进了教育制度。高等教育机构根据以下要素制定了自己的内部质量保障体系，体系涵盖使命、教育概况、学生、员工、学校传统和外部因素。波兰高等教育机构受到国家认证委员会规则的约束遵守 ESG。

在波兰，高等教育体系的决定是由政府做出的。尽管高等教育机构自治，但是政府仍然管理和控制高等教育。波兰政府积极参与了质量保障的实施过程。国家认证委员会负责根据 ESG 标准制定质量保障政策，委员会的战略计划之一就是制订和实施波兰版的高等教育标准和指导方案。目前，波兰高等教育质量保障政策较为复杂，需要遵循多个官方协议。

（2）高等教育机构层面

尽管波兰的高等教育机构独立，但是政府制定规则并控制过程，高等教育机构的自主权并没有完全得到承认。由于入学人数的增加和教师人数的减少，衡量波兰高等教育机构的教学质量变得困难，在不同高等教育机构之间的透明度和可比性仍然无法对比。

雅盖隆大学作为波兰的一所知名大学，一直保持着较高的教育质量。在经历了学生入学人数激增、新学院数量增加，以及提供的项目增加后，该大学采取行动保护教学和学习标准。1998 年，雅盖隆大学通过大学认证委员会制定了学校内部的高等教育质量保障标准。自 2003 年起，国家认证委员会对雅盖隆大学的教学项目开始进行质量审查。根据高等教育法，大学还设立了学术项目和教学发展常设委员会及教学质量常设委员会。

（3）欧洲层面

波兰从一开始就在质量保障实施过程方面与外国伙伴保持着非常密切的关系。中欧和东欧高等教育质量保障机构网络（CEEN）于 2001 年在波兰克拉科夫成立，并于 2002 年在奥地利维也纳正式注册，波兰成为其中的一员。2003 年，国家认证委员会申请了欧洲质量保障机构协会的会员资格，并获得了观察员身份。2008 年，ENQA 对国家认证委员会进行了外部质量审查，该委员会于 2009 年获得了正式会员资格。国家认证委员会还在 2005 年获得了欧洲认证联盟的成员资格，在 2009 年 4 月成为欧洲质量机构登记局的成员。

第 五 章

欧盟高等教育质量保障体系的
特点与成效

欧盟高等教育质量保障体系在欧洲一体化的过程中逐步完善和推行，随后在欧洲国别层次得到响应，并与高等教育机构质量保障政策相兼容。以欧盟高等教育质量保障体系和质量政策为视角，通过前文的分层研究，我们可发现，欧洲各层面的高等教育质量保障体系及政策在体系构建、一体化实施和政策制定上都表现出兼容性，同时也带有独特性。

一 欧盟高等教育质量保障体系的特点

（一）欧盟高等教育质量保障体系构建的特点

欧洲是现代工业文明的发源地，是世界上发达国家聚集非常多的地区。在欧洲近代历史上，谋求"统一"是大多数欧洲人共同的信念和愿望，所以，"欧洲"既是地理上的概念，同时也成为地缘政治上的概念，而一体化也成为不同社会、国家及经济体跨越现存的国家和经济边界，以和平和自愿的方式形成联合。① 在一体化的进程中，高等教育质量保障既是工具，也是成果。

1. 欧盟高等教育质量保障体系构建目标明确

全球化进程、高等教育机构人数的持续增长，以及对高等教育经费投入的持续增加等因素，促使欧盟高等教育质量保障体系的形成。高等

---

① 阚阅：《多样与统一——欧洲高等教育一体化研究》，浙江大学出版社 2015 年版，第1 页。

教育质量保障体系构建的目标十分明确，主要是提升政府、利益相关者对高等教育质量的信心，确保高等教育机构质量的提升，在质量保障体系的监督下增加高等教育机构对教育过程的自治权。以此为基础，在充分考虑欧洲高等教育区成员国国家质量保障现状基础上，制定《欧洲高等教育区质量保障标准与指南》，增强了质量保障体系一体化战略目标的一致性与可操作性，通过一系列辅助性政策，实现了在欧洲范围内高等教育人员的流动和就业，满足了提供更多、更好的毕业生服务于国家的需求，为劳动力市场做好准备，让毕业生更好地融入全球化与知识经济时代。此外，提升欧洲高等教育市场的竞争力也是重要目标之一。在欧洲层面以质量为前提，以透明度为基础，强化高等教育合作并实现学位的兼容，提高欧洲高等教育在全球范围内的竞争力与吸引力。

2. 欧盟高等教育质量保障体系层次清晰

欧盟高等教育质量保障体系实现了三级设计，第一级即在欧洲层面建立一个共同的质量保障标准体系、共同的资格框架和学分转换与累积系统，为不同国家、不同体系和不同高等教育机构之间的学历学位比较提供了参考，为高等教育质量评估提供了对比的要素。然而，欧洲高等教育质量保障标准的特点是宏观性与兼容性。该标准不过于详细，是一套能够实现广泛共享，却又不削弱国家与地区在质量保障流程中自由的标准，在国别高等教育质量保障标准制定中发挥指导性与规范性的作用，能够在欧洲范围内通行，实现机构间的可比性与相互认可。

第二级是在国家层面实现现有质量保障体系与欧盟高等教育质量保障体系的兼容。由于教育与文化认同紧密联系，高等教育被视为民族国家的传统职能之一，绝大多数欧洲公民认为，教育政策的形成应保留在各成员国内，因此欧洲层面建立的质量保障标准并未严格限定成员国质量保障的流程与标准，而是赋予成员国根据自身高等教育质量保障体系制定标准的自主权，既关注了质量标准的一致性和可比性，更突出了成员国的多样性，形成结构相似但内容多样的成员国层面的质量保障体系。这与欧洲国家高等教育合作的传统是一致的。

第三级是在成员国高等教育机构内实现质量保障体系的兼容与实施。质量提升的主要责任在高等教育机构，机构一方面接受国家质量保障政策及资金支持的约束，另一方面构建机构内的质量保障体系与质量保障政策。通过对代表性国家高等教育机构质量保障政策的分析，我们可以看出，高等教育机构质量保障体系实现了多样性与兼容性并存。

（二）欧盟高等教育质量保障体系一体化实施的特点

1. 以内外部质量保障相结合为根本路径

欧盟层面和成员国层面质量保障标准都指出，质量保障的根本路径是通过高等教育机构内部评估结合政府或第三方中介机构主持的外部评估来实施，运行中强调高等教育机构的自我评估，在高等教育机构提交评估报告后，通过实地考察实施外部评估和认证或审计。在这一过程中，它突出了内部质量保障与外部质量保障相结合的方式。在实地考察中，评估专家组或认证组会根据外部评估标准、认证要求进行评估，确定被评估的高等教育机构的质量等级，从而决定认证结果。在欧盟层面、成员国层面和高等教育机构层面的质量保障政策，都强调了内部质量保障是开展外部质量保障的基础，鼓励高等教育机构定期开展内部质量保障，积极构建机构内的质量文化。

2. 多样化行动计划为辅助工具

欧盟在教育与培训领域推出了一系列重要的行动计划，旨在拉近欧盟成员国公民之间的距离，确保为欧盟内部市场提供必要的人力资源。教育行动计划主要集中在高等教育与人员流动、搭建欧盟高等教育质量保障平台以及跨国教育合作等领域。多样化行动计划的实施对在欧洲层面进行教育机构重组与趋同是一种有效的方式，它扩大了成员国合作的范围，推动了院校、机构和合作方之间的多边合作。更为重要的是，多样化的行动计划推动了欧盟高等教育质量保障平台的搭建，以项目、行动计划、会议和培训等方式，在大部分成员国内引入了质量保障程序和行为规范，促进了质量保障机构之间的协同、互动与合作，在欧洲维度建立了透明、对话、信任和联合的机制，实现了成员国彼此间的质量认可。通过行动计划，人们可以推动高等教育机构人员流动、高等教育质量提升以及欧洲高等教育质量保障标准的改革及推广等，多样化的行动计划成为促进欧洲高等教育质量保障一体化的辅助工具。

3. 一体化过程中注重个性化特点

欧盟高等教育质量保障体系力图实现欧洲高等教育质量保障的一体

化，为欧洲高等教育质量提升扫除障碍。一方面，参与博洛尼亚进程的所有国家都有自成一体的高等教育质量保障体制，外部质量保障标准强调内部质量保障标准的运用；另一方面，欧洲高等教育区成员国内的高等教育机构拥有十分完备的质量保障程序，在质量评估方面拥有一定的自主权，而且是一种主动的过程。欧盟在推进欧洲层面、成员国层面质量保障体系的过程中，充分考虑了高等教育机构的特色，使个性化的质量保障活动成为欧洲高等教育质量保障活动一体化的基础。欧盟层面的一体化并不意味着每所高等教育机构都执行完全统一、一致的质量保障标准与流程，而是质量、质量保障的基本概念、质量评估的基本框架等都具有同等重要的意义。一体化需要共享的质量关、共享的质量保障理念以及共享的质量标准。对于所有成员国的高等教育机构而言，内部和外部质量保障的根基应是一致的，每个成员国和高等教育机构应该为质量保障机制增添新的元素，创造出新的特色。

二　欧盟高等教育质量保障体系的成效

（一）欧盟高等教育质量保障体系从浅兼容走向深融合

欧盟高等教育质量保障体系的影响呈现出越来越深入的趋势。2005年，卑尔根部长级会议通过了《欧洲高等教育区质量保障标准与指南》，目的是建立适用于所有欧洲高等教育区成员国的质量保障可比标准和方法，同时保持制度的多样性和自主性。可以看出，ESG 在制定过程中遵循了三项基本原则：在保障高等教育质量的同时，更为关注学生、雇主和社会的利益；突出机构自治的重要性，同时认识到自治意味着问责制；外部质量保障需要一种"适合目的"的方法，确保该方法不会给机构带来过度的负担。[①]自 ESG 颁布以来，实施集中于国家质量保障机构，而不是针对单个高等教育机构内的质量标准与指南。从欧盟高等教育质量保障体系的推进可以看出，质量是个复杂、多面的概念，在高等教育中质

---

① Williams P., "Implementation of the Guidelines Adopted By the European Ministers Responsible for Higher Education", *The Legitimacy of Quality Assurance in Higher Education: The Role of Public Authorities and Institutions*, No. 5, 2007, pp. 75 – 79.

量的定义十分广泛，高等教育机构本身也是个复杂的组织，具有分散的机构和机构逻辑。

1. 欧盟高等教育质量保障体系实施初期的浅兼容

2009 年发布的《盘点报告》从外部质量保障、学生参与、国际参与和总体实施情况盘点了 ESG 在欧洲高等教育区的实施情况。参加调研的国别中，有一半已经开始对照欧洲质量保障标准和指南审查了其质量保障体系，但仍有国家仅审查了其质量保障机构对 ESG 的遵守情况，并未审查内部质量保障情况。其中有 11 个国家的审查仍然列在计划中，并没有明确进行审查的日期。4 个国家没有根据 ESG 评估其质量保障体系，或者没有计划审查其质量保障体系。从《盘点报告》的数据中看出，大部分国家只关注了欧洲标准与指南对其外部质量保障体系及质量保障机构的影响，内部质量保障方面的内容仍然处于空缺。对于一些欧洲高等教育区的国家而言，高等教育机构的内部质量保障只意味着编制自我评估报告，而忽略了以改进为导向的内部质量保障体系。为了构建完善的高等教育机构质量保障体系，部分国家与利益相关者讨论后，引入了相应的激励措施，以改进高等教育机构的内部质量保障流程。这种激励政策主要集中于财政鼓励，通过国家财政投资的方式帮助建立内部质量保障机制。由此，成员国开始根据 ESG 要求将内部质量保障体系嵌入国家法律、法规和实践规范中。

通过国家报告可以看出，ESG 发布后，大多数国家的高等教育机构在努力构建完善的内部质量保障体系，并使其与外部评估程序保持一致。但是在国家层面并没有规定高等教育机构内部质量保障的特定机制，而是赋予高等教育机构自主权，制定符合机构情况的内部质量保障体系的运行机制。其前提是每个高等教育机构内部质量保障的质量标准是一致的、有效的并符合目的的。因此，机构采用 ISO、全面质量管理等方法进行内部质量保障。2009 年，在 ESG 发布四年后，高等教育机构的内部质量保障体系取得进展，逐步接近实现 ESG 第一部分的要求。同时，将质量保障方案与学习成果联系起来，衡量预期学习成果的实践情况还需要更多的时间。学生参与外部质量审查已经在部分国家开始实施，但是学生在外部审查小组中只担任观察员的角色，并不能参与最后的决策，学生参与内部质量保障决策的融入程度仍需提升。

2009 年，几乎所有的成员国都在国家一级层面运行外部质量保障体系。该体系覆盖了国内所有的高等教育，并且其中三分之一的国家已经对其质量保障体系进行了外部审查，另外 22 个国家虽然已经确定了审查日期，但是审查进程并未真正开始。由此可以看出，外部质量保障已经在成员国以不同程度和不同方式开始实施。就外部质量保障程序本身来说，大多数国家的体系设计是根据 ESG 第二部分设计和实施的，国家外部质量保障制度和作为主要参与者的机构都符合 ESG 要求，广泛实用性促使 ESG 保持在通用水平。ENQA 的正式成员资格是国家质量保障机构遵守欧洲质量保障标准和指南的重要标志，在成员国中只有 22 个国家的质量保障机构是 ENQA 正式成员，超过一半的国家质量保障机构尚未成为正式成员。欧洲质量保障登记册的编制工作也是 2008 年才开始，只包括少数机构。可以看出，2009 年外部质量保障标准和指南在成员国中的推进仍然十分有限，只有少数成员遵守 ESG 要求开展外部质量保障工作，成员国层面仍然处于对 ESG 的逐步兼容进程中，该项标准并未得到完全的推广与实施。

2009 年，虽然欧洲层面成员国都对 ESG 给予肯定，并在国家层面开始执行 ESG，遵照标准和指南的要求建立本国的内部质量保障体系和外部质量保障体系，但是不同国家在标准的承认和使用方面仍然存在多样性和不明确性，无法增进彼此之间的理解。

2. 欧盟高等教育质量保障体系的深融合

高等教育质量保障成为国际高等教育政策的优先事项。从 1998 年开始，联合国教科文组织指出，需要更多地关注高等教育的质量保障问题。在这种背景下，欧洲高等教育区的成员制定了一系列措施，改进高等教育的质量保障流程，提高对质量保障重要性的认识。2014 年，理事会发布的关于教育和培训质量保障结论指出，质量保障机制在帮助高等教育机构及决策者应对挑战方面发挥着重要作用。

欧盟层面质量保障政策推出后，到了 2014 年，几乎所有欧盟成员国都出台了高等教育法或者与质量保障相关的具体法律与规定，明确了内部质量保障的总体框架和作用，以及外部质量保障相关的运行规则。在与质量保障相关的政策中，内部质量保障已经成为许多欧盟国家高等教育改革的重要组成部分。国家层面的法律框架规定了内部和外部质量保障的关键原则，质量保障机构负责制定具体的质量保障程序，并为高等教育机构实施这些程序提供支持。部分国家，例如西班牙、波兰、葡萄牙、克罗地亚、奥地利和爱尔兰在 2014 年之前制定或修订了质量保障相关的规定。2016 年，捷克出台了高等教育法修正案，规定高等教育机构有义务建立和维护内部质量保障体系。几乎所有的欧盟国家立法都要求高等教育机构制定并公布其内部质量保障的政策和策略。通常来说，内部质量保障是个别高等教育机构总体长期战略的一部分，但是国家层面对这类战略的要求程度各不相同。例如，葡萄牙明确各机构可以在机构自治的框架内根据自己决定教育质量保障流程的实施细节；丹麦的国家大学法指出院长、系主任和研究委员会在确保和发展教育和教学质量方面的作用。相比之下，立陶宛、希腊和捷克等国家内部质量保障体系受到高度监管，重点强调质量控制。在拥有强大分散体系的国家（如德国、西班牙），关于高等教育机构如何实施内部质量保障的国家级法规较少，这类规定由区域一级界定。例如在德国，州政府要求高等教育机构制订战略发展计划。

在成员国，质量保障机构的设置也持续呈现多样化，部分国家（如意大利、克罗地亚、葡萄牙、芬兰、希腊、斯洛文尼亚和拉脱维亚）建立一个国家质量保障机构负责质量保障相关事务，而在部分国家（如德国、比利时、法国、西班牙），质量保障由国家内多个机构执行，这些机构可能是区域性的，也可能负责特定领域的质量保障。例如，2014 年开始，奥地利对不同类型的高等教育机构协调监管，合并了质量保障机构。卢森堡是没有独立质量保障机构的欧盟成员国。为了与欧盟质量保障体系接轨，卢森堡虽然有自我认证的规定，但是大学和教育部定期与 EQAR 注册机构合作开展对高等教育机构的评估。几乎所有的欧盟成员国认为，内部质量保障体系的存在是接受 ESG 标准的外部质量保障的先决条件。自 2014 年欧盟高等教育质量评估体系推进实施以来，一些国家的法律和准则要求高等教育机构设立负责内部质量保障的具体组织单位、机构或委员会。例如，捷克内部质量保障的义务和权限主要由高等教育机构的科学委员会和内部评估委员会承担。同时，还出现了新的趋势，即在负责评估的部门或学校中设立子单位或任命质量保障代表。例如，希腊的每个大学系都有质量保障单位。2014 年以来，随着 ESG 在欧盟成员国的广泛实施，方案和机构评估的数量大幅度增加。2014 年和 2015 年，希腊对所有 36 所高等教育机构和 400 个课程进行了内部评估。另外，专门处理质量保障问题的高等教育机构的工作人员也持续增加。数据显示，在许多成员国，已经完全将质量保障充分纳入高等教育机构的日常工作，内部制度因素对其内部质量保障程序的影响略大于国家政策和国际环境。同时，不断演变的国家质量保障法规、国际合作和欧洲层面的政策发展对内部质量保障过程产生了相当大的影响，三方面相互影响、相辅相成。欧盟高等教育质量保障体系在高等教育区成员国的实施进程中，实现了从浅兼容走向深融合。

（二）欧盟高等教育质量的利益相关者——从弱约束走向强渗入

1. 明确 ESG 实施中的利益相关者

高等教育的快速发展，重新定义了各种内部和外部利益相关者在高等教育机构治理中的角色。ESG 强调利益相关者研究项目在内部质量保障中的作用。ESG 标准 1.1 指出，内部质量保障应包括学生其他利益相关者的角色，标准 1.2 提到了利益相关者，并规定对计划和奖励的定期审查应包括外部小组成员、雇主、劳动力市场代表和其他相关组织的反馈。学生作为利益相关者应参与课程评估，并作为平等的合作伙伴，通过高等教育机构的决策和质量管理过程参与内部质量保障。从 ESG 的推进可以看出，在国家层面，利益相关者的重要性因国家和利益相关者的类型而异；在高等教育机构的层面，不同类型的机构、学院和学科领域的系统内部也存在差异。利益相关者在质量保障中的作用高度依赖于所在的环境和学科。

2. 学生作为质量保障利益相关者的逐步渗入

1975 年，将学生看作利益相关者的认识首次出现在文献中。[①] 之后，对高等教育的研究也表明学生是最重要的利益相关者。[②] ESG 颁布后，成

---

① Douglas J., McClelland R., Davies J., "The Development of a Conceptual Model of Student Satisfaction with Their Experience in Higher Education", *Quality Assurance in Education*, No. 1, 2008.

② Jongbloed B., Enders J., Salerno C., "Higher Education and Its Communities: Interconnections, Interdependencies and a Research Agenda", *Higher Education*, No. 3, 2008.

员国国家监管框架或认证要求都规定，学生应该成为内部质量保障管理的代表，参与的层面覆盖大学董事会等高等机构，以及教师委员会、考试委员会或学术道德委员会等分支机构。实施中可以看出，学生逐步从潜在的利益相关者转变为实质的利益相关者。

ESG 实施之初，在葡萄牙，人们的态度是限制学生对课程改革的影响，因为课程相关的内容涉及学术领域。在捷克的案例中，研究人员指出，学生的输入可能是"象征性的"。尽管在国家层面有正式的规定，学生的角色在评估程序中已经明确，但是实际上并不影响内部质量保障程序的变化。虽然捷克和葡萄牙的问题是学生没有在各类委员会中担当代表，但是英国学生作为利益相关者，给大学的管理层带来了十分重要的影响。在英国课程质量的决策中，学生满意度十分重要，其分数标志着特定课程的排名，也向管理者和教师施加了改进课程的紧迫感。从英国的案例可以看出，大学管理层可以加强利益相关者群体的影响，内部和外部评估结果不仅改进了高等教育机构内部的项目安排，而且还树立了高等教育机构的权威性。在英国，学生是起决定性作用的利益相关者，也是确立国家质量保障过程合法性的重要因素。在波兰，学生对课程和项目的修订有广泛而重大的影响，学生能够参与评估学习成果。在所有高等教育机构中，学生都参与了各级学习计划的自我评估。

总之，随着 ESG 的推进，在部分成员国（如葡萄牙），学生只是按照国家层面法规的要求成为潜在的利益相关者，但是在其他的欧盟成员国（英国或荷兰），学生在大学管理和质量监管中获得了实际权利。

3. 雇主作为质量保障利益相关者的逐步渗入

根据 ESG，国家监管框架和机构条例规定了雇主在高等教育机构管理中的代表性。在英国，大学董事会包含外部利益相关者，同时会通过创建一个当地行业雇主组成就业能力委员会，寻求扩大对质量问题的关注视角。但是部分国家的质量保障决策机构会将外部利益相关者排除在外。例如，波兰由于主张高等教育机构自治，外部利益相关者并不能参与决策机构，但是 2011 年高等教育法规定，雇主与学习过程和课程设计密切相关，院校必须获得外部利益相关者对课程开发的意见，对运行方案提出要求，同时建议将该领域的从业者聘请为讲师。此外，雇主在雇主理事会、教师层面的部门委员会和职业办公室都有代表。在英国，雇主组织在制定学习成果标准、成立考试委员会和评估方案方面都发挥重要的作用。可以看出，将雇主纳入课程修订的重要推动力来自课程认证，部分成员国对此做出了明确要求，在规定中给出了建议。从 ESG 实施情况可以看出，雇主在不同国家的质量治理中采用不同的方法，一系列的国家法规将雇主视为参与院校战略发展的必要利益相关者，部分国家的法规将权力留给院校自己，让他们决定如何让雇主为课程发展和毕业生就业能力提高做出贡献。

利益相关者在欧洲高等教育机构中经历了从弱约束走向强深入的过程。随着欧盟层面和国家层面的立法及相关规定出台，利益相关者的作用逐渐深入，约束性不断提升。

（三）欧盟高等教育质量保障体系的实施——从有限性向广泛性扩展

世界正在全球化，高等教育质量保障也受到全球化的影响。在《欧洲高等教育区质量保障指南与标准》推出后，几乎所有的成员国都在努力实施。欧洲高等教育区作为国际化的领域，发展良好的质量保障体系使欧洲高等教育在全球更具竞争力和实力，因为质量保障体系促进和提升了高质量的教育和研究，并通过相互学位认可和可比性增加了学生的流动性。因此，教育质量与标准在欧洲高等教育区和成员国国家层面实现了从影响有限性到广泛性的扩展。

欧洲高等教育区需要发展一个非常有效、可持续的质量保障体系。自 ESG 发布后，它首先需要高等教育机构对质量保障过程负责，提供质量保障成为高等教育机构的主要目标之一。这意味着每个成员国都有责任建立自己的高等教育质量保障体系。国家政府负责和授权本国高等教育机构和高等教育质量保障机构在教学、管理、评估和研究方面搭建平台。在欧洲高等教育区的成员国内，高等教育作为一项公共服务，每个国家都需要建立正式的国家高等教育质量保障体系，欧洲高等教育区内也需要国际质量保障体系。这促使国家层面的质量保障体系既要考虑本国对高等教育的需求，也要考虑成员国之间的国际共识与合作，建立彼此之间相互认可的质量标准与程序，实施和改进欧洲质量保障标准与指南。虽然欧盟并没有在欧洲高等教育区提供关于质量保障的强制性政策，因为高等教育作为国家事务，欧盟无权干涉，但是高等教育质量保障政策、结构和标准都取决于成员国之间的共识和合作。因此，ESG 逐步成为成员国批准的共同标准与指南，质量保障机构在国家层面和欧洲层面的工作不存在差异，[1] 高等教育机构也在国家层面和欧洲层面提高现有质量和标准。

（四）欧盟高等教育质量文化——从质量概念到质量文化

《柏林公报》提到内部质量保障机制的第一个重点是强调机构自治和问责制，其中提高高等教育质量也是每个机构在国家质量框架内应履行的责任。两年后，《卑尔根公报》宣布，欧洲高等教育机构应该通过系统的内部机制提升教育活动质量，这就要求大学从内部创建质量文化并制定质量保障标准与指南。欧洲高等教育质量保障协会制定的质量保障标准与指南建立了一套适用于欧洲所有大学的标准，不论高等教育机构所在的当地环境、结构和规模。从这个角度看，质量保障标准是在不同欧洲文化背景下，将狭义的监管要求与良好实践结合，以发展和加强质量保障体系和质量文化，从而实现更大的机构自主性。随着 ESG 与国家层面质量保障体系的引入，以及外部质量保障机制的建立，高等教育机构更迫切希望发展自己的质量文化。主要基于以下原因：（1）高等教育机构希望被欧洲内外的其他大学视为可靠的合作伙伴，提供联合的学位课程。因为有效的质量保障体系确保了课程的质量，可以有效吸引潜在的学生。（2）建立质量文化体系，可以让教学和支持人员以及学生充分意识到质量在课程设计和实施中的重要性，将质量保障作为日常管理的常规程序，有效应对定期开展的外部审查。

欧盟层面在高等教育机构中创建质量文化意味着就质量概念的共同定义达成一致，虽然这一概念是相对的。[2]

不同的利益相关者会对质量给出不同的解释，质量的相对特性也使这一概念的性质变得复杂，需要考虑特定高等教育机构和国家的背景。

---

① Chalvet V. , *Guide Quality Assurance at Higher Education Institutions：A Progress Report and the Results of a Survey of the Quality Assurance Project*, 2003.

② Harvey L. , Green D. , "Defining Quality", *Assessment & Evaluation in Higher Education*, No. 1, 1993.

质量文化是指高等教育机构所有成员的共同价值观和集体责任，是一种自下而上的方法，通过机构内的价值观、态度和行为促进发展。在 EUA 的研究中，它将质量文化定义为："一种组织氛围，在这种氛围中，员工群体共同努力实现他们特定的任务。"① 然而质量文化的定义也具有模糊性：一方面，由于每所高等教育机构都是作为一种组织文化而独一无二，定义质量文化具有复杂性；另一方面，它可以通过激励共同价值观和信念来推进。从欧盟的角度来看，质量文化在两个不同层面永久性地提升内部组织文化：在机构层面提升成员质量和结构管理要素，明确工作流程，这是质量增强的过程；在个人层面，是指个人对优质文化共同价值观、信念、期望和承诺在心理层面认同，这是质量转化的过程。感受到来自欧盟委员会关于质量文化的强大改革压力，某些国家的政府也需要对质量文化做出改革。在改革进程中，质量文化是工具，可以应对外部质量保障的需求，同时也能参与机构内部治理发展。因此，应持续改进欧盟高等教育层面质量文化，而非对质量的机械控制。

---

① d'Egmont R. , "Quality Culture in European Universities: A Bottom-up Approach", *Higher Education*, No. 9, 2006.

第 六 章

欧盟高等教育质量保障体系对推动区域性
高等教育共同体构建的启示

"一带一路"倡议自提出以来，得到了许多国家和地区及国际组织的积极响应。中国与 65 个国家和地区的交流与合作日趋频繁，获得了丰硕的合作成果。2016 年 7 月，教育部制定并颁布了《推进共建"一带一路"教育行动》，明确了教育在"一带一路"倡议推进中的重要联结作用，倡导各国联合建立教育共同体。经过 5 年的发展，"一带一路"教育行动取得了积极成效，教育行动升级版亟待推出。欧盟高等教育质量保障领域的政策及其推行，有效地促进欧盟区域内高等教育机构教育质量和教育竞争力的提高，成员国之间的国际交流合作显著提升。在中美博弈的大背景下，发挥教育在"一带一路"建设中的基础性和先导性作用显得尤为必要，打造"一带一路"区域性高等教育共同体内的高等教育质量标准，提升教育交流和合作的深度与广度也显得尤为必要。

一 促进区域内高等教育协同发展——提升
区域高等教育国际竞争力

（一）强化区域内质量监测和质量保障领域的合作

当前"一带一路"高等教育机构之间的合作仍然存在壁垒，主要源于区域内并未形成统一的教育质量标准，也没有形成教育共同体质量保障准则，对于高等教育质量的衡量仍以各自国家质量标准为主要工具。因此，促进区域内高等教育协同发展，首先需要制定统一的、可比较的质量监测标准，在顶层设计上制定共建"一带一路"国家高等教育质量标准框架，各国在此基础上建立本国的评估标准，形成区域层面、国家层面和高等教育机构层面相融合的高等教育质量保障体系，在区域层面和国家层面制定统一的、宏观的外部质量保障标准，而在高等教育机构层面制定内部质量保障标准。其次，需要建立教育共同体质量保障准则，协调各类学位、证书和文凭的联合颁发与互认。在此基础上，搭建网络信息共享平台，建立"一带一路"教育共同体质量保障网络。

（二）建立区域层面的资格框架制度

资格框架制度是连通学历教育、学位教育和资格证书制度的重要桥梁。通过建立统一、可比的标准，各国遵循同一标准开发课程模块和培训教师，为学生和教师在沿线各国和地区的流动奠定基础。[①] 虽然中国已经与 24 个共建"一带一路"国家签订了学历学位互认协议，为学生流动奠定了基础，然而，由于共建"一带一路"国家众多，建立区域性的资格框架制度是一项复杂的系统工程，必须在国家双向流动的基础上向区域内网状流动发展。因此，需要突破双边互认协议，建立更大范围、更具包容性和整合性的区域学生流动工具，以试点项目为基础，通过共同协商，在几个国家之间率先形成区域性的资格框架协议，同时改进和修订现有的国家学历和学位体系，形成学位体系与区域性资格框架协调运行的机制。

之后，逐步吸纳其他国家融入区域性的资格框架，在区域层面和国家层面形成协调、可对接的资格框架体系。

（三）制定包容性合作政策

共建"一带一路"国家拥有不同经济发展水平，具有不同的历史背景、政治制度和文化传统，高等教育发展水平参差不齐，在制定教育交流与合作政策时，既要考虑区域层面政策的包容性，也要充分尊重各国的历史和文化传统，在尊重多样性的基础上制定包容性合作政策。这些政策既要考虑"一带一路"国家高等教育发展的共同目标，即提升高等

---

① 郄海霞、刘宝存：《"一带一路"教育共同体构建与区域教育治理模式创新》，《湖南师范大学教育科学学报》2018 年第 6 期。

教育质量，增强在全球范围内的竞争力，促进区域内的人员流动，也要充分尊重各国国情和高等教育发展的实际水平，体现高等教育政策的包容性和多样性。

（四）在高等教育层次建立学分转换系统和学位共授机制

根据共建国家的高等教育学制、学位和学分制实施现状，推动共建"一带一路"国家进行完全学分制改革，建立弹性学制，在此基础上推动构建可以互相转换和互认的学分系统，研制科学客观、具有操作性的学分转换公式，使学生与教师更容易在区域内实现流动和就业。[①] 在建立学分转换系统的基础上，积极磋商和对话，在共建"一带一路"国家和地区建立平等、开放的学位互授机制，吸引更多高等教育机构参与到合作办学的机制中，实现学位课程、学历课程与培训课程学分的完全对接，吸引更多的学生到其他国家攻读共授课程。

（五）完善工作机制

由于历史、制度和文化差异，原有的高等教育联盟工作机制不足以支撑新的高等教育共同体的运行，需要重新确立工作机制，制定新的法律制度保障教育共同体的顺利实施。共建"一带一路"国家和地区应在互利共赢的基础上签署政府间教育合作协议，建立各国教育部部长定期联席会议机制，构建多层次、多国别的组织协调体系，完善相关工作机制，使教育共同体的建设更加规范化、制度化，确保教育共同体以完善、创新的工作机制持续发展。

二　建立区域内合作新模式——培育未来大学合作模式

（一）当前区域合作模式

目前，随着"一带一路"倡议的推进，中国与共建国家在高等教育

---

① 郄海霞、刘宝存：《"一带一路"教育共同体构建与区域教育治理模式创新》，《湖南师范大学教育科学学报》2018 年第 6 期。

合作模式和教育区域化、国际化领域进行了大量的探索与实践。除了院校之间的交流与合作外，建立高等教育机构联盟成为区域合作的重要模式之一。据不完全统计，国内高校联合共建国家建成了 30 多个高校联盟，有官方主导、政策驱动的"外生规划型"联盟，也有民间自发结成的"内生组织"联盟。[1] 其中，有 9 个战略联盟设有相应的组织机构，负责对联盟的构建与发展进行协调。联盟成员在共同的网络组织框架下，设计合作理念、合作目标、合作内容以及运行机制。如 2015 年，由西安交通大学发起的来自 31 个国家和地区的 128 所高校组成的新丝绸之路大学联盟，由兰州大学发起的由 8 个国家 47 所高校组成的"一带一路"高校战略联盟等。

在当前联盟的合作运行中，联盟成员机构持续面临文化冲突、高等教育体系差异等问题，联盟内部互动效率不高，出现了持续创新与后续发展缺乏动力的问题。联盟内部高等教育机构之间的合作仍然以校际合作模式为主，并未呈现出大开放、大交流、大融合的特点，高等教育机构之间仍然在资源互补、学分互认、学生多向流动方面存在壁垒。

（二）打造高校联盟升级版——培育未来大学合作模式

为了缓解和消除差异，促进高校联盟内部的创新发展，打造高校联盟升级版应当成为未来发展举措。在欧盟高等教育联盟发展之初，也曾遭遇类似的困境，国家之间的文化差异、高等教育质量之间的差异都曾阻碍联盟高校之间的交流与发展。欧盟委员会为此提出了"欧洲大学"倡议，将"欧洲大学"项目确立为成员国之间文化教育领域的旗舰行动。该倡议旨在加强欧盟高等教育机构间的战略合作伙伴关系，增强欧洲高等教育机构的竞争力；同时推进高校间不同文化背景、专业背景的学生和科研人员的流动，汇聚创新意识，促进欧洲公民对共同体的认同，推动共有价值观的建设，解决欧洲社会面临的专业人才紧缺的问题。"欧洲大学"并非特指某所高等教育机构，而是多个高等教育机构组成的教育共同体。这种大学跨越国界，成为未来高等教育机构改革的趋势和未来

---

[1] 朱以财、刘志民：《从"共建"到"共鸣"："一带一路"高校战略联盟的价值取向》，《教育学报》2019 年第 5 期。

大学的模型。欧盟希望借助"欧洲大学"倡议改变现有高等教育机构间的合作模式，将其推进到更深入的合作水平。深度的合作关系超越任何现有高等教育机构间的双边和多边合作，建立共同的价值观与愿景，将成员机构的知识、平台、数据和资源深层次联合在一起，建立跨时空校园，让学生在成员机构间无缝地、自由地流动。

"一带一路"合作国家和地区的教育行政主管部门应充分借鉴"欧洲大学"倡议的优势，将当前高校战略联盟定义为动态行为过程，超越传统合作模式，充分整合联盟内的知识、文化和智库，培育未来大学合作模式，打破传统的文化、地域、语言壁垒，以先进数字技术为媒介，创新学习模式，瞄准制约"一带一路"经济、社会发展的瓶颈性问题，创建和创新适用于共建"一带一路"国家与地区的解决方案。

三 建立区域内人员流动机制——多层次、多类别、多向度流动

人员流动是欧洲高等教育区的标志，高等教育领域的人员自由流动被视为欧洲高等教育区的重要标识。布拉格峰会、柏林峰会、卑尔根峰会以及伦敦峰会持续审议通过各种措施推动高等教育领域人员的流动。学生流动成为欧洲高等教育区的核心项目，欧盟逐渐细化并完善了高等教育流动的内涵，不仅提升了欧盟层面学生流动的规模，也在国家层面平衡了学生的流动方向。教工流动和科研人员流动是欧洲高等教育区的重要组成部分，在面向 2020 的流动战略确立后，教职工流动与科研人员流动获得了更多的政策支持，加快了欧洲研究区的建设步伐。欧盟的人员流动战略，有力推动了欧洲高等教育区和欧洲研究区的一体化进程，为"一带一路"建设中的人员流动提供了丰富经验和有益启示。

共建"一带一路"国家和地区内需要持续推动建立多层次、多类别和多向度的流动方案，破除人才跨国流动的观念性阻碍和政策性障碍。在区域层面，中国已经有东盟、阿盟、南亚中东欧高等教育论坛等教育交流机制，形成了区域性、多边性和双边性的合作平台，但是这些平台从整体来看仍然是零散的、非系统化的，缺乏区域高等教育领域内流动的顶层设计。在共建"一带一路"国家和区域内建立人才流动机制，需

要在区域层面设置旗舰项目，在更大范围、更高水平上促进人员流动，形成"一带一路"人才流动品牌。欧盟经验表明，面向高等教育的伊拉斯谟项目和"伊拉斯谟＋"项目通过长期经营，已经打造成为欧盟人才流动的旗舰项目。要在"一带一路"高等教育共同体框架设立人员流动旗舰项目，以学生流动为突破口，多类别、多向度地助推区域内人才流动。同时，需要完善区域内人才流动的辅助性政策和流动工具的开发，例如学分转换系统、学历学位认证系统、质量保障框架等，都是便利学生跨国学习的重要基础性工程。虽然当前"一带一路"沿线各国已有针对学生和研究人员流动的政策，但是仍有必要从区域高等教育一体化的角度对流动政策和社会支持政策进行梳理评估，完善人员流动的技术支持和社会支持系统。

四 打造区域内高等教育共同体的质量文化
——从共建走向共鸣

　　质量文化是在机构内形成的一种致力于质量持续改进的文化，是一种组织文化，包含文化/心理要素，涉及关于质量的共同价值观、信念、期望和承诺，以及结构/管理要素，涉及协调个体努力的质量改进过程。[①]欧洲大学协会对质量保障进行了广泛的定义，指任何有关质量的定义、保障以及提升高等教育机构质量的活动，包括但不限于《欧洲高等教育区质量保障标准与指南》（ESG）所要求的活动。因此，质量文化的构建涵盖了技术层面的质量管理，自上而下利用工具和相关机制测量、评估、保障和提升质量，也涵盖文化心理方面的质量承诺，自下而上参与并承诺为质量提升而不断努力。[②]"一带一路"教育共同体的质量文化构建既包括教育共同体提升教育质量的决策水平和行动力度，也包含教育共同体内部构建的文化。文化的认同与融合有助于教育共同体的构建与运行，

[①]　徐赟、马萍：《欧洲大学质量文化建设：实践及启示》，《外国教育研究》2017 年第 9 期。

[②]　Ehlers U. D. , "Understanding Quality Culture", *Quality Assurance in Education*, No. 4, 2009, pp. 343 – 363.

相近的文化价值观能够减少教育共同体内成员之间的误解，而缺乏认同的共同体成员由于彼此之间缺乏沟通协调，会导致共同体的终结。想要"一带一路"教育共同体稳定运行，必须取得共同体成员之间的文化认同，打造共同体内部的质量文化。只有充分认识到质量文化对于教育共同体的重要性，才有可能更有效地实现质量保障。

打造"一带一路"教育共同体的质量文化应当从共建走向共鸣。共建意味着通过有效的形式、方法和手段，将具有相同初衷、偏好的高等教育主体聚集在一起，共同建设和发展质量文化。在这一进程中，不同高等教育主体拥有各自独立、具备自身特色、符合各自背景的质量文化，这是"一带一路"教育共同体质量文化建设的初级阶段。随着教育共同体的深入发展，亟须考虑的问题实际上为质量文化的共鸣。共鸣为声学中的共振现象，经过不断发展演变，逐渐被引入政治学、社会学、教育学等语境，并得到了广泛的延伸和运用。共鸣可以看作成员之间的共同心理、双向互动效应，包括成员间行动上的信任、认识上的趋同和思想上的共鸣等。在"一带一路"教育共同体质量文化的背景下，它主要包括成员国之间在教育质量上的相互信任、在质量文化上的相互趋同以及在质量认识上的共鸣。成员国之间在教育质量上的相互信任越深，越容易对教育共同体产生正向期望，成员之间质量文化的愿望与目标则更容易实现，也更容易将成员之间的信任从认知型上升到情感型。所谓认知型信任，是指对合作方知识、能力、可靠性的认知判断，而情感型信任则是在双方交往过程中建立的主观判断和信任，进而形成共同情感，产生心理认同。这形成了"一带一路"教育共同体质量文化从共建走向共鸣的进程。

结　语

　　欧洲高等教育质量保障体系经过近 30 年的发展，已经具备了较为完善的质量保障政策体系和质量保障运行机制，在成员国得到了广泛的支持与发展，提升了欧洲高等教育在全球的竞争力，成为高等教育区域一体化的典范。

　　研究发现，欧洲高等教育质量保障政策以 2005 年欧洲层面发布的《欧洲高等教育区质量保障标准与指南》（ESG）为指导。在它运行了十年之后，E4 集团又对该指南进行了修订。指南主要涵盖质量保障体系的三个方面：内部质量保障标准、外部质量保障标准以及外部质量保障机构保障标准。它为欧洲高等教育区成员提供构建质量保障体系的基本指标。ESG 并未对质量保障标准做出明确、详细的规定，而是在一致性的基础上充分尊重成员国的文化多样性，对成员国构建质量保障体系做出宏观指导。同时，为了配合 ESG 的推行与广泛实施，欧洲高等教育区还构建了多个欧洲层面的质量保障运行机制，例如外部质量保障的评估机构、质量保障机构的注册机构、质量保障信息公开的网络中心等，为政策运行与实施提供了保障。经过 16 年的实施与运行，欧洲高等教育质量保障体系已经形成了欧洲层面、欧盟成员国层面和高等教育机构层面协调运行的机制，高等教育资格框架、学分转换与积累体系和《文凭补充说明》的辅助性政策全面推行，欧洲区域一体化的高等教育质量保障体系已经建立。该体系在欧洲层面的运行机制旨在提升质量保障体系在全欧洲范围内的发展，国家层面运行机制旨在突出外部问责程序，高等教育机构的职责则为提升内部质量。这使得高等教育利益相关者的参与度逐步提升，质量保障意识持续增强。

　　在欧洲高等教育质量保障的机制下，欧盟推出了一系列提升高等教育质量、促进人员流动的高等教育旗舰项目，例如伊拉斯谟项目与"伊拉斯谟＋"项目。这些项目拓展了欧盟层面的合作，提升了高等教育质量，激励了国家层面的跨境合作，为高等教育机构质量改善提供了支持与动力。同时，减少了欧洲维度与国际化维度融合的阻力，培养了能够适应欧洲区域融合与国际化工作环境的人才，增进了区域内成员国之间的理解和区域内的文化融合。由于英国高等教育质量保障体系是欧洲层面高等教育质量体系建立的基础，它在欧洲高等教育区建设中发挥了积极的作用，推进了"知识欧洲"共同体发展，在欧洲层面内部、外部质量保障体系的建设中，表现出极大程度上的一致性。在英国具有代表性的剑桥大学，对 ESG 进行了进一步细化，使其更具实践性，大学政策与英国国家政策、欧洲政策具有等效性和兼容性。虽然英国于2020 年初正式脱欧，但是英国高等教育质量保障局在脱欧后表示英国仍然是欧洲高等教育区的成员国，将继续参加博洛尼亚进程，在欧洲高等教育市场并没有太大的变化。基于双方在目标和定位上的一致性，英国高等教育在质量保障与质量提升上与欧洲实现了趋同。德国曾是世界高等教育的中心，现代大学理念广泛影响世界高等教育进程，但是其高等教育体系具有独特性与封闭性。德国代表了欧洲高等教育区中绝大多数西欧国家高等教育质量保障的进程，突出了欧洲高等教育质量保障体系既具有一致性，也具有多样性的特点。通过对德国高等教育认证体系的分析和它在美因茨约翰内斯·古腾堡大学的实施，我们可以看出德国的国家质量保障政策与美因茨约翰内斯·古腾堡大学的政策遵循了 ESG的指导，在细化的基础上使其更符合德国高等教育体系的特点。波兰逐步成为中东欧地区发展较快的国家之一，其高等教育历史悠久，体现着中东欧国家与 ESG 兼容的模式与进程。它通过立法在整个高等教育内建立了质量保障体系，为所有类型的高等教育机构和研究领域引入了统一和强制性的制度，但是其质量保障政策种类较为复杂。虽然波兰国家认证委员于 2009 年获得了 ENQA 正式会员资格，但是机构之间的透明度和可比性仍然较低。

　　欧洲区域一体化高等教育质量保障体系首先呈现出从浅兼容向深融

合的发展趋势，成员国将质量保障充分纳入高等教育机构的日常管理，不断演变的国家质量保障法规、国际合作和欧洲层面的政策发展对内部质量保障过程产生了影响，三方面相辅相成、相互影响。其次，利益相关者从弱约束走向强渗透。ESG 强调了利益相关者在内部质量保障中的作用和地位，学生和雇主作为平等的合作伙伴，通过高等教育机构的决策和质量管理过程参与质量管理。再次，欧盟高等教育质量保障制度的实施从有限性走向广泛性。在 ESG 推出后，几乎所有成员国都在努力实施，成员国制定本国高等教育机构和高等教育质量保障机构的政策，同时考虑成员国之间的国际合作与共识，建立彼此认可的质量标准与程序，逐步实现了欧洲高等教育区层面、成员国层面和高等教育机构层面政策的兼容。最后，高等教育质量保障体系质量文化逐步建立，实现了从质量概念到质量文化的转变。质量文化是在机构层面和个人层面永久提升内部组织文化，同时也是应对外部质量保障需求的工具，欧盟层面实现了质量文化的持续改进。

欧盟高等教育质量体系成为全球范围内高等教育区域一体化的典范，为推进"一带一路"区域性高等教育共同体提供了借鉴，是当前共建"一带一路"国家高等教育合作模式的丰富。中国通过提升高等教育质量保障的国际认可度与兼容度，在共建"一带一路"国家形成高等教育质量保障体系，制定第三方质量保障机构的准入机制和行业规范，保证各国按照统一标准开展质量保障活动，将共建国家的高等教育发展引入互联互通、共享持续和共同参与的多边合作框架中。

同时，区域性高等教育共同体的建造是共建"一带一路"国家高等教育质量保障的顶层设计，能够有效推进区域内国家教育发展不平衡、机制与平台不完善等问题的解决。建立区域内质量保障标准体系，开发学历学位认证系统，实现区域内学分互认，鼓励学生跨地区流动，有利于各国教育质量保障机构协同开展质量评估，实现外部审核与内部质量相配合，促进区域教育协同发展。

欧盟高等教育一体化在运行了近 30 年之后的今日，也存在着一系列问题，例如欧洲层面和国家层面高等教育政策实施之间的矛盾，欧洲高等教育一体化路径之争，国家利益与共同体之间的利益纷争持续存在，且有愈演愈烈之趋势。因此,"一带一路"区域性高等教育共同体并不能完全效仿欧盟模式,而应充分考虑共建国家高等教育质量保障体系中的特点,在借鉴欧盟高等教育质量保障体系经验的基础上,探索适合"一带一路"高等教育共同体特点的质量保障模式与方法。为此,中国学者应积极贡献中国智慧。

参考文献

一　中文类

（一）著作

［比］希尔德·德·里德－西蒙斯主编：《欧洲大学史》（第一卷），张斌贤等译，河北大学出版社 2007 年版。

［德］斐迪南·滕尼斯：《共同体与社会》，林荣远译，商务印书馆 2019 年版。

［荷］弗兰斯·范富格特：《国际高等教育政策比较研究》，王承绪等译，浙江教育出版社 2001 年版。

［美］伯顿·克拉克：《高等教育系统：学术组织的跨国研究》，王承绪等译，杭州大学出版社 1994 年版。

［美］德里克·博克：《走出象牙塔——现代大学的社会责任》，徐小洲、陈军译，浙江教育出版社 2001 年版。

［美］汉斯·摩根索：《国际纵横策论：争强权　求和平》，上海译文出版社 1995 年版。

［美］亚历山大·温特：《国际政治的社会理论》，秦亚青译，北京大学出版社 2005 年版。

［英］艾伦·B. 科班：《中世纪大学：发展与组织》，周常明、王晓宇译，山东教育出版社 2013 年版。

［英］安特耶·维纳、［德］托马斯·迪兹：《欧洲一体化理论》，朱立群等译，世界知识出版社 2009 年版。

［英］海斯汀·拉斯达尔：《中世纪的欧洲大学——大学的起源》（第一卷），崔延强、邓磊译，重庆大学出版社 2010 年版。

安心：《高等教育质量保障的新障碍及破解路径》，中国社会科学出版社
　　2017 年版。

陈乐民：《"欧洲观念"的历史哲学》，东方出版社 1988 年版。

陈时见、冉源懋：《欧盟教育政策的历史变迁与发展趋势》，高等教育出
　　版社 2015 年版。

陈玉琨、代蕊华：《高等教育质量保障体系概论》，北京师范大学出版社
　　2004 年版。

东盟大学联盟：《东盟大学联盟质量标准指导方针实施手册》，张建新译，
　　云南人民出版社 2009 年版。

郭华榕、徐天新：《欧洲的分与合》，人民出版社 2015 年版。

国家教育委员会教育发展与政策研究中心：《七十国教育发展概况
　　（1981—1984）》，天津教育出版社 1986 年版。

江宜桦：《自由主义、民族主义与国家认同》，台北扬智文化事业有限公
　　司 1998 年版。

阚阅：《多样与统一——欧洲高等教育一体化研究》，浙江大学出版社
　　2015 年版。

李化树：《建设欧洲高等教育区：聚焦博洛尼亚进程》，人民出版社 2014
　　年版。

李明明等：《超越与统一——欧盟的集体认同研究》，上海人民出版社
　　2009 年版。

李巍、王学玉：《欧洲一体化理论与历史文献选读》，山东人民出版社
　　2001 年版。

联合国教科文组织：《反思教育：向"全球共同利益"的理念转变?》，教
　　育科学出版社 2015 年版。

梁绿琦、姜闽虹：《国际化教育的理论与探索》，中国社会科学出版社
　　2015 年版。

欧共体官方出版局：《欧洲联盟法典》（第一卷），苏明忠译，国际文化出
　　版公司 2005 年版。

《欧洲共同体条约集》，戴炳然译，复旦大学出版社 1993 年版。

王福春等：《大欧洲光荣与梦想》，东方出版社 1999 年版。

王天一、夏之莲、朱美玉：《外国教育史》，北京师范大学出版社 1993

年版。

姚勤华:《欧洲联盟集体身份的建构 (1951~1995)》,上海社会科学院出版社 2003 年版。

余小波:《大众化背景下的高等教育质量与保障研究》,湖南大学出版社 2013 年版。

张维德、李锡钝:《全面质量管理的实践》,黑龙江人民出版社 1984 年版。

周建平:《欧洲政治经济学》,复旦大学出版社 2002 年版。

　　(二) 中文期刊

[瑞典] 托斯坦·胡森:《论教育质量》,施良方译,《华东师范大学学报》(教育科学版) 1987 年第 3 期。

[英] 胡伯特·埃特尔:《欧盟的教育与培训政策:五十年发展综述》,喻恺译,《教育学报》2009 年第 1 期。

毕家驹:《2010 欧洲高等教育区》,《中国高等教育评估》2002 年第 3 期。

蔡安成:《欧盟〈ERASMUS 计划〉的发展》,《比较教育研究》2001 年第 11 期。

岑艺璇、张守伟、毕森:《UNESCO 推进高质量体育教育改革和发展战略布局研究——〈高质量体育教育:决策者指南〉解读》,《外国中小学教育》2019 年第 3 期。

陈凡:《欧洲高等教育质量保障新标准:理念与启示》,《中国高教研究》2016 年第 6 期。

陈寒:《欧洲高等教育区质量保障标准:发展与启示》,《中国高教研究》2018 年第 6 期。

陈寒、孙绍勇:《谁来保障质量保障机构的品质?——基于 EQAR 及其注册制的发展与运行》,《清华大学教育研究》2020 年第 6 期。

陈华仔、黄双柳:《美国高等教育外部质量保障体系的百年发展》,《现代教育管理》2016 年第 7 期。

陈时见、侯静:《美国高等教育质量认证的运行模式——以美国南部院校协会 (SACS) 为例》,《比较教育研究》2008 年第 12 期。

陈时见、冉源懋:《欧盟教育政策的历史演进与发展走向》,《教师教育学报》2014 年第 5 期。

陈涛、刘晶蕾、张宝昆：《走向自由、终身学习之路：欧洲学分转换系统的发展历程、规程与前程》，《比较教育研究》2012 年第 9 期。

陈天：《欧洲高等教育质量保障政策的变化与挑战——基于博洛尼亚进程的影响》，《齐鲁师范学院学报》2013 年第 5 期。

陈玉琨、沈玉顺：《建立高等教育的质量保障系统》，《江苏高教》1996 年第 2 期。

陈志强：《荷、美、澳三国高等教育外部质量保证体系的特点探析》，《比较教育研究》2012 年第 7 期。

谌晓芹：《博洛尼亚进程行动路线与政策透视——基于区域高等教育开放与合作的视角》，《求索》2012 年第 2 期。

谌晓芹、谭晖：《欧洲高等教育资格认可：体系、工作机制和基本特征》，《大学教育科学》2013 年第 2 期。

程序：《美国高等教育内部质量保障机制及其启示》，《江苏高教》2016 年第 2 期。

单可：《波兰融入欧盟高等教育一体化的举措与启示》，《台州学院学报》2019 年第 10 期。

董衍美、张祺午：《英国学分积累与转换系统构建：历程回顾、现实挑战与发展方向》，《职业技术教育》2020 年第 18 期。

高飞：《欧洲高等教育机构内部质量保障：标准、进展与前景》，《江苏高教》2012 年第 5 期。

顾明远：《高等教育评估中几个值得探讨的问题》，《高教发展与评估》2006 年第 5 期。

贺祖斌：《以评价为基础建构高等教育大众化的质量保障体系》，《清华大学教育研究》2002 年第 6 期。

胡弼成：《高等教育质量观的演进》，《教育研究》2006 年第 11 期。

胡建华：《高等教育质量内部管理与外部监控的关系分析》，《高等教育研究》2008 年第 5 期。

胡万山：《学生参与高等教育质量保障的研究与反思》，《上海教育评估研究》2019 年第 3 期。

胡义伟：《论我国高等教育质量保障体系的构建——以发达国家经验为鉴》，《湘潭大学学报》（哲学社会科学版）2009 年第 4 期。

姜南：《法德英关系与欧洲一体化（1945—1993）》，《浙江大学学报》（人文社会科学版）2015 年第 5 期。

蒋东旭：《历史观照与现实反思：共同体理论的媒介维度批判》，《新闻界》2019 年第 6 期。

蒋洪池、夏欢：《欧洲高等教育区外部质量保障：标准、方式及程序》，《高教探索》2018 年第 1 期。

蒋园园：《教育政策执行复杂性研究：复杂理论的视角》，《教育发展研究》2011 年第 7 期。

矫怡程：《德国高等教育体系认证：缘起、进展与成效》，《外国教育研究》2016 年第 2 期。

教育部教育发展研究中心：《近年来世界各国教育政策的趋势及特点》，《教育研究》2011 年第 1 期。

冷余生：《从质量争议看高等教育质量评价的现状和任务》，《高等教育研究》2007 年第 3 期。

李福华：《高等教育质量：内涵、属性和评价》，《现代大学教育》2003 年第 2 期。

李国强：《高校内部质量保障体系建设的成效、问题与展望》，《中国高教研究》2016 年第 2 期。

李英：《欧盟高等教育政策实施计划述评》，《教师教育学报》2014 年第 5 期。

李祖超、陶昱：《英国高等教育质量评估的发展及启示》，《河北大学学报》（哲学社会科学版）2008 年第 3 期。

刘爱玲、褚欣维：《博洛尼亚进程 20 年：欧盟高等教育一体化过程、经验与趋势》，《首都师范大学学报》（社会科学版）2019 年第 3 期。

刘海燕：《欧洲高等教育政策视域下"以学生为中心学习"改革新动向》，《比较教育研究》2021 年第 7 期。

刘海燕：《"以学生为中心的学习"：欧洲高等教育教学改革的核心命题》，《教育研究》2017 年第 12 期。

刘晖：《从〈罗宾斯报告〉到〈迪尔英报告〉——英国高等教育的发展路径、战略及其启示》，《比较教育研究》2001 年第 2 期。

刘晖、李嘉慧：《中国高等教育质量保障体系的完型》，《教育研究》2019

年第 11 期。

刘晖、孟卫青、汤晓蒙：《欧洲高等教育质量保证 25 年（1990—2015）：政策、研究与实践》，《教育研究》2016 年第 7 期。

刘琦、车伟民：《欧洲高等教育区对推进"一带一路"教育行动升级版的启示》，《中国高教研究》2020 年第 9 期。

刘膺博、Martin Lockett：《英国高等教育质量保障制度：起源、演变与发展趋势》，《现代教育管理》2020 年第 7 期。

刘振天：《推进质量保障体系建设的几个前提性问题》，《中国高等教育》2010 年第 12 期。

刘志林：《博洛尼亚进程下欧洲高等教育质量保障体系的研究与反思》，《现代教育管理》2018 年第 9 期。

吕光洙、宋官东、梁雪彩：《学生参与：欧洲高等教育治理的新路径》，《世界教育信息》2016 年第 5 期。

潘丽娟：《英国高等教育发展趋势透析》，《上海教育》2001 年第 15 期。

潘懋元：《高等教育大众化的教育质量观》，《中国高教研究》2000 年第 1 期。

秦琴：《质量保障与评估如何影响高等教育多样化发展——基于 13 个国家（地区）高等教育外部质量保障体系的文本分析》，《外国教育研究》2017 年第 4 期。

泉琳：《大数据解读中国本科教育》，《科学新闻》2018 年第 6 期。

饶燕婷：《欧洲国家高等教育质量保障中的学生参与政策》，《教育发展研究》2012 年第 11 期。

沈伟：《趋同抑或求异：英国高等教育质量保障的过去与未来》，《高等教育研究》2018 年第 10 期。

盛欣、李建奇、曹受金：《英国高等教育质量保障体系及其借鉴》，《求索》2014 年第 4 期。

宋旭峰：《大众化高等教育质量探析》，《江苏高教》2003 年第 5 期。

田小惠：《法德轴心的有限重启与欧洲一体化建设》，《当代世界》2021 年第 4 期。

汪小会、孙伟、俞洪亮：《法国高校的国家评估及对我国的启示》，《上海教育评估研究》2016 年第 6 期。

王保星：《质量文化与学生参与：新世纪十年英国大学教育质量保障的新思维》，《杭州师范大学学报》（社会科学版）2012 年第 1 期。

王灏晨、李舒沁：《〈欧洲未来白皮书〉各情景及其可能的影响》，《宏观经济管理》2017 年第 7 期。

王惠芝：《博洛尼亚进程中的乌克兰高等教育：变革与挑战》，《上海教育评估研究》2015 年第 2 期。

王嘉毅：《英国高等教育质量保证政策的历史演变及启示》，《大学》（学术版）2010 年第 1 期。

王让、张赟、孙晋：《浅论大众化阶段主体性高等教育质量观》，《江苏高教》2013 年第 1 期。

王新凤：《博洛尼亚进程的终结还是开始？——对欧洲高等教育区域整合的反思》，《高教探索》2010 年第 3 期。

王秀彦、于贝：《欧洲高等教育评估中学生参与机制的主要特征与启示》，《黑龙江高教研究》2015 年第 5 期。

魏丽娜：《"以学生为中心的学习"：欧洲高等教育内部质量管理框架及其思考》，《重庆高教研究》2019 年第 3 期。

吴佳妮：《美国高等教育质量保障体系中的权力博弈：学术、国家、市场的三角关系变迁》，《比较教育研究》2012 年第 7 期。

武学超、罗志敏：《波兰新一轮高等教育体制改革动因、向度及评价》，《比较教育研究》2020 年第 6 期。

郄海霞、刘宝存：《"一带一路"教育共同体构建与区域教育治理模式创新》，《湖南师范大学教育科学学报》2018 年第 6 期。

徐辉：《欧洲"博洛尼亚进程"的目标、内容及其影响》，《教育研究》2010 年第 4 期。

徐理勤：《博洛尼亚进程中的德国高等教育改革及其启示》，《德国研究》2008 年第 3 期。

徐赟、马萍：《欧洲大学质量文化建设：实践及启示》，《外国教育研究》2017 年第 9 期。

杨治平、黄志成：《欧洲高等教育质量保障机构的发展与定位——博洛尼亚进程新趋势》，《比较教育研究》2013 年第 1 期。

余小波、刘潇华、张亮亮：《我国高等教育质量保障的发展与评析》，《高等教育研究》2020 年第 2 期。

余小波、张欢欢：《大学评议：高等教育质量保障的重要机制》，《大学教育科学》2021 年第 6 期。

张地珂：《美国"双轨制"高等教育质量保障体系构建及启示——从教育治理的视角》，《湖北社会科学》2016 年第 2 期。

张丽：《构建高等教育质量保障内部机制的研究》，《江苏高教》2012 年第 5 期。

张敏、金玲、朱晓中、葛军：《"多速欧洲"：是聚合还是离散》，《世界知识》2017 年第 10 期。

张旭雯：《〈欧洲高等教育区质量保障标准与指南〉的改进和发展》，《世界教育信息》2018 年第 5 期。

张志旻、赵世奎、任之光等：《共同体的界定、内涵及其生成——共同体研究综述》，《科学学与科学技术管理》2010 年第 10 期。

赵叶珠：《欧盟提高高校教学质量的政策建议与相关措施》，《复旦教育论坛》2015 年第 6 期。

赵叶珠：《学生参与：欧洲高等教育质量保障中的新维度》，《复旦教育论坛》2011 年第 1 期。

郑淳：《全球化背景下欧洲高等教育质量保障体系建构与启示》，《现代教育论坛》2020 年第 1 期。

周健：《波兰高等教育概况》，《俄罗斯研究》1983 年第 6 期。

周满生、褚艾晶：《成就、挑战与展望——欧洲高等教育区质量保证十年发展回顾》，《北京大学教育评论》2011 年第 4 期。

朱佳妮：《搭乘欧洲高等教育一体化快车？——"博洛尼亚进程"对德国高等教育的影响》，《清华大学教育研究》2014 年第 6 期。

朱以财、刘志民：《从"共建"到"共鸣"："一带一路"高校战略联盟的价值取向》，《教育学报》2019 年第 5 期。

朱以财、刘志民：《"一带一路"高等教育共同体建设的理论诠释与环境评估》，《现代教育管理》2019 年第 1 期。

朱永、东张、振刚：《英国高等教育质量外部保障体系发展特征探析》，《研究生教育研究》2013 年第 3 期。

庄丽君、王山玲：《美国高校区域性认证研究》，《高教发展与评估》2018

年第 2 期。

（三）学位论文

谌晓芹：《结构主义视角下的欧洲高等教育一体化改革研究》，博士学位论文，华中科技大学，2014 年。

高迎爽：《法国高等教育质量保障历史研究（20 世纪 80 年代至今）》，博士学位论文，华东师范大学，2010 年。

龚丕洪：《我国小企业 ISO9000 认证的理论和实践研究》，硕士学位论文，西南财经大学，2003 年。

顾超：《西北地区中华民族共同体意识培育研究》，博士学位论文，兰州大学，2020 年。

金日：《欧洲一体化的政治分析》，博士学位论文，复旦大学，2003 年。

李佳宇：《非洲区域一体化高等教育质量保障政策研究》，硕士学位论文，浙江师范大学，2019 年。

李嘉慧：《美国院校认证制度促进高校特色发展机制形成之研究》，硕士学位论文，广州大学，2019 年。

孙传春：《博洛尼亚进程中的欧洲高等教育政策调整——高等教育国际化与本土化问题研究》，硕士学位论文，上海交通大学，2008 年。

孙珂：《欧洲高等教育一体化进程中的学生流动研究》，硕士学位论文，河北师范大学，2009 年。

田恩舜：《高等教育质量保证模式研究》，博士学位论文，华中科技大学，2005 年。

王涛：《比较教育认识论》，博士学位论文，西南大学，2014 年。

魏航：《欧盟高等教育合作交流政策研究》，博士学位论文，东北师范大学，2011 年。

杨丽辉：《英国跨国高等教育质量保障体系探究》，硕士学位论文，厦门大学，2009 年。

张国强：《西方大学教师共同体历史发展研究》，博士学位论文，山东师范大学，2018 年。

张强：《当代中国新闻评论的民主意识研究》，博士学位论文，华中科技大学，2015 年。

朱杰：《欧洲一体化背景下的高校治理》，硕士学位论文，上海师范大学，

2012 年。

（四）网络资源

《"伊拉斯谟＋"程序（欧盟法规）》第 1288/2013 号，https：//op. europa. eu/en/publication-detail/-/publication/6644d937 – 0e3e – 403a – 8845 – f1151cc2b24d/language-en/format-PDF/source – 241180541。

中华人民共和国教育部：《2020 年全国教育事业发展统计公报》，2023 年 12 月 1 日，http：//www. moe. gov. cn/jyb_ sjzl/sjzl_ fztjgb/202312/t202 31201_ 555004. html。

中华人民共和国教育部：《教育部办公厅关于印发〈普通高等学校本科教学工作水平评估方案（试行）〉的通知》，2004 年 8 月 12 日，http：// old. moe. gov. cn//publicfiles/business/htmlfiles/moe/s7168/201303/14877 8. html。

中华人民共和国教育部：《2003—2007 年教育振兴行动计划》，2004 年 2 月 10 日，http：//www. moe. gov. cn/jyb_ sjzl/moe_ 177/201003/t20100304_ 2488. html。

中华人民共和国教育部：《系列高等教育质量报告首次发布——事实和数据说话，展现中国高等教育质量的自信和自省》，2016 年 4 月 7 日，http：//www. moe. gov. cn/jyb_ xwfb/xw_ fbh/moe_ 2069/xwfbh_ 2016n/ xwfb_ 60407/160407_ sfcl/201604/t20160406_ 236891. html。

中华人民共和国教育部：《教育部关于印发〈推进共建"一带一路"教育行动〉的通知》，2016 年 7 月 13 日，http：//www. gov. cn/gongbao/content/2017/content_ 5181096. html。

二 英文类

（一）著作类

A. D. Smith, *Myth and Memories of the Nation*, Oxford：Oxford University Press, 1999.

Altbach P. G. , *Doctoral Education*：*Present Realities and Future Trends*, International Handbook of Higher Education. Springer, Dordrecht, 2007.

Ball C. , *Fitness for Purpose*, Guildford：SHRE/NFER-Nelson, 1985.

Beerkens M. , Vossensteyn H. , *The Effect of the ERASMUS Programme on*

European Higher Education: *The Visible Hand of Europe*, Reform of Higher Education in Europe. Brill Sense, 2011.

Cacciagrano A. , *Bologna with Students Eyes* 2009, European Students' Union, 2009.

Clements C. W. , *Accreditation Standards of Law Faculties in the Transitioning States of Central Europe and Eurasia*, Central European and Eurasian Law Initiative, Office of Research and Program Development, 2005.

Commission of the European Communities, *Cooperation in Education in the European Union*: 1976 – 1994, Luxembourg: Office for Official Publications of the European Commission, 1994.

Cornesky R. , *Implementing Total Quality Management in Higher Education*, Madison: Magna Publications, 1992.

Costes N. , Crozier F. , Cullen P. , et al. , *Quality Procedures in the European Higher Education Area and Beyond—Second ENQA Survey. ENQA Occasional Papers* 14, ENQA (European Association for Quality Assurance in Higher Education): Brussels, 2008.

Crosby P. B. , *Quality if Free*, New York: Mentor Books, 1979.

Crosier D. , Purser L. , Smidt H. , *Trends 5*: *Universities Shaping the European Higher Education Area*, EAU, 2007.

Crosier D. , Dalferth S. , Parveva T. , *Focus on Higher Education in Europe 2010*: *The Impact of the Bologna Process*, Education, Audiovisual and Culture Executive Agency: European Commission, 2010.

Crozier F. , Curvale B. , Dearlove R. , et al. , *Terminology of Quality Assurance*: *Towards Shared European Values? ENQA Occasional Papers* 12, ENQA (European Association for Quality Assurance in Higher Education). Avenue de Tervuren 36 – 38 – boite 4, 1040 Brussels, Belgium, 2006.

Estreicher K. , Muszyńska E. , Aleksandrowicz J. , *The Collegium Maius of the Jagiellonian University in Cracow*: *History, Customs, Collections*, Interpress Publishers, 1973.

European Commission, *Education in the European Community*, Luxembourg: Office for Official Publications of the European Communities, 1974.

European Commission, *Memorandum on Higher Education in the European Community: Communication from the Commission to the Council*, Brussels, 1991.

European Commission, *The History of European Cooperation in Education and Training*, Luxembourg: Office for Official Publications of the European Communities, 2006.

Eurydice, *Audiovisual & Culture Executive Agency. The European Higher Education Area in* 2012: *Bologna Process Implantation Report*, Ministerio de Educación, 2012.

Eurydice, *Audiovisual & Culture Executive Agency. The European Higher Education Area in* 2020: *Bologna Process Implantation Report*, Ministerio de Educación, 2020.

Janson K., Schomburg H., Teichler U., *The Professional Value of ERASMUS Mobility*, Bonn: Lemmens, 2009.

KERR C., *The Future of Industrial Societies: Convergence or Continuing Diversity?*, Cambridge: Harvard University Press, 1983.

Kohoutek Jan, *Implementation of the Standards and Guidelines for Quality Assurance in Higher Education in the Central and East-European Countries—Agenda Ahead*, Bucharest: UNESCO, 2009.

Loukkola T., Zhang T., *Examining Quality Culture: Part 1 – Quality Assurance Processes in Higher Education Institutions*, Brussels: European University Association, 2010.

Loukkola T., Byrne J., Jørgensen T., *Quality Assurance in Doctoral Education: Results of the ARDE Project*, Brussels: European University Association, 2013.

Loukkola T., *A Snapshot on the Internal Quality Assurance in EHEA*, European Higher Education at the Crossroads. Springer, Dordrecht, 2012.

Mackinnon D., Statham J., & Hales M., *Education in the UK Facts & Figures*, London: Hodder & Stoughton, 1995.

Matei L. & Curaj A., *Building an Integrated Higher Education System in Europe*, Budapest: Central European University Press, 2014.

Mazza E. , *Mapping the Implementation and Application of the ESG（MAP-ESG Project）: Final Report of the Project Steering Group. ENQA Occasional Papers* 17, ENQA（European Association for Quality Assurance in Higher Education）: Brussels, 2011.

McMahon J. , *Education and Culture in European Community Law*, London: Athlone Press, 1995.

Otero M. S. , McCoshan A. , *Ecotec Research and Consulting. Survey of the Socio-Economic Background of ERASMUS Students DG EAC* 01/05, Ecotec, 2006.

Perkin H. , *History of Universities*, International Handbook of Higher Education. Springer, Dordrecht, 2007.

Pollitt C. , *Manageralism and the Public Service: The Anglo-American Experience*, Oxford, UK: Blackwell, 1990.

Schade A. , *Shift of Paradigm in Quality Assurance in Germany: More Autonomy but Multiple Quality Assessment?*, Accreditation and Evaluation in the European Higher Education Area. Springer, Dordrecht, 2004.

Wulff K. R. , *Education in Poland: Past, Present, and Future*, University Press of America, 1992.

Schwarz S. , Westerheijden D. F. , *Accreditation in the Framework of Evaluation Activities: A Comparative Study in the European Higher Education Area*, Accreditation and Evaluation in the European Higher Education Area. Springer, Dordrecht, 2004.

Sursock A. , Smidt H. , Davies H. , *Trends* 2010: *A decade of change in European Higher Education*, Brussels: European University Association, 2010.

（二）英文期刊

Albena Gayef, Canan Hurdag, "Quality Assurance and the Bologna Process in Highereducation", *Journal of International Scientific Publications*, No. 12, 2014.

Altbach P. G. , "The Logic of Mass Higher Education", *Tertiary Education & Management*, No. 5, 1999.

Andris Barblan, "Academic Cooperation and Mobility in Europe: How It Should Be", *Higher Education in Europe*, No. 12, 2002.

Barbulescu A., "Quality Culture in the Romanian Higher Education", *Procedia-Social and Behavioral Sciences*, No. 9, 2015.

Billing D., "International Comparisons and Trends in External Quality Assurance of Higher Education: Commonality or Diversity?", *Higher Education*, No. 1, 2004.

Blattler A., Heerens N., Baumann B., et al., "The ESU Consultation Report of the MAP-ESG Project", *European Students' Union (NJ1)*, No. 6, 2012.

Bloxham S., Price M., "External Examining: Fit for Purpose?", *Studies in Higher Education*, No. 2, 2015.

Brink C., "Quality and Standards: Clarity, Comparability and Responsibility", *Quality in Higher Education*, No. 2, 2010.

Cameron K., Sine W., "A Framework for Organizational Quality Culture", *Quality Management Journal*, No. 4, 1999.

Chalvet V., *Guide Quality Assurance at Higher Education Institutions: A Progress Report and the Results of a Survey of the Quality Assurance Project*, 2003.

Colardyn D., Gordon J., "Lifelong Learning for All: Lisbon Strategies in the Global Context", *European Journal of Education*, No. 3, 2005.

Commission of the European Communities, "European Union Report by Mr Leo Tindemans to the European Council", *Bulletin of the European Communities*, No. 4, 1976.

Communiqué L., "London Communiqué Towards the European Higher Education Area: Responding to Challenges in a Globalised World", *Higher Education in Europe*, No. 5, 2007.

d'Egmont R., "Quality Culture in European Universities: A Bottom-up Approach", *Higher Education*, No. 9, 2006.

Douglas J., McClelland R., Davies J., "The Development of a Conceptual Model of Student Satisfaction with Their Experience in Higher Education",

Quality Assurance in Education, No. 1, 2008.

Edwards M. E., Tovar E. C., Sánchez-Ruiz L. M., "Strengths and Obstacles for Quality Assurance in the European Higher Education Area: The Spanish Case", *International Network for Engineering Education and Research*, No. 7, 2009.

Ehlers U. D., "Understanding Quality Culture", *Quality Assurance in Education*, No. 4, 2009.

Enders J., Westerheijden D. F., "Quality Assurance in the European Policy Arena", *Policy and Society*, No. 3, 2014.

Etienne Grosjean, "Forty Years of Culture Cooperation at the Council of Europe, 1954 – 1994", *European Education*, No. 1, 1999.

Fearon J. D., *What is Identity (As We Now Use the Word)*, Unpublished Manuscript, Stanford University, Stanford, Calif, 1999.

Filipkowski A., "The Implementation of the Bologna Declaration in Poland", *European Journal of Engineering Education*, No. 2, 2003.

Frazer M., "Report on the Modalities of External Evaluation of Higher Education in Europe: 1995 – 1997", *Higher Education in Europe*, No. 3, 1997.

Fuchs D., Klingemann H. D., "Eastward Enlargement of the European Union and the Identity of Europe", *West European Politics*, No. 2, 2002.

Galina Motova, Ritta Pykkö, "Russian Higher Education and European Standards of Quality Assurance", *European Journal of Education*, No. 1, 2012.

Gnanam A., "Globalisation and Its Impact on Quality Assurance, Accreditation and the Recognition of Qualifications: A View from Asia and the Pacific", *Globalization and the Market in Higher Education: Quality, Accreditation and Qualifications*, No. 7, 2002.

Gvaramadze I., "From Quality Assurance to Quality Enhancement in the European Higher Education Area", *European Journal of education*, No. 4, 2008.

Harvey L., Green D., "Defining Quality", *Assessment & Evaluation in Higher Education*, No. 1, 1993.

Huisman J., "The Bologna Process in European and Post-Soviet Higher Education: Institutional Legacies and Policy Adoption", *Innovation: The European Journal of Social Science Research*, No. 4, 2019.

Jackson N., "Academic Regulation in UK Higher Education: Typologies and Frameworks for Discourse and Strategic Change", *Quality Assurance in Education*, No. 3, 1997.

Jensen H. T., Aspelin M., Devinsky F., et al., "Quality Culture in European Universities: A Bottom-Up Approach: Report on the Three Rounds of the Quality Culture Project 2002 – 2006", No. 7, 2006.

Jongbloed B., Enders J., Salerno C., "Higher Education and Its Communities: Interconnections, Interdependencies and a Research Agenda", *Higher Education*, No. 3, 2008.

Kecetep I., Özkan İ., "Quality Assurance in the European Higher Education Area", *Procedia-Social and Behavioral Sciences*, No. 11, 2014.

Lent E. S., *Political Community and the North Atlantic Area: International Organization in the Light of Historical Experience*, Princeton, N. J.: Princeton University Press, 1958.

Lisievici P., "The Forgotten Side of Quality: Quality of Education Construct Impact on Quality Assurance System", *Procedia-Social and Behavioral Sciences*, No. 5, 2015.

Luijten-Lub A., Huisman J., Wende M., "On Cooperation and Competition II: Institutional Responses to Internationalisation, Europeanisation and Globalisation", *Bonn: Lemmens Verlags & Mediengesellschaft mbH*, No. 8, 2005.

Martina Vukasovic, "Change of Higher Education in Response to European Pressures: Conceptualization and Operationalization of Europeanization of Higher Education", *High Education*, No. 9, 2013.

Menger P. M., "Cultural Policies in Europe. From a State to a City-centered Perspective on Cultural Generativity", *GRIPS (Graduate Institute for Policy Studies) Discussion Paper*, No. 1, 2010.

Middlehurst R. Enhance Quality, In Coffield F. & Williamson B., *Repositoning Higher Education*, Buckingham: SRHE and Open University Press, 1997.

Rauhvargers A. , Deane C. , Pauwels W. , *Bologna Process Stocktaking Report 2009*, Leuven and Louvain-la-Neuve, 2009.

Rhys Gwyns, "Towards a European Policy of Initial Teacher Education", *European Journal of Education*, No. 4, 1979.

Saraph J. V. and Sebastian R. J. , "Developing A Quality Culture", *International Journal of Education Management*, No. 2, 1997.

Teichler U. , "Changes of ERASMUS Under the Umbrella of SOCRATES", *Journal of Studies in International Education*, No. 3, 2001.

Temple P. &Billing D. , "Higher Education Quality Assurance Organization in Central and Eastern Europe", *Quality in Higher Education*, No. 3, 2003.

Terry L. S. , "The Bologna Process and its Impact in Europe: It's So much More than Degree Changes", *Vand. J. Transnat'l L.* , No. 41, 2008.

Timo Ala-Vähälä, Taina Saarinen, "Building European-level Quality Assurance Structures: Views from Within ENQA", *Quality in Higher Education*, No. 2, 2009.

European C. , "Communication from the Commission to the European Parliament, the Counsil, the European Economic and Social Committee: European Higher Education in the World", 2013.

Van Bruggen J. C. , Scheele J. P. , Westerheijden D. F. , "To be Continued. Syntheses and Trends in Follow-up of Quality Assurance in West European Higher Education", *European Journal for Education Law and Policy*, No. 2, 1998.

Vettori O. , "Examining Quality Culture Part III: From Self-reflection to Enhancement", *European University Association: Brussels*, 2012.

Vojin Rakic, "Converge or Not Converge: The European Union and Higher Education Policies in the Netherlands, Belgium/Flanders and Germany", *Higher Education Policy*, No. 3, 2001.

Watty K. , "When Will Academics Learn About Quality?", *Quality in Higher Education*, No. 3, 2003.

Westerheijden D. F. , "Ex Oriente Lux?: National and Multiple Accreditation in Europe After the Fall of the Wall and After Bologna", *Quality in Higher*

Education, No. 1, 2001.

Westerheijden D. F., "The Changing Concepts of Quality in the Assessment of Study Programmes, Teaching and Learning", *Quality Assessment for Higher Education*, No. 16, 2007.

Williams P., "Implementation of the Guidelines Adopted By the European Ministers Responsible for Higher Education", *The Legitimacy of Quality Assurance in Higher Education: The Role of Public Authorities and Institutions*, No. 5, 2007.

Woodhouse D., "Quality and Quality Assurance", *Quality and Internationalisation in Higher Education*, No. 7, 1999.

Zgaga P., "The External Dimension of the Bologna Process: Higher Education in South East Europe and the European Higher Education Area in a Global World Reforming the Universities of South East Europe in View of the Bologna Process", *Higher Education in Europe*, No. 3, 2003.

（三）网络资源

Alexandru Robert Mihăilă, Elena-Ramona Richiţeanu-Năstase, Vladimir Aurelian, Enăchescu, Adriana Daniela Ciurel, "European Policies on Research in Education: A Theoretical Approach", 2019, https://www.europeanproceedings.com/files/data/article/167/6720/article.

Berlin Communiqué, "Realizing the European Higher Education Area. Communiqué of the Conference of Ministers Responsible for Higher Education in Berlin", 2003 - 09 - 19, http://www.bolognabergen2005.no/Docs/00 - Main_ doc/030919Berlin_ Communique.

Bologna Follow-up Group, "Bologna Process Stocktaking", 2005 - 05 - 20, http://www.ehea.info/media.ehea.info/file/WG_ Stocktaking/96/1/BP-Stocktaking9May2005_ 578961.

Bracht O., Engel C., Janson K., et al., "The Professional Value of ERASMUS Mobility, International Centre for Higher Education Research", 2006 - 01, http://ec.europa.eu/education/programmes/socrates/ERASMUS/evalcareer.

Brakel R. V., Huisman J., Luijten-Lub A., et al., "External Evaluation of

Erasmus. Institutional and National Impact. Final Report", 2005 – 01, http://ec. europa. eu/dgs/education _ culture/evalreports/education/2005/ERASMUS-inst/erasinstintrep_ en.

"Combined Evaluation of Erasmus + and Predecessor Programmes Final Report: Main Evaluation Report" (Volume 1), https://op. europa. eu/en/publication-detail/-/publication/3d783015 – 228d – 11e8 – ac73 – 01aa75ed71a.

Daily Yomiuri Online, "Govt Wants 5, 000 Students, Lecturers Enrolled in 5 Yrs in 'Asian ERASMUS'", 2008 – 10, http://www. yomiuri. co. jp/dy/world/20080721TDY01305. html.

Department for exiting the European Union, "The Future Relationship Between the United Kindom and the European Union", 2018 – 07 – 12, http://www. gov. uk/government/publications.

DEQAR, "Annual Report 2019", 2019 – 02 – 01, https://www. eqar. eu/about/annual-reports/2019 – 2/.

DEQAR, "Public Review: Database of External Quality Assurance Results (DEQAR)", 2018 – 05 – 22, https://www. eqar. eu/the-database-of-quality-assurance-reports-deqar.

EHEA, "Quality Assurance", 2020 – 11 – 23, http://www. ehea. info/page-quality-assurance.

"EHEA Paris 2018. Paris Communique", 2018 – 05 – 25, http://www. ehea. info/media. ehea. info/file/2018_ Paris/77/1/EHEAParis2018_ Communique_ final_ 952771.

EHEA, "European Higher Education Area and Bologna Process", 2020 – 11 – 20, http://www. ehea. info/index. php.

ENQA, "ENHANCING QUALITY: From Policy to Practice", https://www. enqa. eu/wp-content/uploads_ equip-publication_ final.

ENQA, "MAP-ESG", https://www. enqa. eu/projects/.

EQAR, "EQAR Strategy 2018 – 2022", 2018 – 04 – 23, http://ehea. info/media. ehea. info/file/2018 _ Paris/45/0/EQAR _ Strategy2018 – 2022 _ 950450.

EURASHE, "EQUIP-Enhancing Quality through Innovative Policy and Practice", https：//www. eurashe. eu/projects/equip2/.

EURASHE, "European Quality Assurance Forum", https：//www. eurashe. eu/events/eqaf/.

"European Association for Quality Assurance in Higher Education (ENQA). Standards and Guidelines for Quality Assurance in the European Higher Education Area (ESG)", 2015.

"European Association of Institutions in Higher Education. Highlights in EURASHE's 20 Year History 1990 – 2010", 2010 – 10, https：//www. eurashe. eu/library/mission-phe/EURASHE%20History%20brochure_ october_ 2010.

"European Association of Institutions in Higher Education. Highlights in EURASHE's 20 Year History 2011 – 2020", 2020 – 10, https：//www. eurashe. eu/library/mission-phe/EURASHE%20History%20brochure_ october_ 2020.

European Commission, "Erasmus Impact Study", http：//ec. europa. eu/education/library/study/2014/erasmus impact_ en.

European Commission, "European Credit Transfer and Accumulation System", https：//ec. europa. eu/education/resources-and-tools/european-credit-transfer-and-accumulation-system-ects_ en.

European Commission, "The European Qualifications Framework：A New Way to Understand Qualifications Across Europe", 2006 – 09 – 05, https：// ec. europa. eu/commission/presscorner/detail/en/IP_ 06_ 1148.

European Union, "The EU in Brief", 2020 – 12 – 02, https：//europa. eu/ european-union/about-eu_ en.

Manja Klemencic, "European Students in the Bologna Process", http：// www. bc. edu/bc_ org/avp/soe/cihe/newsletter/Number50/p23 _ Klemencic. htm.

Office for Students (OfS), "Securing Student Success：Regulatory Framework for Higher Education in England", 2018, https：//www. officeforstudents. org. uk/media/1406/ofs2018_ 01.

Oxford University, "Oxford University History and Introduction", https：//

www. ox. ac. uk/about/organisation/history.

"Quality Assurance Agencies Registered on EQAR", 2021 – 10 – 13, http：//www. eqar. eu/register/search. html.

Secretariat ACU, "Annual Report 2015", 2015 – 01 – 01, https：//op. europa. eu/en/publication-detail/-/publica tion/e3af4d51 – e14c – 11e7 – 9749 – 01aa75ed71a1/language-en/format-PDF/source – 241180334.

"Securing Student Success: Regulatory Framework for Higher Education in England", 2018 – 05 – 22, http：//www. qaa. ac. uk/docs/qaa/news/enqa – 2018 – self-assessment-report.

"Sorbonne Joint Declaration: Joint Declaration on Harmonisation of the Architecture of the European Higher Education System by the four Ministers in Charge for France, Germany, Italy and the United Kingdom, Paris, the Sorbonne", 1998 – 05 – 25, http：//www. bologna-berlin2003. de/pdf/Sorbonne_ declaration.

"The Sorbonne and Bologna Declarations on European Higher Education", 2020 – 11 – 20, https：//www. researchgate. net/publication/313 422492.

Yulia Stukalina, "Main Standards for Internal and External Quality Assurance in the European Higher Education", 2018 – 01 – 01, https：//doi. org/ 10. 3846/bm. 2018. 01.